心理学と睡眠

「睡眠研究」へのいざない

江戸川大学睡眠研究所 ［編］

福田 一彦
浅岡 章一
山本 隆一郎
西村 律子
野添 健太
原 真太郎
［著］

金子書房

まえがき

　まず，本書を手に取っていただいたことに感謝を申し上げたい。それは，貴方が睡眠研究に興味を持ってくれているからかもしれないし，単なる偶然なのかもしれないが，少なくとも睡眠研究に触れる機会を持ってもらえたということだからである。本書の筆者たちが睡眠研究に触れるようになったきっかけは，最後に収録してある「座談会」に詳しく述べられているが，筆者たちの多くは，ある種の偶然という出会いの結果，睡眠の研究を始めるようになった。また，最初は心理学とはあまり関連がないと思われた睡眠研究という分野のトピックがヒトの心と密接に関連していることに気づき，研究を進めれば進めるほどそれを実感していったというのも，私たちに共通する経験ではないかと思う。今，本書を手にされた貴方が，私たち筆者と同様な思いを持っていただけると嬉しい。

　本書は，これまで睡眠研究にあまり触れたことのない心理学分野の研究者を主なターゲットとして様々な心理学の領域における睡眠関連研究を紹介することで，睡眠研究に興味を持っていただき，睡眠研究そのものを始めるか，もしくは，睡眠に関する変数をご自身が行っている研究の中に取り入れてくださることを期待して執筆された。

　世界中を見渡すと睡眠という現象を研究している心理学者の数は決して少なくはない。医学・生理学分野の次に多いと言っても誇張し過ぎではないと思う。さらに，睡眠やその背景にある生体リズムという現象は，心理学が対象としている「こころ」のメカニズムと密接に関係しているのである。

　しかしながら，残念なことに日本では睡眠に関連した研究を行っている心理学研究者の数は多くはない，というより，非常に少ないのが現状だと思う。理由の1つは，日本の大学で使われている心理学の教科書に意識水準（覚醒や睡眠段階）について書かれたものが，欧米の教科書と比べて極端に少ないということなども関係しているのかもしれない。研究者の卵たちが睡眠という現象に触れ，睡眠と心の間の関連に気が付き，睡眠研究を志すことができるのは，その大学に睡眠を研究している教員がたまたまいる場合に限られるだろう。指導教員の研究分野に若い人の研究が影響されるのは，他分野の心理学研究でも同様だとは思う。しかし，そもそも睡眠を研究している心理学研究者の数が日本では非常に少ないのである。

このような日本の現状を少しでも世界の水準に近づけたいという思いから本書は執筆された。そこで，本書では第1章から第5章までで心理学の諸分野における様々な睡眠関連研究を取り上げた。さらに第6章では，どのように睡眠研究を行うことができるのか，どのように睡眠関連変数を計測することができるのかが分かるように具体的な研究方法を記載した。睡眠研究は一般の心理学者からすると馴染みの薄い領域であろうから，始めるのには，精神的な垣根や経済的な障壁もあるかもしれない。しかし，睡眠関連変数を計測する方法として心理学者に非常に馴染みのある質問紙法などを用いることもできる。また，脳波などの電気生理学的変数を計測する方法もかつてと比較すれば非常に手の届く範囲に近づいてきている。

　睡眠は自分の心理学研究とは関係ないというのは，本当だろうか。日本における研究に限れば，少ないというだけかもしれない。そもそも，自分の関連する研究論文を検索する際に「sleep」や「circadian rhythm」というキーワードを入力してみた方は一体どれくらいいるのだろうか。心理学研究と睡眠が密接に関連しているという「証拠」は，本書の各章に具体的に提示した。一度，ご自分の関連する分野の章をお読みいただければ，皆さんが現在行っている研究に新しい視点が提供されたり，新たな気づきが得られたりするかもしれない。

　本書は，各章ごとに心理学諸分野に関連する研究を紹介しているため，ご自分の関連する分野の章や節を拾い読みしていただいても構わないし，もちろん最初から読んでいただいても構わない。節の最後に関連する節などを示しているため，それを頼りに読む部分を広げていただいても構わないと思う。ただ，目次の後に，頻出する「略語」や「定義」を記しており，先にその部分に目を通していただけると理解が容易になると思う。また，巻末には索引を設けてあり，それらを基に読み進めていただいても良いと思う。1節がほとんどの場合に4ページ構成となっているため，読む負担も少ないと思うし，事典的な使い方もできると思う。また，最後には，本書の筆者それぞれの睡眠研究を始めるきっかけについての座談会を収録した。私たちの個人的な経験が，本書を手に取られた皆さんが私たちに続くきっかけの1つとして役立ってくれるととても嬉しく思う。

　最後に改めて本書を手に取っていただいたことに感謝して「まえがき」を閉じようと思う。Welcome Aboard!!!!

目　次

第1章　認知心理学と睡眠

第2章 臨床心理学と睡眠

第3章　健康心理学と睡眠

第4章　発達心理学と睡眠

第5章 社会心理学と睡眠

さいごに

第6章 研究法

略　語
睡眠障害に関する主な診断基準

本書では，本文中に出現する文献名を以下のように略して表記した。

ICD
International Statistical Classification of Diseases and Related Health Problems（疾病及び関連保健問題の国際統計分類）

ICD-10
World Health Organization（1992）. *The ICD-10 Classification of Mental and Behavioral Disorders: Clinical descriptions and diagnostic guideline.* Geneva. World Health Organization
（世界保健機構（編）融 道男・中根 允文・小見 山実・岡崎 祐士・大久保 善朗・（監訳）（2005）. ICD-10 精神および行動の障害──臨床記述と診断ガイドライン──　医学書院）

ICD-11
World Health Organization（2022）. ICD-11 International Classification of Diseases 11th Revision: The global standard for diagnostic health information. Retrieved from https://icd.who.int/en

DSM
Diagnostic and Statistical Manual of Mental Disorders（精神障害の診断および統計マニュアル）

DSM-IV-TR
American Psychiatric Association（2000）. *Diagnostic and Statistical Manual of mental disorders*（4th ed.）., text revision., DSM-IV-TR. Washington, DC:. American Psychiatric Association.
（米国精神医学会（著）高橋 三郎・大野 裕・染矢 俊幸（監訳）（2002）. DSM-IV-TR 精神疾患の診断・統計マニュアル 新訂版　医学書院）

DSM-5
American Psychiatric Association（2013）. *Diagnostic and statistical manual of mental disorders*（5th ed.）. Washington, DC. American Psychiatric Association
（米国精神医学会（著）髙橋 三郎・大野 裕（監訳）（2014）. DSM-5 精神疾患の診断・統計マニュアル　医学書院）

ICSD
International Classification of Sleep Disorders（睡眠障害国際分類）

ICSD-2
American Academy of Sleep Medicine（2005）. *International Classification of Sleep Disorders: Diagnostic and Cording Manual*（2nd ed.）. Westchester: American Academy of Sleep Medicine.
（米国睡眠医学会（著）日本睡眠学会診断分類委員会（監訳）（2010）. 睡眠障害国際分類 第 2 版──診断とコードの手引──　医学書院）

ICSD-3
American Academy of Sleep Medicine（2014）. *International classification of sleep disorders*（3rd ed）. Darien: American Academy of Sleep Medicine.
（米国睡眠医学会（著）日本睡眠学会診断分類委員会（監訳）（2018）. 睡眠障害国際分類 第 3 版　ライフ・サイエンス）

定　義
睡眠段階について

本書では，以下に定義される 2 種類の睡眠段階判定基準が出現する。

Rechtschaffen & Kales（1968）による睡眠段階国際分類

Rechtschaffen, A. & Kales, A. (Eds.), Berger, R. J., Dement, W. C., Jacobson, A., Johnson, L. C., Jouvet, M., Monroe, L. J., Oswald, I., Roffwarg, H. P., Roth, B. & Walter, R. D. (1968). *A Manual of Standardized Terminology, Techniques and Scoring System for Sleep Stages of Human Subjects*. Washington, DC: Public Health Service, U.S. Government Printing Office.
（Rechtschaffen. A., & Kales, A.（著／編）清野 茂博（訳）(2010). 睡眠脳波アトラス──標準用語・手技・判定法 ── 復刻版　医歯薬出版）

Rechtschaffen & Kales（1968）の判定基準によると睡眠に関する段階（覚醒も含む）は以下の 6 段階に分類される。
- ・覚醒状態（Stage W）
- ・睡眠段階 1（Stage 1）
- ・睡眠段階 2（Stage 2）
- ・睡眠段階 3（Stage 3）
- ・睡眠段階 4（Stage 4）
- ・REM 睡眠・段階 REM（Stage REM）

米国睡眠医学会（American Academy of Sleep Medicine）による睡眠段階分類

Iber, C., Ancoli-Israel, S., Chesson, A., Quan, S. F., (Eds) (2007). *The AASM manual for the scoring of sleep and associated events: Rules, terminology, and technical specification* (1st ed.). Westchester, IL: American Academy of Sleep Medicine.
（米国睡眠医学会（著）日本睡眠学会（監訳）(2018). AASM による睡眠および随伴イベントの判定マニュアル──ルール，用語，技術仕様の詳細── ライフ・サイエンス）

Rechtschaffen & Kales（1968）の判定基準とは推奨される電極配置なども異なるものの，最も大きな違いは，睡眠段階の名称と考えてよい。( ) 内は Rechtschaffen & Kales（1968）における呼称である。
- ・N1（Stage 1）
- ・N2（Stage 2）
- ・N3（Stage 3 + 4）
- ・Stage R（Stage REM）

レム（REM）睡眠とノンレム（NREM）睡眠

マスメディアなどでは，睡眠がレム睡眠とノンレム睡眠の 2 種類の睡眠段階に分類されるとの説明があるが，1953 年にレム睡眠が発見された後，それまでに発見されていたその他の睡眠段階を「レム睡眠ではない」睡眠という意味でノンレム（non REM）睡眠と総称した。つまり，ノンレム睡眠とは，1 つの睡眠段階を表すのではなく，レム睡眠ではない睡眠段階を総称する呼称であることに注意するべきである。

心理学と睡眠

「睡眠研究」へのいざない

第 1 章

認知心理学と睡眠

認知心理学における睡眠研究の可能性

　睡眠研究の主要なテーマの１つとして，睡眠不足等に由来する眠気の増大と関連した重大事故の防止がある。したがって，重大事故の原因ともなりうる持続的注意の低下に焦点を当てた研究が睡眠研究では数多く存在しているが，持続的注意以外にも，選択的注意や分割的注意，そして内発・外発的注意などの各種の注意機能や，言語機能，そして時間認知機能など，様々な認知機能に与える眠気の影響が幅広く検討されてきている。さらに，近年注目を浴びる睡眠研究のテーマとしては，記憶に与える睡眠の影響があり，睡眠が記憶の保持過程（固定化）に与える影響を検討したものを中心に，符号化や検索の過程に与える眠気の影響や，睡眠が記憶の再構成に与える影響についても検討が行われるようになってきた。

　このような研究において，注意や記憶の機能を測定するために用いられる認知課題は，認知心理学的領域の研究において用いられてきた認知課題そのもの，あるいは，それを応用したものであり，睡眠が認知機能に与える影響を検討する研究において認知心理学的知見は欠かせないものと言えよう。本章では，既に認知心理学を専門として研究を行っている研究者の方や，認知心理学の勉強を既に始めている学生さんを読者として想定し，それらの方々が各々の研究に睡眠変数を取り入れるきっかけになるような情報を提供できるように構成した。１節ではこれまでの関連研究の動向を概説し，２節では睡眠変数を独立変数として認知心理学的研究に取り入れる際の手法を注意点とともに解説した。３−５節では，主に注意および記憶研究に焦点を当て，これまでの研究の動向とともに今後の課題についても述べている。そして６節ではメタ認知として，睡眠研究において生じうる主観評価と客観評価の乖離について取り上げた。さらに７節では睡眠中の夢に関する研究を認知心理学的視点から解説している。なお，対人認知や情動制御，意思決定に与える睡眠の乱れの影響に関しては，第２章や第５章で紹介している。興味のある方には，そちらも参照いただきたい。

　本章の内容が睡眠研究に興味を持つ認知心理学研究者の睡眠研究のスタートを少しだけでも後押しし，その結果として優れた認知心理学の知見が睡眠研究に幅広く応用されていくきっかけにもなれば幸いである。

（浅岡・西村・野添）

1節 睡眠の乱れに起因する認知機能の変化

　睡眠時間の短縮や徹夜，昼夜逆転といった睡眠の乱れは，我々の認知機能を顕著に悪化させる。最もイメージがつきやすいものは，居眠りの発生や眠気の上昇などに代表される覚醒水準の低下であろう。しかし，居眠りの発生以外にも，様々な認知機能の悪化を睡眠の乱れは引きこす。そこで，本節では睡眠の乱れによって障害を受ける認知機能について実験的研究の知見を中心に概観するとともに，それによって引き起こされる社会生活上の問題について考察する。

☾ 認知作業中の眠気の増加と居眠りの発生

　居眠りの発生は（実際に眠っているかはともかく，眼を長時間閉じているということにより）他者によって比較的容易に観察可能なこともあり，睡眠の乱れによって生じる主要な認知作業中の問題として認識されやすい。また，事故防止の観点からも，認知作業中の居眠りの予防や居眠りに至るまでの眠気の増大は深刻な事故につながりかねない重要な問題であるために，睡眠を独立変数とし眠気の強さを従属変数とする数多くの実験的研究がこれまでになされている。眠気の測定方法に関する詳細は第6章3節に譲ることとするが，その代表的な方法としては質問紙を用いて参加者に眠気の自己報告を求めるものや，脳波を測定して睡眠の発生を確認するものがある。さらに，それらとともに比較的単調なヴィジランス（持続的注意）課題を実施し，その結果を認知機能の指標とともに客観的な眠気の指標とすることも多い（第1章3節参照）。このような認知課題を実施している最中の脳波を測定すると，眠気が強い状況では完全に眠ってしまう前の段階として，数秒ほどの短い睡眠が繰り返し認められることが多い。これはマイクロスリープと呼ばれ，ヴィジランス課題等の課題成績上では反応の極端な遅延や無反応数の増大に反映される。

　そのヴィジランス課題の中でも睡眠時間の増減等に伴う眠気の変化に敏感な課

題として代表的なものに精神運動ヴィジランス課題（Psychomotor Vigilance Task: PVT; Dinges & Powell, 1985）がある。この課題を用いた研究では，全断眠（徹夜）や睡眠時間の短縮，交代勤務による昼夜逆転生活などの睡眠の乱れによって，刺激への無反応（lapse）の増大とともに，反応時間の遅延が生じることが報告されている（Basner & Dinges, 2011）。さらに覚醒水準の低下は，反応の不安定性にもつながるため，このヴィジランス課題においては，ターゲット刺激に対する平均反応時間の遅延とともに，反応時間の個人内分散の増大も眠気が強くなった際の課題成績の特徴として挙げられる（Doran et al., 2001）。

　より現実場面での問題に直接的にアプローチしたものとして，運転シミュレータを用いた研究も多く存在する。その1つであるJackson et al.(2013) では，通常時と27時間の連続覚醒時の2時点において，PVTの成績などとともに運転シミュレータの成績を比較している。その結果，27時間連続覚醒時には運転シミュレータにおける車両のふらつき，加減速の程度，ブレーキ操作の反応潜時増大が確認されるとともにPVTの成績も悪化したことから，PVTの結果が運転行動の悪化を有意に予測すると結論付けている。

　このように，実験的に睡眠パターンを操作しその認知機能への影響を確認するタイプの睡眠研究では，社会的問題に対する比較的ダイレクトなアプローチを行っている研究が多いこともあり，眠気の変化に敏感で睡眠が問題になりうる職場での業務上のエラー発生を予測しうるヴィジランスをPVT等を用いて測ることが多くなっている。

☾ 前頭葉機能の低下と高次認知機能の障害

　しかし，眠気の増大に伴って低下する認知機能は，当然ながらヴィジランスのみではない。脳画像研究において眠気の少ない高覚醒時と断眠中などの低覚醒時の間で認知課題中の脳活動を比較すると，低覚醒時には全般的に脳活動量が低下傾向にあるが，その中でも特に前頭葉の活動量低下が顕著となる（Thomas et al., 2000）。そのため，前頭葉機能が強く影響する高次認知機能は特に眠気の影響を強く受けると考えられている（Durmer & Dinges, 2005）。実際に，高次認知機能の1つである注意配分（詳細は第1章3節）や意思決定（Harrison & Horne, 2000）などに対しても睡眠の乱れの影響が確認されている（図1-1）。また，前頭葉の機能には行動的／情動的抑制（第3章1節および第5章参照）や第三者的視点が必要となる自己評価を含むメタ認知（第1章6節参照）等も含まれるため，これらの認知機能に与える睡眠の乱れの影響も検討されている。こ

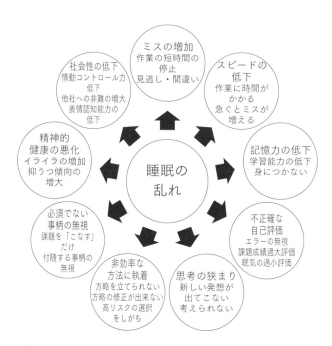

図 1-1　睡眠不足をはじめとする睡眠習慣の乱れが引き起こす認知的・心理的問題
浅岡（2017）より引用

れまでの研究では，睡眠の乱れは情動的不安定性を増大させ攻撃性を高めることで対人トラブルを増やす可能性や（Gordon & Chen, 2013），自らのエラーの認識を障害し（Asaoka et al., 2012），課題成績の過大評価を引き起こす可能性が指摘されている（Pilcher & Walters, 1997）。

　しかし，ヴィジランス課題などの比較的単調な課題の成績と比較して，高次認知機能を測定する課題の成績が，より弱い眠気によって悪化するか，つまり高次認知機能が眠気に脆弱であることが課題成績の低下によって確認できるかと言えば，必ずしもそうではない。この点に関して，Durmer & Dinges（2005）やHarrison & Horne（2000）は，断眠が認知機能に与える影響を検討した広範な研究のレビューから，高次認知機能を測定する課題の成績は，その課題の複雑性ゆえに参加者が興味を抱きやすいことや，補償的な認知活動が生じやすいために，覚醒水準の低下の影響を反映しづらいと述べている。

☪ 睡眠の乱れが引き起こす社会生活上の問題

　現代の日本では多くの人が睡眠不足の状態にあると考えられること（第3章4節参照）からすると，睡眠の乱れは様々な認知機能の低下を介して，我々の実際の生活においても生活上の問題を引き起こしていると考えられる。これまでの研究では，主に事故防止の観点から職業運転者や，医療従事者，大規模プラントの従業員等，時に夜勤を含む労働形態が採用され，その業務上のミスが他者および本人の生命を脅かす可能性の高い職場での睡眠問題について，多くのフィールド調査が行われてきた。そして，睡眠の乱れと業務上のミス／ニアミスの発生との関連が確認されるとともに（例えば，Asaoka et al., 2013），それらの仕事に特徴的な睡眠習慣をシミュレートした睡眠実験が行われ，認知機能への睡眠パターンの影響が検討されている（例えば，Asaoka et al., 2012）。

　上記とともに，睡眠の乱れが引き起こす認知機能上の障害が注目される状況には，教育場面がある。睡眠の乱れは遅刻や欠席の増加だけでなく，学業に必要とされる記憶，そして言語理解や抽象的概念処理に関わる機能などの低下を引き起こし，最終的には学業成績にも影響すると考えられる（Curcio et al., 2006）。米国では中学・高校生の睡眠時間確保のための声明を小児科学会が発表（Adolescent Sleep Working et al., 2014）するなど，十分な睡眠時間を確保できていない児童・生徒の増加は，社会的な問題として認識されつつある（詳細は第4章参照）。

　社会人においては，眠気の増大は仕事上のパフォーマンスにも影響し，事故等による損害の発生確率を高めるだけでなく，生産効率の低下にも影響すると考えられている。アメリカのシンクタンクである RAND 研究所が行った試算によれば，睡眠不足によって生じる経済的損失は，日本において年間15兆円となっている。さらにこれを年間 GDP 比でみると 2.9 ％となり，算出対象となった5ヵ国（日本，米国，ドイツ，英国，カナダ）の中で最大の値となっている。なお，この試算には，睡眠不足による死亡率の上昇による労働人口の減少，病欠のほか，職場でのパフォーマンスの低下や，将来の働き手となる学生の学業不振がもたらす技能習得上の問題などの観点が含まれている。このようなことから考えても，睡眠の乱れは，単純な居眠りの発生による事故リスクの増大だけにとどまらず，多様な認知機能の低下も介して現代社会において大きな影響を与えていると考えてよいだろう。

（浅岡・西村）

　関　連　　第3章1節　睡眠とこころの健康との関連
　　　　　　第5章2節　対人認知と睡眠

2節 独立変数としての睡眠

　認知機能に与える眠気の影響を実験的に検討する際には，実験的に眠気が増大する状況を作り出す必要がある。その具体的な方法として最も一般的なものは，睡眠をとらせないという断眠である。そのほかにも，仮眠を用いた実験や睡眠をとる時間帯を変化させたものなど，多様な方法が存在する。本節では，その代表的な手続きについて紹介するとともに，実験実施の際の参加者募集上の注意点などについても概説する。

☾ 全断眠および覚醒時間の延長

　最も単純に眠気を増大させる方法として頻繁に用いられるものは，参加者に睡眠を全くとらせない「全断眠」，あるいは睡眠を短く制限する「部分断眠」である。全断眠を用いた研究の一般的な手続きでは，コントロール条件と断眠条件が設けられる（参加者内計画の場合，条件の実施順序に関してはカウンターバランスをとる）。いずれの条件でも実験日前数日間は理想的な睡眠パターン（23:00から7:00までの8時間睡眠，昼寝なし等）に参加者の睡眠習慣を統制する。その上で，コントロール条件では実験日において夜間に通常通り適切な長さの夜間睡眠（8時間程度に設定されることが多い）をとらせた後，実験室内で日中に認知課題等を実施する。なお，夜間に十分な睡眠がとられていることを確認するために実験施設内で終夜睡眠ポリグラフ（Polysomnography: PSG）を記録する場合もあれば，前夜の睡眠は各参加者の自宅でとらせ，その長さを活動量計等で計測する場合もある。一方，断眠条件の実験日では参加者の夜間睡眠の取得を禁止し覚醒を参加者に（多くの場合実験施設内で）維持させる。そして，その後（睡眠をとらせない状態を維持したまま）認知課題を実施し，その成績がコントロール条件での成績と比較される。なお認知課題の前後には睡眠操作が実験者の意図通りに参加者の眠気の増大を引き起こしているかを確認するために，主観的眠気

の評定を参加者に求めることが多い。コントロール条件における睡眠の開始および終了時刻や，両条件における各課題の開始時刻は厳密に統制され，断眠条件の課題実施時点での連続覚醒時間が，それぞれの実験において採用される断眠の程度として論文に記載される。

　一晩以上の睡眠を剥奪した場合，その手続きは全断眠と呼ばれる（Reynolds & Banks, 2010）。したがって，全断眠の場合は，連続覚醒時間が 24 時間を超える（つまり参加者が前日の朝から一睡もせずに次の日の朝を迎え，それ以降に認知課題を実施する）こととなる。Durmer & Dinges（2005）は，そのレビューの中で，連続覚醒時間が 45 時間を超えるものを長期の全断眠と呼んでいるが，長期の全断眠は実験倫理上（少なくとも心理学の領域では）実施が難しいことも多い。一方で，より実際の生活で起こりうる状況に近いものとしては，朝に起床したままその後一睡もせずに深夜に認知課題を参加者に行わせるタイプの研究がある。一般的に連続覚醒時間が長くなるほど，各種の認知課題の成績は低下する傾向にあるが，その結果は課題の性質によって異なる。例えばヴィジランス課題の成績や，持続的注意を必要とする追従課題の成績は，比較的早い段階（例えば連続覚醒が 20 時間程度）でも有意な低下を見せるが（Doran et al., 2001），ストループ課題の成績では，同程度の連続覚醒時間では顕著な悪化を確認できない場合もある（Jackson et al., 2013）。

☾ 慢性的部分断眠と睡眠負債

　睡眠時間を制限（例えば 4 時間などに）し，起床後の日中に認知課題を行う部分断眠の研究も現実世界で頻繁に生じる睡眠問題をシミュレートしたものと言える。このような部分断眠は翌日の特に午前中の眠気を高めるが（Volk et al., 1994），24 時間未満の連続覚醒と同様，必ずしも認知課題成績の顕著な低下を引き起こすとは限らない。例えば，Belenky et al.(2003) では，参加者に 7 日間にわたり，3，5，7，9 時間の睡眠をとらせる条件を設け，精神運動ヴィジランス課題（Psychomotor Vigilance Task: PVT）の成績を比較しているが，部分断眠 1 日目の認知課題の成績については条件間に有意な違いが認められていない。しかし，短縮された睡眠が 2 日間続くと，睡眠時間の影響は有意となり，部分断眠の日数が長くなるほど，十分な睡眠をとり続けた条件（9 時間）とそれ以外の条件との間での認知課題成績の差は顕著となっていく。このような，慢性的部分断眠の手続きで生じる睡眠不足の蓄積は睡眠負債とも呼ばれている。この睡眠負債は，断眠と同様に深刻な認知機能の低下を引き起こすと考えられており，Van

Dongen et al.(2003) では，4時間，あるいは6時間睡眠であっても，それが1週間以上にわたって続くと，一晩の全断眠と同様あるいはそれ以上のヴィジランスの低下を引き起こすことが示唆されている。

　また，5日間の4時間睡眠（Motomura et al., 2013）や2日間の3時間睡眠（Motomura et al., 2017）でも情動的不安定性が引き起こされる可能性が指摘されるなど，ヴィジランス以外の認知機能に関する慢性的睡眠不足の影響の検討もなされている。しかし，参加者の実験協力期間が長くなることによる負担の大きさや，日中の活動統制の難しさもあり，一晩の全断眠を用いた研究と比較して，慢性的部分断眠を用いた実験の数は必ずしも多くないのも事実である。

☾ 仮眠と睡眠慣性

　日中の仮眠も睡眠の実験的操作としてよく用いられる方法である。特に，断眠中や夜間睡眠が十分にとれていない場合の仮眠，および夜勤中の仮眠に関しては，ヴィジランスを改善し，反応速度を高める効果が比較的安定して認められている（Milner & Cote, 2009）。また，通常の夜間睡眠をとっている際にも，日中の仮眠は覚醒水準を高める効果があると報告されているものの，その取得タイミングと長さによって仮眠の効果は異なり，長すぎる仮眠では，その後の夜間睡眠を障害する可能性があるとともに，仮眠直後の一時的な覚醒水準の低下が認められる危険性もある（林・堀，2007）。この睡眠からの覚醒直後に生じる一時的な覚醒水準の低下は睡眠慣性と呼ばれ，睡眠段階3や4などの深いノンレム睡眠からの覚醒直後や，深部体温が低い時間帯（通常だと明け方），睡眠不足の状態にある際には，覚醒直後に強く生じやすい。この睡眠慣性中の認知機能に関しても多くの研究が行われており，単純反応時間のみならず高次認知機能を測定する課題を含む，幅広いタイプの認知課題の成績が睡眠慣性中には低下することが示されている（Tassi & Muzet, 2000）。

☾ 睡眠の個人差

　これまでは実験的な睡眠の操作について述べてきたが，現実生活における睡眠習慣の違いを独立変数として，認知機能の違いを検討するフィールド研究も存在する。代表的なものとしては，交代勤務従事者を対象とした研究が存在し，夜勤が続いた際の認知機能の低下を検討する研究などがある（Magee et al., 2016）。また，睡眠時呼吸障害の患者など，日中の眠気の増大を訴えることの多い特定の睡眠障害を有するヒトの認知機能上の障害に着目した研究も多く存在する（Leng et al., 2017）。

　第1章1節や第3章でも述べられているように，乱れた睡眠習慣は仕事上や学業上のパフォーマンスを低下させると考えられているが，日勤者や児童・生徒・学生の日常の睡眠習慣の違いと認知機能との間の関連を検討した研究の多くでは，認知機能の指標は学業成績や認知機能等に関する自己評価となっている。交代勤務従事者を対象としたフィールド研究のように，日勤者や児童・生徒・学生において実際の生活上で生じている睡眠習慣の個人差が普段の認知機能をどの程度悪化させているかを，厳密な認知課題を用いて検討していく研究も今後多く求められていくだろう。

☾ 参加者募集上の注意点

　ここでは，断眠や仮眠の有無が認知機能に与える影響を実験的に検討するタイプの研究を想定し，睡眠変数を取り扱った認知心理学的実験に特有の参加者募集上の注意点を概説しておくこととしたい。

　心理学領域において眠気が認知機能に与える影響を実験的に検討する研究では，健康で睡眠に問題のない者を参加者とすることが多い。そのために，参加者のリクルート時に普段の睡眠習慣を測定する質問紙等（第6章1節参照）への回答を求め，参加者の睡眠問題の有無を確認する手続きがしばしば取られる。しかし，日本人では特に睡眠時間が普段から少ないなど，睡眠習慣や睡眠健康に問題を抱えるヒトが多い点には注意が必要である。また睡眠実験ではしばしば大学生が参加者となるが，大学生自体が極端に睡眠相の後退した乱れた睡眠習慣を有する集団であるために（第4章4節参照），大学生としてはごく一般的な睡眠習慣を持つ者であっても，若年成人としては睡眠に問題を抱えた参加者となってしまう可能性がある。したがって，研究目的にはよるものの，若年成人のサンプルとして大学生を参加者とする場合は，大学生の中では朝型で規則正しい睡眠習慣を有する学生をリクルートする必要性も時に生じうる。また，実験的な睡眠研究では，上述のように実験前数日間の睡眠パターンはしばしば統制されるが，普段の生活において睡眠相が後退した参加者では，その実験前の睡眠統制も難しくなりがちな点にも注意が必要である。実際に実験者側で指定した事前の睡眠統制の指示と実際の睡眠習慣がどの程度乖離していた場合に実験参加を不可とするかについては，事前に決めておく必要もあるだろう。

（浅岡）

関　連　第4章4節　大学生の睡眠習慣と睡眠問題
　　　　第6章3節　眠気の測り方

3節 注意研究において睡眠変数を考慮することの重要性

　認知心理学研究において，注意は様々な基準で分類され研究が進められてきている。ただし，Kahneman（1973）も指摘するように，注意資源の総量は覚醒度によって変動することを考慮すれば，注意研究を行う上で，実験参加者の覚醒度，さらには眠気や実験実施の時間帯等に着目することは非常に重要であると言えよう。そこで，本節では，睡眠変数を1つの独立変数とし，注意（特に視覚的な）機能を測定した先行研究を注意の分類に沿って紹介することで，注意機能に及ぼす睡眠変数の影響を記載したい。また最後に，睡眠障害に特有の注意バイアスを紹介し，認知課題が睡眠障害の分類に利用される例を紹介する。

☾ 注意の分類とその課題特性

　注意には様々な種類があるが，課題要件によっても分類することができる。単一の課題を実施する際に要求される注意としては「焦点的注意」や「選択的注意」が挙げられる。「焦点的注意」の中でも，注意の空間的な定位については先行手がかり法（Posner, 1980; Posner et al., 1980）が利用され，手がかりの種類によって，外発的（刺激駆動型）注意や，内発的（概念駆動型）注意についても検討することができる。「選択的注意」については，単一課題の中で課題関連刺激（ターゲット）と課題無関連刺激（ディストラクタ）を同時に呈示するパラダイムによって検討され，ストループ課題（Stroop, 1935）や，エリクセン課題（Eriksen & Eriksen, 1974）はその代表的な課題である。また，ターゲットとディストラクタの空間的距離を操作することで，「焦点的注意」の範囲の大きさを検討することもできる。

　焦点的注意を長時間にわたって持続することは「持続的注意（ヴィジランス）」と呼ばれ，視覚探索課題などを長時間にわたり行うことで検討される。クロックテスト（Mackworth, 1948）が代表的な課題である。また，複数の課題を同時に

遂行することを要求することで,「分割的注意」が検討される。同時に遂行される課題の種類は, 分割を要求する注意の性質に依存して決定される。

☾ 断眠と注意の空間的定位

断眠が注意の空間的定位に与える影響については, 先行手がかり法（Posner, 1980）をベースとした課題によって, 2005 年ころからいくつか行われている。それらの研究が一致して示していることは, 統制群に比べ断眠群のターゲット検出の反応時間が遅くなるということである（Martella et al., 2014）。その上で, 周辺的手がかりや, 中心的手がかりを使用することで, 断眠が外発および内発的注意それぞれのシステムに及ぼす影響が検討されている。周辺的手がかりを使用した実験では, 断眠群において, 手がかり無効条件の反応時間が統制群に比べて有意に延長することや（Versace et al., 2005）, 復帰抑制（Inhibition of Return: IOR）が消失することが明らかにされており（Mattella et al., 2014）, これらの結果は, 断眠が外発的注意の束縛を強くする, あるいは, 解放を阻害する可能性を示唆する。また, Trujillo et al.(2009) は, 中心的手がかりと周辺的手がかりを使用し事象関連電位を検討した研究で, 断眠群において中心的手がかり呈示時のみで頭頂部の N1 成分が統制群に比べ減衰することを明らかにし, 断眠が内発的注意に特に影響を及ぼす可能性を示唆したが, これは同時に, 断眠時であっても外発的注意は機能することを示唆する。以上のことより, 断眠が注意の空間的定位に与える影響は一様ではなく, 断眠に対して脆弱ではない側面も存在すると言えよう。

☾ 断眠と選択的注意

断眠時にストループ課題やエリクセン課題を使用した研究は数多く認められるが, その多くは, 干渉量や適合性効果量を算出し, 選択的注意機能を詳細に検討することよりも, 全体的な遂行成績への断眠の影響を検討するものが多い（空間ストループを使用したものとして Asaoka et al., 2012, エリクセン課題を使用したものとして Hsieh et al., 2010, ストループ課題を使用したものとして RamÍrez et al., 2012 など）。それらの研究は, 一貫して, 断眠時に課題の全体的な遂行成績が低下することを示している。その一方で, 適合性効果量を算出し, 断眠が選択的注意機能に及ぼす影響を検討したものも数は少ないものの存在する（Cain et al., 2011; Sagaspe et al., 2006）。それらの研究では, 適合性効果量（促進や抑制も含む）は, 眠気や断眠による影響を受けず変化しないことを明らかにしており, 選択的注意機能は保たれることを示唆している。

☾ 眠気とヴィジランス

　従来の睡眠研究においてよく用いられる代表的なヴィジランス課題には，精神運動ヴィジランス課題（Psychomotor Vigilance Task: PVT）がある。この課題は，反応時間（ms 単位）のフィードバック付き単純反応課題を 10 分間にわたって行うものである。PVT では，平均反応時間や無反応数のみでなく反応の不安定性の指標など様々な指標が反応データから算出される（Basner & Dinges, 2011）。PVT の成績は眠気の増大に敏感であり，連続覚醒時間が 18 時間を超えると，反応時間の遅延などパフォーマンスの低下を示し始める（Doran et al., 2001）。また連続覚醒時間や，睡眠不足の蓄積量（睡眠負債），そして概日リズムによる眠気の変化を反映して，その成績が変化することも確認されている（Graw et al., 2004）。

☾ 眠気と分割的注意

　眠気の増加が分割的注意に与える影響も検討されているが，そこでは運転場面など比較的実際の安全上の問題が生じうる状況を模した課題で検討がされている研究が多い。例えば，いくつかの研究では，シミュレーター上での運転中にランダムなタイミングで呈示される周辺刺激の同定を求める認知課題を実施し，眠気が分割的注意に与える影響を検討している。そして，過度な日中の眠気を感じやすい睡眠時呼吸障害を有する患者（Juniper et al., 2000）や，健康成人でも前日の睡眠が 2 時間だった場合（Philip et al., 2005）には，ふらつきの増大などの運転操作の悪化とともに周辺刺激の同定も遅延することを確認している。また，Philip et al.(2003) は，フリーウェイの休憩エリアに停車していた車のドライバーに対して，同様の課題を実施し，睡眠変数や疲労と課題成績との間の関連を検討している。しかし，その結果を通常通りの睡眠をとり長時間の運転をしていない状態にあるコントロール群と比較すると，運転のふらつきの増大は認められるものの，周辺刺激への反応時間には違いが認められていない。

　上記以外にも刺激モダリティの異なる課題を組み合わせた分割的注意課題を用いて，分割的注意に与える断眠の影響を検討した研究が複数存在するが，必ずしもそれらの結果は安定したものではない（Chua et al., 2017; Drummond et al., 2001; Jackson et al., 2011）。このような結果の不一致には様々な理由が考えられるが，断眠条件における分割的注意課題実施時の両側頭頂葉の活動量増加が，課題成績低下の少なさと関連することも指摘されており（Drummond et al., 2001），眠気が強い際に生じる注意と関連した脳部位の補償的活動が一定の覚醒水準までは分割的注意の障害が顕著に生じない理由の 1 つとも考えられる。

認知

☽ 慢性不眠障害に特有な注意バイアス

　不眠が遷延化すると情報処理にバイアスが生じ，睡眠に関連した情報に処理資源が奪われやすくなることが様々な研究から指摘されている（Wicklow & Espie, 2000）。このような注意バイアスは，不眠を訴える他の睡眠障害（例えば，入眠困難症状を訴える睡眠・覚醒相後退障害）には認められない，就寝環境に条件づけられた過覚醒により不眠が生じる慢性不眠障害に特徴的であるとされている（MacMahon et al., 2006）。注意バイアスは，夜間の眠れないことへの心配や眠れなかった経験の反すうを強めることで不眠症状の増悪や慢性化に寄与すると考えられている（Espie et al., 2006; Harvey, 2002; Harvey et al., 2005）。

　これまで注意バイアスを評価する方法として，中性刺激と睡眠関連刺激に対する反応時間差を頼りにした認知課題が開発されている（図 1-3）。慢性不眠障害と健康対照群の課題成績差に関する系統的レビュー（Harris et al., 2015）では，全体として課題成績の中程度から高い標準化平均値差が認められたことが報告されている。しかしながら，成績差は課題間によって異なり，ドットプローブ課題，フリッカー課題，ポズナー課題では成績差が大きいものの情動ストループ課題では小さかったことが報告されている。Harris et al.（2015）の報告以降に発表された研究のメタ分析（山本他，2021）においても，同様の結果が報告されている。今後研究を蓄積し，弁別力の高い認知課題の開発や，注意バイアスに対する介入による課題成績の改善が慢性不眠障害の改善に本当に資するかを検討する研究が望まれている。筆者らの研究班では，日本版認知課題開発のための刺激選定（Yamamoto et al., 2021）が進められており，今後の日本からの発信が期待される。

（西村・浅岡・山本）

 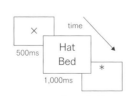 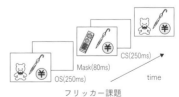

情動ストループ課題
睡眠関連語と中性語のインク色命名潜時差を評価
睡眠関連語の色命名潜時遅延（干渉効果）により注意バイアスを評価

ドットプローブ課題
中性刺激と同位置に出現するドット検出時間が，睡眠関連刺激と同位置に出現した場合の検出時間よりどの程度遅延するかにより注意バイアスを評価

フリッカー課題
Mask を挟んで繰り返し提示される 2 枚の画像の違いを検出するまでの時間を評価
中性刺激の変化（消失と出現）と比較して，睡眠関連刺激の変化の検出が速いことにより注意バイアスを評価

図 1-3　睡眠関連刺激に対する注意バイアス評価課題例
Harris et al.（2015）を参考に作成

関　連　第 1 章 5 節　睡眠研究において用いられる認知課題
　　　　第 5 章 1 節　自己意識と睡眠

睡眠と記憶

　睡眠と記憶の関係性は，近年，注目が集まっている研究領域の1つである。本節では，まず，睡眠が記憶処理プロセスに及ぼす影響について紹介し，最後に，記憶研究者が自身の研究に睡眠変数を取り入れる際の留意点について述べる。

☾ 睡眠と記憶の固定化

　一般的に，ある情報が符号化されてから一定の時間が経過すると，その情報は次第に減衰し，記憶から消失されやすくなる（Ebbinghaus, 1964）。この時間経過のことを記憶研究では"保持間隔"というが，この保持間隔の間に覚醒し続けていた場合と眠っていた場合では，その後の記憶成績（長期記憶の成績）が量的にも質的にも異なることがこれまでの睡眠研究の知見から明らかになっている（Diekelmann & Born, 2010）。

　睡眠によって記憶が様々な恩恵を受けることを"睡眠依存性の記憶の固定化"という。"睡眠依存性"という言葉が付いているのは，記憶の固定化自体は覚醒中にも進行するものの，睡眠中に行われる記憶の固定化が，時に覚醒中の固定化を上回る影響を及ぼすためである（Ellenbogen et al., 2007）。睡眠中に行われる記憶の固定化（以下，記憶の固定化）は，安定化・強化・再構成の3つのプロセスに分けられる（Stickgold, 2005）。1つ目の記憶の安定化とは，干渉への抵抗性を高めるような睡眠の効果のことを指しており，新しく憶えた情報が他の妨害刺激からの干渉を受けて忘却されることを防ぎ，記憶成績を低下しにくくする働きのことである（Ellenbogen et al., 2006）。2つ目の記憶の強化は，睡眠前の状態と比較して睡眠後に記憶成績が向上することであり，主に特定の訓練を必要とする様な課題のパフォーマンスにおいてこの効果が現れることが多い（Tamaki et al., 2007）。3つ目の記憶の再構成は記憶の性質をより抽象的な内容に変容させ，推論や洞察をもたらすことを可能にするプロセスのことであり（Klinzing et al., 2019)，睡眠による記憶の質的側面の変化を意味している（Stickgold & Walker, 2013）。ところで，長期記憶は主に宣言記憶と非宣言記憶（手続き記憶）の2種類に大別されるが，宣言記憶は主に睡眠から安定化の恩恵を受けやすく，手続き記憶は主に強化の恩恵を受けやすいことがこの分野での一致した見解になりつつある（Stickgold, 2005; 田村，2013）。なお，記憶の再構成については後ほど触れる。

　記憶の固定化は，主に記憶の情報処理プロセスおける保持段階での睡眠の恩恵のことであるが，符号化や検索の段階においても睡眠による恩恵が得られることが報告されている（Chatburn et al., 2017; Harrison & Horne, 2000）。そこで，次項では符号化と検索の段階における宣言記憶の研究に焦点を当てる。

☾ 睡眠不足が情報の符号化，検索に及ぼす影響

　一般的に，眠気や疲労が蓄積した状態では，符号化処理の効率が低下するため（Mander et al., 2011），符号化段階における睡眠の恩恵はそれらの睡眠不足の影響が比較的少ない状態で情報を符号化することによる，記憶成績の向上という形で現れる。また，検索段階の場合も，自身の記憶内容を精査するモニタリング・プロセスの精度を向上させるため（Diekelmann et al., 2010），睡眠不足の状態の時と比較して正確な記憶の想起を促す。

　前者の例として，Saletin & Walker（2012）は38時間継続して覚醒し続けた状態で刺激語の符号化を行う断眠群と，十分な睡眠を取った上で刺激語の符号化を行う睡眠群を比較したところ，断眠群は睡眠群と比較して記憶効率が40%も低下した。ただし，この実験では，刺激語の感情価によって断眠の影響が異なることも示されており，ネガティブな感情価を持つ刺激語は，ポジティブおよびニュートラルな刺激語よりも睡眠不足の影響を受けにくい（記憶成績の低下が緩やかである）ことも示されている（批判的レビューとして, Schäfer et al., 2020）。

　また，後者の例としては，全ての実験参加者に刺激語を学習した日の夜の睡眠をとらせ，後日，記憶テストを実施する日の前夜の睡眠を剥奪した状態でテストに臨む群（断眠群）と，十分に休息をとった状態でテストに臨む群（睡眠群）に分けて記憶成績を比較する手続きが取られた（Diekelmann et al., 2008）。その結果，断眠群は睡眠群と比較して，実際の学習リストに含まれていないものの，リストに含まれていた刺激語と強い連想関係にある非提示語についての記憶（虚記憶）が増加し，これが検索時のモニタリング精度の低下によって生じた現象であるとされた。

　このように，符号化や検索の段階においても，睡眠が記憶に及ぼす影響について検討がなされているものの，その数は保持段階について調べた研究と比較すると少ない印象がある。また，具体的に何時間以上覚醒し続けた状態であれば符号化，検索処理に悪影響が出るのか，刺激語の感情価との関連などについて検討の余地が残されている。

☾＊ 睡眠と記憶の再構成

　近年，記憶の固定化の分野で研究が盛んに行われているテーマの 1 つとして，"睡眠と記憶の再構成" がある（Durrant & Johnson, 2021）。その源流となった Wagner et al.(2004) の実験では，参加者は一定のルールに従って数列の処理に取り組み，最後の 7 試行目に導き出される答えをできるだけ早い時間で回答するナンバー・リダクション課題（Number Reduction Task: NRT）に取り組んだ。実際には，この課題には裏ルールが存在しており，そのルールに早い段階で気づくことができれば参加者は 2 試行目で問題の答えが分かるように課題が作成されていた。実験の結果，NRT の練習から本テストまでの間に 8 時間の睡眠をとった群（睡眠群）ではおよそ 6 割の参加者が課題の裏ルールに気づいたのに対し，昼夜いずれかの時間帯で 8 時間覚醒し続けて本テストに臨んだ群では平均で 2 割程度しかそのルールに気づくことができなかった。また，睡眠群でのみ，裏ルールに意識的に気づいていない参加者であっても本テストの回答時間が練習の時よりも大幅に短くなった。同様の知見は，他の連想記憶課題（虚記憶，項目統合，ルール抽出，洞察問題に関する課題）でも示されており，睡眠が記憶の再構成過程に及ぼす影響は全体として中程度の効果を示すことがこれまでに確認されている（Chatburn et al., 2014）。その後，この記憶の再構成過程に徐波睡眠とレム睡眠のそれぞれの睡眠段階がどのような影響を与えるかを説明した BiOtA モデルが発表され（Lewis et al., 2018），一定の影響を与えている。

☾＊ 最近の動向と今後の方向性

　これまでは，主に記憶の固定化現象を支持する知見について概観してきたが，最近，この現象に疑問を投げかける研究者も出てきた。Cordi & Rasch（2021）は，主に宣言記憶の実験において，記憶の固定化が確認できなかった研究をレビューし，記憶の固定化現象がこれまで想定していたよりも小さい効果しかもたらさず，より頑健でもなく，長続きもしない可能性があると注意を促している。実際に，DRM（Deese-Roediger-McDermott）課題を使用した研究のみに焦点を当てたメタ分析（Newbury & Monaghan, 2019）では，虚記憶と正記憶の両方に

対して睡眠群の有意な平均効果量は確認されなかった（覚醒群との比較）。つまり，記憶の固定化が全ての種類の記憶（特に，宣言記憶）に対して有益な効果をもたらすかどうかは未解決であると言える。そのため，実験の場合は睡眠の効果が生じるかどうかを決定づける境界条件（記憶能力の個人差，テストの種類（再生・再認），1 リストあたりの刺激数）の設定や，睡眠の効果が実際は大きくないことを想定してサンプルサイズ設計を行うなど，より精緻な実験デザインの適用が必要である。

◐ 記憶研究における睡眠変数

　睡眠と記憶の関係についてはまだまだ開拓の余地があり，睡眠をキーワードとすることで記憶研究の裾野もさらに広がると考えられる。記憶研究者が睡眠変数を自身の記憶研究に取り入れる際には，参加者の実験前日の睡眠時間を聴取することで，大まかであれば睡眠時間の長さと記憶成績の違いについても調べることができるであろう（もちろん，これらを統制すべき変数として扱う方がより重要である）。また，記憶実験では，実験の時間帯（午前／午後）が参加者ごとに統一されていないこともあるが，眠気の生体リズムの観点からいえば，全ての参加者ができる限り同じ時間帯に実験に参加するのが望ましい。一般的な参加者の場合，午後の 3-4 時は強い眠気が訪れる時間帯であるため（Broughton & Mullington, 1992），午前中の参加者と心身の状態が等質であるとは言いづらい。さらに，最も重要なこととして，符号化・保持段階における睡眠の影響を調べる場合では，性質上，睡眠の恩恵が検索段階にまで及ぶ可能性がある（睡眠条件では，覚醒条件と比較して眠気や疲労，ストレスが少ない状態でテストを受けることになる）。そのため，学習からテストを実施するまでの間に 2 日程度の期間を空けて，覚醒条件において一晩の回復睡眠を取らせた上でテストを実施するなどの工夫が必要である（鈴木，2007）。ただし，この場合も保持間隔が必要以上に長くなってしまうなどの問題があるため，実験操作の影響が比較的長続きすることが実施の前提となってしまう。このような手続き上の難しさはあるものの，睡眠と記憶の関係性は純粋に記憶研究者の興味を惹くものであり，記憶という，自己を持続可能なものにするための情報の在り方にも示唆を与えるものである。

（野添・浅岡・西村）

関　連　第 1 章 2 節　独立変数としての睡眠
　　　　第 2 章 3 節　児童・思春期の心理学的支援の対象に併存する睡眠問題

5節 睡眠研究において用いられる認知課題

　本節では，本章4節までで紹介していない，睡眠研究において用いられてきたその他の認知課題や，課題実施時の睡眠研究特有の注意点，事象関連電位を用いて認知機能を検討した睡眠研究を紹介する。

☾ 睡眠研究における注意課題

　断眠と注意機能については，本章3節でも述べたが，そこでは記載しなかった，これまで行われてきたその他の注意課題について紹介する。まずは，視覚探索課題を使用したものである。断眠が視覚探索に及ぼす影響を検討した研究は複数存在し，例えば，40時間断眠を行ったもの（De Gennaro et al., 2001），エラー関連陰性電位の変化を検討したもの（Scheffers et al., 1999）などで視覚探索の課題が用いられており，連続覚醒時間が増加するにつれてターゲット検出時間が遅くなることが報告されている。また，単一特徴探索（ターゲットがポップアウトする事態での探索課題）や結合探索（ターゲットとディストラクタとの弁別に複数の刺激要素を考慮する必要がある場合の探索課題）を使用し，ディストラクタの数（セットサイズ）を変化させ，前注意過程と注意過程に着目し，それぞれに対する睡眠変数の影響を検討している研究も存在する（Horowitz et al., 2003; Santhi et al., 2007）。それらの研究もまた，連続覚醒時間の増加によるターゲット検出遅延を報告しているが，同時に，ターゲットの検出率は断眠の影響を受けず保たれること（Horowitz et al., 2003），また，単一特徴探索におけるターゲット検出遅延は認められないこと（Santhi et al., 2007）をそれぞれ報告している。これらの結果は，断眠や眠気の影響は前注意過程には影響せず，注意過程にのみ影響を与えることを示唆する。

　続いて，高速逐次視覚呈示（Rapid Serial Visual Presentation: RSVP）を使用し，睡眠変数と注意の瞬きとの関連について検討した研究を紹介する。本稿を執

筆時点では，全断眠条件を設定して RSVP を使用し，処理を最初に要求するター
ゲット 1（T1）とその後呈示されるターゲット 2（T2）の呈示間隔を操作し，
T2 の成績を検討した研究は行われていないが，睡眠制限（5 時間の睡眠時間）
（Shenfield et al., 2020）や，昼寝（Cellini et al., 2015）が注意の瞬きに及ぼす影
響を検討した研究は存在した。Shenfield et al.（2020）は睡眠制限時であっても，
T1 直後の T2 の検出率は統制時と同程度であることを明らかにし，睡眠制限は
注意の瞬きに影響を及ぼさないことを報告している。Cellini et al.（2015）は，昼
寝をした群のみ，昼寝前に比べ，昼寝後において T1 直後の T2 検出率が増加す
ることを報告し，眠ることが注意の瞬きを減少させる可能性を指摘している。そ
のほか，概日リズムと注意の瞬きとの関連を検討した研究もあり（Gallegos et
al., 2019），T1 同定の正確性，T1 直後（200ms 後）の T2 同定の正確性（ラグ
2），T1 から独立した（800ms 後）T2 同定の正確性（ラグ 8）は，覚醒時間の延
長により低下するが，翌朝から昼にかけて再度向上することから，概日リズムに
も影響を受けることが示されている。ただし，ラグ 8 の正確性とラグ 2 の正確
性の差分である「注意の瞬き量」は概日リズムに影響を受けないことも報告され
ている。

☾* 睡眠研究における言語流暢性課題

　言語流暢性課題は，言語能力とワーキングメモリの関与が推定される課題であ
るが（吉村他, 2016），断眠や睡眠不足による影響について結果は一貫していな
い（成績の低下を報告した研究として，Harrison & Horne, 1997; Horne, 1988,
成績の低下を報告していない研究として，Blinks et al., 1999; Tucker et al.,
2010）。ただし，成績の低下を報告した研究においてはサンプル数が少ないこと
も指摘されており，単純な発話は断眠や睡眠不足の影響を受けない可能性が高い
と言えるのかもしれない（Holding et al., 2019）。

☾* 睡眠研究における時間知覚課題

　Aschoff（1998）は，時間産出法（〇秒経ったらボタンを押すなど）を使用し
た実験により，概日リズムと時間知覚の関連について検討しており，ミリ秒から
数秒レベルの短い時間知覚が選択的に概日リズムの影響を受けること，具体的に
は，深部体温が上昇すると実時間よりも時間を短く知覚する傾向を示した。また
その変動は，断眠によって減衰する（実時間よりも短く知覚することが生じな
い）ことも明らかにされている（Miró et al., 2003; Pöppel & Giedke, 1970; Soshi
et al., 2010）。その他，睡眠中の主観的睡眠時間と客観的な睡眠時間との関連を

検討した研究も行われている（レビューとして，有竹，2010）。

☾ 認知課題実施時の睡眠研究特有の注意点

　ここでは，断眠や仮眠の有無が認知機能に与える影響を実験的に検討するタイプの研究を想定し，睡眠変数を取り扱った認知心理学的実験に特有の注意点を概説しておくこととしたい。一般的に，このようなタイプの研究では，実験者による睡眠操作以外で認知課題実施時の眠気に影響する要因を極力排除することが求められる。実験前数日間の睡眠パターンはその参加者の年齢に対して適切な睡眠パターンに統制され，その睡眠パターンは睡眠表や活動量計等（第 6 章 1 節参照）で確認されることが多い。また，眠気は概日リズムを有するため，認知課題もあらかじめ決められた時刻に実施される。その他に眠気に影響する要因として，実験前日からのアルコール摂取の禁止とともに，実験当日のカフェインや過度な運動なども禁止される。また，実験室内（防音室内・外）の光環境も眠気に影響する要因である。明るい光は参加者の覚醒を高めるため，多くの研究では低照度に統制されている。この光の統制は認知課題中のみならず課題開始までの断眠中も必要となるため，参加者は薄暗い照明の下で覚醒を保つことが求められる。そのため，実験者は参加者の様子に気を払い，眠ってしまう可能性がある際には話しかけるなどして覚醒の維持を手助けする必要がある。また，その時間にどのような活動を許可するかを事前に決定し，課題開始まであるいは複数の課題の間の時間をうまくやり過ごすための準備も必要とされる（雑誌や漫画等を用意しておくこともある）。

　認知課題そのものに関する注意点もいくつか存在する。その 1 つは睡眠実験では認知課題実施中に参加者が眠ってしまった場合に，どのような対応を取るか（起こす場合は起こす方法も含めて）を決めておく必要があることである。研究目的や測定対象としている認知機能にもよるが，例えば一定時間内に反応が無かった場合にはビープ音を呈示するプログラムとしておくなどの方法が考えられるだろう。また，参加者の覚醒水準が低い際には，反応指のホームポジションのズレに起因する反応キーの押し間違いも生じる可能性が高くなる。反応計測に用いないキーやボタンをなるべく減らすような工夫も必要に応じて行うこともある。

　そして最後は安全管理上の問題である。実験的に参加者の眠気を引き起こすタイプの研究では，参加者の眠気の増大が実験参加に伴う参加者の自宅と実験室間の移動時等における事故につながらないよう十分な配慮が必要となる。参加者には自家用車の運転等を控えるように指示するとともに，実験終了時には必要に応

じて睡眠をとった後に帰宅できるような体制を構築しておくことも必要であろう。

☾ 事象関連電位を用いた睡眠研究

睡眠研究を専門とする研究者は，睡眠段階の判定のため脳波を測定可能な環境を有していることが多い。そのため同じく脳波を用いる事象関連電位もしばしば睡眠研究には用いられる。

睡眠研究において事象関連電位は様々な使い方をされるが，その 1 つが覚醒中の認知機能の指標として用いるものである。例えば P300（刺激呈示後およそ 300 ms に出現する陽性成分）の振幅や潜時は断眠や仮眠の影響を検討する研究において，認知的パフォーマンスの客観的指標として用いられる。断眠を用いた研究では，参加者の覚醒度の低下に伴ってオドボール課題を用いて測定された P300 の潜時は延長し，その振幅は減衰することが示されている（Lee et al., 2003）。また仮眠の効果を検討する研究においては，短時間（20 分未満）の仮眠取得による覚醒水準上昇とともに P300 潜時の短縮が報告されている（Takahashi et al., 1998）。また自らのエラーに対する認知的処理と関連する事象関連電位である Error-Related Negativity/error-Negativity（ERN/Ne）や error-Positivity（Pe）を用いて，自らの失敗反応に対する認知機能に与える眠気の影響についても複数の研究で検討されている（Boardman et al., 2021）（第 1 章 6 節参照）。その他にも事象関連電位はナルコレプシーなどの睡眠障害を有する患者の覚醒中の認知機能評価や情報処理プロセスの検討にも数多く用いられており（Raggi et al., 2011），眠気が認知機能に与える影響を検討する上で重要な指標となっている。

覚醒中と睡眠中とでは観察される波形の成分は異なるが，事象関連電位は睡眠時の認知機能を検討する際にも使われる（詳しくは，高原，2008 を参照）。例えば，Perrin et al.（1999）は，浅いノンレム睡眠である睡眠段階 2 やレム睡眠の状態にある参加者に，他者の名前や参加者自らの名前を聞かせた際の認知機能を事象関連電位を用いて検討し，参加者自身の名前に対しては睡眠中であっても事象関連電位の振幅増大が認められることを報告している。また，レム睡眠中に認められる眼球運動の開始時点や終了時点の脳活動を事象関連電位で検討することで，夢見中の視覚イメージの発生過程や処理過程に関する検討も行われている（小川他，2007）。このように，言語報告やボタン押し等の反応を求めずに認知過程について検討できる事象関連電位は，睡眠中の認知機能を検討する上でも有用なツールとなっている。

（浅岡・西村）

関　連　　第 1 章 3 節　注意研究において睡眠変数を考慮することの重要性
　　　　　　第 6 章 7 節　睡眠実験室の作り方

6節 睡眠研究におけるメタ認知

　睡眠研究においても自記式の調査は一般的である。得られたデータが回答者のメタ認知の傾向の影響を受けるという問題は，自記式調査全般において生じる問題であるが，睡眠研究では，時に睡眠あるいは入眠前という認知機能が極端に低下している状態にあった自己の状況や，眠気が増大して認知機能が低下している中で自身の行動を正しく自分自身で評価するということを参加者に求めるケースも少なくない。本節では，メタ認知という観点から眠気およびパフォーマンス，そして睡眠習慣に対する自己評価の問題について取り上げた。

☾ 眠気の評価

　眠気をどのように定義するかは難しい問題であるが，睡眠研究においては睡眠ポリグラフ検査（Polysomnography: PSG）を用いて「日中にどのくらい早く眠れるか」を計測する反復睡眠潜時検査（Multiple Sleep Latency Test: MSLT）や，「何分間眠らずに我慢できるか」を計測する覚醒維持検査（Maintenance of Wakefulness Test: MWT）による指標が最も客観的な眠気の指標として考えられている（詳細は第6章3節参照）。しかし，これらの指標と眠気の自己評価が一致するかと言えば，必ずしもそうでもない。特に，閉塞性睡眠時無呼吸症候群の患者に代表されるような眠気の強い状態に慢性的にあるヒトの場合，自己評価では眠くないという評価をしているものの，検査をすると日中にすぐに眠ってしまうということもよく認められる（Asaoka et al., 2010）。また，Herrmann et al.(2010) は，一晩の断眠後に40分間眠らずに我慢するMWTを実施し，眠くなって眠りに落ちそうになったら合図をするようにと参加者に指示したが，60.7％が4回のテストのうち1回以上その合図を送ることに失敗したと報告している。この結果は覚醒維持の限界を自分自身で認識することの難しさを示唆していると言えよう。

　さらに，強い眠気が継続的に発生していると考えられる状況にある人の場合には，覚醒水準の行動的指標としても用いられるヴィジランス（持続的注意）課題の成績と眠気の自己評価の関連も弱くなりがちである。例えば，連日の睡眠不足（睡眠負債）の影響を検討した Van Dongen et al.（2003）では，4 時間睡眠や 6 時間睡眠が連続した場合，その日数に応じて（客観的な眠気の指標としての）ヴィジランス課題の成績におけるミスは増加し続けるのに対して，主観的な眠気の報告は初めの数日間においては上昇を続けるものの，それ以降は頭打ちになることが報告されている。

☾⋆ 認知的パフォーマンスの自己評価

　このような課題成績と眠気の自己評価との間に乖離が認められる一因として，眠気が強い際のパフォーマンスモニタリングの悪化が考えられる。エラーに対する認知的処理を反映する事象関連電位成分である Error-Related Negativity/error-Negativity（ERN/Ne）や error-Positivity（Pe）を用いて，眠気の影響を検討した研究では，20 時間程度の連続覚醒ではエラーの検出を反映する ERN/Ne 振幅の低下は顕著ではないが，エラーへの主観的再認識過程やエラーへの注意配分を反映する Pe 振幅は有意に低下することなどが示されている（Asaoka et al., 2012; Murphy et al., 2006）。しかしながら，24 時間以上の連続覚醒，つまり全断眠では Pe とともに ERN/Ne 振幅の低下を報告する研究と（Tsai et al., 2005），ERN/Ne 振幅に有意な低下は認められないとする報告（Kusztor et al., 2019）が混在している。このように，必ずしも安定的な結果は得られていないのも事実であるが，メタ解析の結果からは，暫定的ではあるが睡眠不足がエラーの認識過程を障害する可能性が高いとされている（Boardman et al., 2021）。

　そして眠気によるエラーの認知の障害は，しばしば労働者等を対象としたフィールド調査における作業の自己評価に関する指標の解釈を難しくする。一般的に，調査においてニアミス（ヒヤリハット）の報告数は少ないことが望ましいとされがちであるが，エラーが事故に結びつく前にエラーに気づくことも重要である。実際に，ニアミスの多さの自己報告は，事故の発生を予測するという結果もある一方で，ニアミスの報告はむしろ覚醒の高い状況にある労働者において多くなるという調査結果も散見される（Seki & Yamazaki, 2006）。このような報告と実験室内で行われた事象関連電位研究の知見を鑑みれば，事故につながる可能性のある自らのエラーをより早い段階で気づくことが難しく，エラーに対して適切な修正作業を行うことができないことも，眠い状態にある労働者における事故

リスク増大の一因となっていると言えよう。

　また，自らの認知的パフォーマンスの自己評価の不確実性の増大は，教育場面においても問題を引き起こす可能性が高い。Pilcher & Walters（1997）は，24時間連続覚醒時の認知機能とその自己評価について検討している。その結果，通常（約 8 時間）の夜間睡眠後に課題を行った場合と比較して，連続覚醒中に課題を行った際には認知課題の成績は有意に低下するものの，参加者は課題への集中力と努力の程度をより高く評価し，課題の成績もより良く自己評価する傾向にあることが確認されている。さらに，Engle-Friedman et al.（2003）は，大学生を対象として徹夜後と通常睡眠後に自らが取り組む認知課題の難易度を選ばせる実験を実施し，その結果から徹夜後に認知課題を行う場合には，本人が知らず知らずのうちに取り組む課題の難易度を下げることを示唆している。このように眠い状況にある学生が自らの認知課題の成績や努力の程度を過大評価する傾向にあることは，学業上の問題を引き起こす睡眠習慣の乱れを改善する具体的行動が生じにくい理由の 1 つと考えられるだろう。

☾ 睡眠習慣の自己評価

　睡眠習慣や睡眠の良し悪しを定量的に評価する指標として，毎日の睡眠時間や入眠潜時，総中途覚醒時間などの時間情報，起床時刻や就寝時刻といった時刻情報がよく使用される。これらの指標の評価には，対象者の言語報告や自己式質問票，睡眠日誌への回答などを頼りにした主観的評価と終夜の PSG やアクチグラフィにより収集される脳波や体動などの様々な生体情報を頼りにした客観的評価がある。睡眠習慣の主観的評価と客観的評価もしばしば乖離し，評価間の乖離の背景には，それぞれの評価に混入する測定誤差に起因する部分と対象者の個人差に起因した部分があり注意が必要である。

　客観的評価の場合，測定機器の時刻情報の正確さ，睡眠－覚醒や就寝－起床の定義，定義に基づく判定の正確さなどが評価結果に影響を与える。睡眠の客観的評価のゴールドスタンダードは PSG であり，得られた生体情報に基づく判定基準には睡眠脳波アトラス（通称 R&K 法：Rechtschaffen & Kales, 1968），米国睡眠医学会の睡眠の随伴イベントの判定マニュアル（通称 AASM 法：Iber et al., 2007）がある。両者の判定方法で睡眠－覚醒判定それ自体に違いはない。アクチグラフィでは，加速度センサにより得られる体動情報からアルゴリズムにより睡眠－覚醒を判定する。多くのアルゴリズムは PSG を基準テストとして開発されている。しかしながら，アクチグラフィでは PSG の睡眠を正しく"睡眠"と

判定する真陽性率は高いものの，PSGの覚醒を正しく"覚醒"と判定する真陰性率は低く，睡眠を過大に評価しやすいことが指摘されている（de Souza et al., 2003）。

　主観的評価の場合，就寝や入眠，起床や離床をどのように定義し対象者がどのように理解しているか，時間情報や時刻情報の報告を予期していたかどうか，時間手掛かりを有しているか，各指標の時間がどの程度の長さであったかなどが評価結果に影響を与える。入眠潜時を主観的に評価する場合，入床時刻，消灯時刻，入眠意図時刻のいずれを起点として報告するかによってその時間は異なり，これは総臥床時間や睡眠効率の評価にも大きな影響を与える（Reed & Sacco, 2016）。時間評価に関する研究では，予期的時間評価の場合は追想的時間評価と比較して，主観的時間が長く正確に評価されやすい（Block & Zakay, 1997）ことが知られており，時間注意条件では経過時間の主観的評価が長くなりがちであることが知られている（Poynter & Homa, 1983; Thomas & Cantor, 1976）。睡眠習慣に関する様々な時間情報は，通常，言語的見積もり法により評価されるが，経過時間が長いほど正確さを欠きやすく0や5といった区切りのよい数字が選択されやすいことが知られている（松田，1996）。

　こうした測定方法に固有な系統誤差により主観と客観の乖離が生じるだけではなく，様々な個人差要因によっても主観報告の正確さは影響を受ける。時間情報処理については不明な点も多いが，小脳にインターバルタイマーが存在し，大脳基底核がインターバルタイマーの速度調整を，前頭前野が時間情報の処理と注意配分を担っているという仮説が提唱されている（Buhusi & Meck, 2005）。また，時間知覚の神経回路研究では，比較的長い時間評価において視床−皮質−線条体回路が関与していることが示唆されている（Lalonde & Hannequin, 1999）。これらの時間評価関連部位に機能障害がある場合（例えば，パーキンソン病などのドーパミン系神経の機能異常）では時間評価能力の障害から睡眠評価が歪む可能性がある。例えば統合失調症では入眠潜時の主観的評価が客観的評価よりも長いことが報告されている（Bian et al., 2016）。また，睡眠障害のある者は，その障害の種類に関わらず，客観的評価に比して主観的評価を悪く評価しやすいことが報告されている（Valko et al., 2021）。特にこの傾向は不眠障害に顕著であり，時間評価能力の障害に起因するというよりも時間モニタリング傾向や心気症傾向，併存する抑うつが関連していると考えられる（山本，2014）。

（浅岡・山本）

関　連　第6章3節　眠気の測り方
　　　　第6章1節　睡眠習慣の測り方

7節 認知心理学的夢研究

　他者の夢を直接観察できる手法はない。そのため，夢報告は少なからず報告者の夢の記憶に基づいている。本節では，代表的な夢研究の方法や近年の動向について紹介した後，夢報告と記憶との関連性について述べる。

☾ 夢の研究法

　夢研究の代表的な手法としては，質問紙法，日誌法，実験法の３つが挙げられるが，それぞれに長所と短所がある。以下では，これらの研究法についての特徴を簡潔に解説する。

　質問紙法は，過去の一定期間に夢をどの程度見たかについての頻度を回顧させる手法である。回顧の期間は研究によって異なり，過去１週間から数ヵ月間程度まで様々である（Zadra & Domhoff, 2011）。質問紙法は実施が簡便であるが，日誌法で報告される頻度よりも実際の頻度が過小評価されやすく（Zadra & Donderi, 2000），また，回答者の個人特性の影響を受けやすいことが知られている（Bulkeley & Schredl, 2019）。

　日誌法は，自宅で目覚めた後に夢の内容や頻度について記録する手法である。主に２種類の手法があり，チェックリスト形式でその日の夢の有無や種類を記入するものと，ナラティブ形式で夢の内容を書き取ることを要求するものがある（Zadra & Robert, 2012）。日誌は自宅で記録することが可能であるため，夢報告の生態学的妥当性も比較的高いものになると考えられるが，強い恐怖や不安等を内容に含む特徴的な夢が選択的に報告されてしまうという問題が指摘されている（Fosse et al., 2001）。

　実験法は，制御された実験室環境下で参加者に睡眠をとってもらい，一晩に複数回覚醒させることによって，その都度夢の聴取を行うものである。覚醒のタイミングは，レム睡眠から数分程度経過したタイミングで参加者を覚醒させる手法

（レム覚醒）が用いられることが多い。最大のデメリットは時間的・経済的コストが非常にかかることであり，また，実験室の環境が直接反映された夢（実験夢）が増加することなど（Schredl, 2003），睡眠前の環境状況の影響を受けやすい。

　このように，夢の研究法には一長一短の特徴があるが，実験法は，その中でも通常の夢についての報告（≠悪夢）を得るための優れた研究法であると位置付けられている（Zadra & Domhoff, 2011）。そこで，以下では実験法を用いた近年の夢研究について概観する。

⭐ 感覚刺激の取り込みによる夢の変容

　近年，注目を集めている夢研究分野の 1 つに，睡眠中の外的刺激の影響による夢の変容過程についての研究がある（レビューとして，Carr et al., 2020）。これまでの研究では，睡眠中の参加者に何らかの感覚刺激を提示することによって，その刺激の特性を取り込むかのように，夢内容が変化することが報告されている。例えば，Nielsen（1993）は足（膝）に血圧計測用のカフを装着させ，レム睡眠中にカフ圧を上げて圧刺激を参加者に提示したところ，そのような刺激を提示しない参加者と比較して，カフ圧や足の感覚に関する夢報告が増えたことを報告している。また，厳密な意味での"取り込み"ではないが，嗅覚刺激を提示して夢への影響について検討した研究では，匂いの印象に基づいて夢への評価が変化したことが示されている（Okabe et al., 2018; Schredl et al., 2009）。

　これらの研究は，夢が過去の記憶情報（日常体験）を元にしてトップダウン的に生成されるだけでなく（Nielsen & Powell, 1992），感覚刺激を新たに取り込むことによって，ボトムアップ的にも生成されることがあることを示している。このような夢生成の双方向的特徴に基づいて，近年では標的夢生成法（Targeted Dream Incubation: TDI）による夢誘発の試みもなされている。Horowitz et al.（2020）では，TDI の手続きを用いて，刺激の取り込みが起こりやすいとされる入眠期（N1）のタイミングで参加者に特定の言語プロンプト（"木について思い浮かべてください"）を提示する条件としない条件を比較したところ，"木"についてのプロンプトを提示した条件では，覚醒後に"木"およびそれと関連した夢（"植物"や"紙"）の報告率が増加した。ただし，この研究では刺激の提示時期が N1 のタイミングであることから，厳密には入眠時心像への取り込みを反映していると考えられる。このように，直接的な夢操作の手続きはまだ発展途上の状況にあるものの，今後の展開が期待される領域である。

☾ 記憶現象としての夢報告

　冒頭で述べたように，参加者から得られる夢報告は研究手法に依らず，その人の"夢の記憶"に依拠する部分も多い。夢報告を記憶現象であると捉えて実証的に検討した研究は少ないが，以下にその一例を挙げる。

　夢見は自己の体験であるため，自伝的記憶の一側面であると捉えられることがある。この点について，日誌およびレム覚醒の両方を用いて夢の記憶と自伝的記憶との関連について検討した Grenier et al.(2005) は，自伝的記憶に見られる①幼児期健忘，②レミニッセンス・バンプ，③標準的忘却曲線の3つの特徴が夢の記憶にも共通して見られることを示しており，夢の記憶と自伝的記憶には連続性があると主張している。また，現実の記憶の定着を促す様々な要因（出来事の奇異性，情動性，個人的な重要性）が，夢の記憶の再生にとっても同じように促進効果をもたらすことが報告されている（要約として，Horton & Conway, 2009）。さらに，研究で取得された夢報告のほとんどが自伝的記憶の成分を含むものであったことを報告した研究もある（Malinowski & Horton, 2014）。

　一方，夢の記憶と現実の記憶を区別して考えた研究者もいる。Johnson et al.(1984) は，口頭記録による日誌を用いた記憶実験において，自分の夢についての記憶を参加者がどれだけ正確に保持しているかをリアリティ・モニタリング課題を用いて検討した。その結果，参加者は覚醒中の経験についての記憶（現実の記憶）よりも夢の記憶において，その記憶源の混同（例えば，その夢が誰が見た夢なのかについての判断ミス）が生じやすかった。この結果は，夢が自然発生的なものであり，複雑な認知操作（推論や判断，イメージ化）のプロセスを経て生成されるものではないため，現実の記憶と比べて痕跡が薄くなり，それ故に不鮮明で減衰も速くなるためであると解釈されている（Johnson et al., 1988）。

☾ 夢報告と記憶の再構成

　このように，夢報告には記憶のプロセスが関与しているが，記憶は再構成されるものであるため（Gallo, 2006），夢報告の内容も記憶の再構成の影響を受けて実際の夢から変容する可能性がある。Rosen（2013, p. 2）は，"夢の記憶は虚記憶である"と述べており，覚醒後に夢の記憶が急激に減衰するタイミングで記憶の検索を行うことで，夢内容が過度に合理化され，不正確な内容が混入するとしている。

　さすがに，夢報告の全てが虚記憶であるとは考えづらいが，実際の夢報告は参加者が睡眠中に主観的に体験した内容と，それを覚醒後に思い出す過程で再構成

された内容の両方を含んだものになる可能性は高い。虚記憶研究の観点からもそれを裏付ける知見が得られている。例えば，Payne et al.(1996) は DRM 課題を用いて連想関係にある複数の項目群を学習させ，後で自由再生テストを複数回繰り返すという実験を行った。その結果，実際には学習していないものの，学習項目と非常に強い連想関係を持つ項目を虚再生する割合は 1 回だけテストを行う場合よりも複数回テストを行った場合に高くなった。また，できる限り多くの項目を思い出すように強制された条件（強制再生条件）では，自由再生条件よりも虚再生率が高くなった。これらの結果は，社会的要求によって検索を強制される場合，そして，検索を複数回繰り返し実行する場合において記憶の再構成が起こりやすくなることを示しており，実験法における夢聴取や，日常的な夢回想によって夢に虚記憶が混入する可能性を示唆している。

さらに，直接的に夢に虚記憶を植え付けることに成功した研究も存在する。Beaulieu-Prévost & Zadra（2015）は誤情報効果の手続きを援用して，終夜実験での参加者の夢報告時および実験の終了時に，実際には参加者が報告していない架空の夢についての情報を参加者にフィードバックした。それから 1 週間後，参加者は事前告知無しで面接調査を受け，実験の時に見た夢について評価した。その結果，面接調査に参加した 26 名のうち 4 名（約 15 ％）が誤情報として差し込まれた情報に基づいて，実際には見ていない夢を誤って"見た"と報告した。

これらの虚記憶に関する一連の研究から言えることは，思い出すという行為は出来事を正確に再現することではなく，記憶の痕跡を解釈し，統合することであるため（Rosen, 2013），夢の記憶にも不正確な内容が混入する可能性があるということである。夢内容は他者から観察できないため，夢報告自体が"歪んでいる"と結論づけることも難しい。しかし，夢報告が記憶のプロセスに依存している限り，常に記憶の再構成のダイナミックな影響を受けることは間違いなく，特に質問紙法を用いるタイプの研究ではその影響が甚大になると考えられる。最近では，明晰夢を対象としたリアルタイムによる夢内容の理解について検討が行われているが（Konkoly et al., 2021），明晰夢のみで全ての夢内容を理解することにはつながらない。そのため，今後は夢報告の正確性を向上させる技術の開発と並行して，記憶現象という観点から認知心理学的夢研究を積み重ねてゆくことが重要であると考えられる。

（野添・福田）

関　連　第2章8節　精神分析と夢の生理学的研究
　　　　第6章5節　睡眠脳波の測定の仕方

第2章

臨床心理学と睡眠

臨床心理学における睡眠研究の可能性

　心理的支援の場では，要支援者に主訴として，また主訴と併存する問題として睡眠問題が認められることは少なくない。睡眠問題は，それ自体が要支援者の生活の質の低下の一側面であると同時に，様々な問題の発生・維持・悪化リスクとなりうることが数多くの研究から報告されている。また，睡眠問題の改善は，様々な臨床的関与の対象となる問題の改善や再発・再燃の予防に資することも報告されている。睡眠を適切にアセスメントし，必要に応じて専門医を紹介したり，睡眠問題に対する心理的支援を提供できることは，臨床家にとって重要であると考えられる。しかしながら，睡眠問題に対する心理的支援を研究する臨床心理学者や睡眠問題に対応できる心理臨床家は非常に少ない現状がある。

　本章では，心理的支援の場で臨床家が遭遇する睡眠問題や様々な臨床的関与の対象となる問題に併存する睡眠問題について概説し（1節−4節），心理学的理解とそれに基づく心理学的支援法について概説する（5節−7節）。これらの節を通じ，多くの臨床心理学研究や心理学的支援の場において，睡眠問題に関心を寄せることの重要性を感じていただけるのではないかと考えている。

　また，臨床心理学において，睡眠中の感覚・意識体験である夢は，精神分析では無意識過程を象徴するものとして，分析的心理療法では，意識と無意識の相互作用の結果であるとしてセラピーの題材として取り上げられてきた。しかしながら，夢の象徴性や夢の意味については，睡眠に関する生理学的な研究の進展の中で様々な疑問が投げかけられ議論がなされてきた。8節ではそれらの議論について紹介する。

　臨床心理学において「睡眠」は，心理的支援のあらゆるところで関わる重要なテーマである。本章を通じて多くの臨床心理学研究者や心理臨床家が「睡眠」に関心を持っていただけることを期待したい。

（山本）

1節 心理的支援の場における睡眠問題

　心理的支援の場では，要支援者に主訴として，また他の主訴に併存する問題として様々な睡眠問題が認められる。本節では，よく認められる睡眠問題を症候別に不眠，過眠，概日リズム睡眠 – 覚醒障害群，睡眠時随伴症候群（特に金縛り・悪夢）に分類し，それぞれについて概観する。

☾ 不　眠

　不眠とは，入眠困難や睡眠維持困難（中途覚醒や早朝覚醒）や熟眠障害といった夜間睡眠の問題と，それに伴う日中の機能低下や心身の不調のある状態を指す。ストレスや生活の変化などにより一過性に夜間の睡眠問題が生じることは少なくなく，そのような不眠は特段気にする必要はない。疫学研究のレビューによると一過性の夜間の睡眠問題を経験するものは 30 – 48 ％程度存在するとされている（Ohayon, 2002）。ただし，不眠が遷延化し日中の機能低下が持続されると，要支援者のクオリティ・オブ・ライフの低下や併存する問題の維持・増悪につながるため，不眠の頻度や持続期間をアセスメントし適切な支援につなぐことが重要である。不眠に加えて日中の機能低下を呈する成人は 5 – 15 ％であるとされ，各種不眠症の診断基準に該当する程度の頻度（3 日／週）かつ持続期間（2週以上）に該当する成人は 6 ％程度であるとされている（Ohayon, 2002）。

　心理的支援の場において不眠を訴える要支援者は非常に多く存在する。これまで，不眠症状は他の主訴や疾患により引き起こされる症状の一部として理解されており，主訴の解消とともに改善すると考えられていた。しかしながら，不眠は独立して，大うつ病性障害や不安障害など他の問題の新規発症リスクとなることや，他の問題の維持・増悪因子にもなりうる（Khurshid, 2018）ことが指摘されている。例えば，大うつ病性障害では，うつが改善した後に残遺不眠がある場合，うつの再発のリスクが高まることが報告されている（Buysse et al., 2008）。

また，併存する不眠に対する積極的な介入により不眠のみならず主訴や併存する問題の改善が認められたとする報告も複数報告されている（Taylor & Pruiksma, 2014）。このことからも，心理的支援の場においては要支援者における不眠を確認し，適切な治療・支援につなげていくことが肝要である。

☾ 過　眠

　過眠とは，夜間に十分な睡眠を確保しているにもかかわらず，日中に過剰な眠気があり，社会生活を営むことに支障がある状態を指す。評価方法や対象者の年齢によっても異なるが，日中に過剰な眠気を訴える日本人は非常に多いことが報告されている。例えば，（日本語版の標準化前の研究であるが）エプワース眠気尺度を用いた研究では，日中の過剰な眠気の有症割合は 9.3 ％（男性 9.6 ％，女性 9.2 ％）であり，20 代の若者と 70 代以上の高齢者に有症割合が高かったことが報告されている（竹上他，2005）。また，中高生を対象とした全国調査では，男子生徒の 28.1 ％，女子生徒の 38.4 ％が同尺度のカットオフ得点を超過していたことが報告されている（Kaneita et al., 2010）。

　心理的支援の場では，日中の過剰な眠気を訴える要支援者は少なくない。日中の過剰な眠気の訴えの背景には，当該発達段階において必要とされる睡眠時間を確保できていないことや不規則な生活習慣，睡眠 – 覚醒リズムに問題があることが多い。夜間に十分かつ規則的な睡眠を確保しているにも関わらず，日中の過剰な眠気を訴える場合には，様々な背景が考えられる。例えば，抗ヒスタミン薬の使用やカフェイン離脱など物質に関連する眠気や月経前症候群や甲状腺機能低下症などの内分泌機能と関連する眠気，睡眠関連呼吸障害群や中枢性過眠症群といった過眠をもたらす睡眠障害に伴う眠気などが挙げられる。特に過眠をもたらす睡眠障害の特定には，終夜睡眠ポリグラフ検査や反復睡眠潜時検査，覚醒維持検査などが必要であることから生活歴に眠気を強く説明する因子が見当たらない場合には睡眠障害専門医療機関などへの適切な機関への紹介が重要である。

☾ 概日リズム睡眠 – 覚醒障害群

　概日リズム睡眠 – 覚醒障害群は，社会生活の休息 – 活動周期と睡眠 – 覚醒周期や体内時計により作られる生理機能の概日リズムがズレていることにより，社会の活動時間に覚醒を維持することができなかったり，期待した時刻に眠ることができないといった問題を抱える一群を指す。このズレの原因には，社会生活側の急な周期変化による場合もあれば体内時計の概日リズム側の変化による場合もある。

臨床

　交代勤務や飛行機による海外渡航により社会生活の休息 – 活動周期や明暗周期に急激な変化があると，一時的に体内時計の同調が追い付かず期待した時刻に眠ることや，日中に覚醒を維持することが困難になる。中枢時計が外界の周期情報に再同調するにつれ，通常は数日で睡眠 – 覚醒リズムは新しい社会生活の周期に合ってくるが，中枢時計と末梢時計の同調には時間がかかり心身の不調がさらに数日続くことも少なくない。特に，社会生活時間の周期の変化が，頻繁な場合や反時計回り（東方向への飛行機移動や夜勤から準夜勤への変化など）の場合には同調が困難になる（American Academy of Sleep Medicine, 2014）。

　体内時計の概日リズム側の変化によるズレの類型には，睡眠 – 覚醒周期が社会生活の休息 – 活動周期より一定程度遅れてしまう後退型，一定程度早まってしまう前進型，一日の中で睡眠と覚醒が不規則に表れる不規則型，同調機能が何らかの原因で損なわれ毎日少しずつ後退する非 24 時間型がある。後退型は青年に多く認められる。この背景には，第二次成長期に夜間の光感受性が高まり概日リズム周期が延長しやすくなる（Carskadon et al., 1998）といった生理的な変化に加え，保護者からの干渉が少なくなることや情報通信機器の利用などがあると考えられている（Crowley et al., 2014）。一方，前進型や不規則型は高齢者に多く認められることが知られている。高齢者の場合は，加齢に伴いメラトニン分泌量が減少し，生理機能のリズムの振幅が小さくなることや夜間睡眠の持続が短くなり早寝早起きになりやすいことが知られている（Karasek, 2004）。高齢者に不規則型が認められやすい背景には，単に加齢に伴う生理的変化のみならず，アルツハイマー型認知症などの神経変性疾患などに伴う概日リズム機構の変化も関連しているとされている（Zee & Vitiello, 2009）。非 24 時間型は全盲者に多く認められる。その理由は，ヒトの概日リズムが 24 時間より少し長い周期を有しており，外界の周期情報（特に明暗周期）から隔離されるとフリーランが生じるためである。そのため，晴眼者でも時間的手がかりのない明暗周期から隔離された環境で長期間生活している場合にはフリーランが生じうる。不眠や過眠の訴えの背景にこれらの概日リズムの問題がある場合も少なくないため，要支援者の社会生活における望ましい休息 – 活動周期や睡眠 – 覚醒周期をアセスメントしておくことが重要である。

☾ 睡眠時随伴症候群（特に金縛り・悪夢）について

　睡眠時随伴症候群とは，不眠や過剰睡眠（過眠症）のように睡眠そのものに関する障害というよりも睡眠に関連して生じる望ましくない事象とされており，

ICSD-3 ではノンレム睡眠に関連したもの，レム睡眠に関連したもの，その他のものに分類される。ここでは，比較的よく目にし，健常人にも出現するものとして，レム睡眠に関連して生じる睡眠時随伴症候群として，睡眠麻痺（いわゆる金縛り）と悪夢について解説する。睡眠麻痺とは主に入眠期に深いノンレム睡眠を経ずに覚醒から直接レム睡眠に入る入眠時レム睡眠（Sleep Onset REM Periods: SOREMPs）において出現する体験である。生理学的にはレム睡眠であるが，睡眠麻痺の最中の脳波の状態からも覚醒状態に近く，体験者は自身が覚醒していると感じていることが多い。自分の意志で身体を動かすことができず，身体が麻痺しているように感じられるため睡眠麻痺と呼ばれる。最も単純な体験としては身体運動ができないという症状のみを伴うものだが，これに様々な幻覚症状（入眠時幻覚）が加わることが多い。身体の主観的な麻痺はレム睡眠の抗重力筋の抑制によって生じ，様々な幻覚体験は，夢を生じるレム睡眠の機構が背景となって生じていると考えられており，基本的には夢と同様の体験であるが，レム睡眠としては脳の高い覚醒状態を背景にして，体験者本人には夢ではなく現実として感じられる（福田，2014）。

　悪夢は，比較的よく認められる現象であり，通常は，レム睡眠中に体験される不快な夢とされる。夢の中で不安や恐怖を伴う悪夢と考えられる夢内容の夢全体に占める割合は実はかなり多く，ある研究（Nielsen et al., 1991）では，覚醒中と夢の最中で体験される感情の種類を比較したところ「恐怖」が圧倒的に夢の最中で多かったことが示されており，悪夢は非常にありふれた体験である。また，悪夢は小児で多く，自然に消失することが多い。以上のように非常にありふれた現象ではあるが，その不快度が非常に高く，また，頻繁である場合，また，特定の障害と関連している場合には，悪夢障害と診断され，治療対象となる場合がある（American Academy of Sleep Medicine, 2014）。悪夢障害とされるのは，非常に不快な夢が繰り返し長期間続いていること，しばしば悪夢の後に覚醒を伴うが，その場合，意識が清明で見当識を伴っていること，悪夢や中途覚醒によって社会的機能に障害を及ぼしていることなどが前提となる。また，PTSD など強いストレスが引き金として生じている悪夢障害の場合はレム睡眠中だけではなく，ノンレム睡眠中にも起こるとされ，それは，ストレス場面のフラッシュバックが睡眠中に生じたものと考える場合もある。また，レム睡眠中に生じる悪夢があまりに頻繁で長期間にわたっている場合に統合失調症との関連を示唆する研究もある。

（山本・福田）

関　連　　第 2 章 6 節　概日リズム問題の心理学的支援
　　　　　　第 2 章 7 節　その他の睡眠問題の心理学的支援

2節 睡眠障害の診断基準

2013年から，睡眠障害の診断基準における改訂が相次いでなされた。本節では，代表的な3つの診断基準における改訂を軸として，睡眠障害に対する考え方にどのような変遷があったのか，各診断基準における改訂の結果が睡眠障害の診断・治療，支援にどのような影響を及ぼしたのかについて概説する。

☾* 睡眠障害の疾病分類

睡眠障害の国際的な診断基準として，ICD-11，ICSD-3，DSM-5がある。ICD-11では，睡眠障害の診断基準や説明が短く記述されており，障害単位それぞれに対応したコードが設定されている。このコードは，日本の保険医療制度内で診療報酬を請求する際に必要とされる診療報酬明細書で用いられる。ICSD-3は，睡眠医療の臨床と研究で使用されることを目的として作成された診断基準であり，睡眠障害の診断基準や特徴が詳細に記述されている。DSM-5は，様々な精神疾患の診断基準や説明が記述されている中で，睡眠障害が1つのカテゴリとして分類されている。

これらの診断基準において，睡眠障害は6つのカテゴリから構成されており，概ね診断基準間で障害単位は統一されている（表2-2-1）。なかでもICD-11とICSD-3との間では，睡眠障害のサブカテゴリが概ね同一である。DSM-5においては過眠障害とナルコレプシーならびにレストレスレッグス症候群に関して他の診断基準と不一致があるものの，他のカテゴリについてはICD-11ならびにICSD-3と概ね一致している。このように，最新の診断基準間における特徴として，互いに整合をとる動きが見受けられる。

☾* 各診断基準の旧版と最新版の違い（特に不眠に着目して）

ICD-10とICSD-2ならびにDSM-IV-TRとそれぞれの最新版との間には異なる点が多い。不眠症を取り上げると，旧版の診断基準間では障害単位数や分類内

表 2-2-1　睡眠障害のカテゴリ

	ICD-11	ICSD-3	DSM-5
Insomnia disorders		不眠症	不眠障害
Hypersomnolence disorders		中枢性過眠症群	過眠障害 ナルコレプシー
Sleep related breathing disorders		睡眠関連呼吸障害	呼吸関連睡眠障害群
Circadian rhythm sleep-wake disorders		概日リズム睡眠・覚醒障害群	概日リズム睡眠 - 覚醒障害群
Sleep-related movement disorders		睡眠関連運動障害群	レストレスレッグス症候群
Parasomnia disorders		睡眠時随伴症群	睡眠時随伴症群

ICD-11 日本語版は公開されていないため，原文を記載した。カテゴリの順序は，ICD-11 に準拠した。ICSD-3 と DSM-5 のカテゴリについては，ICD-11 のカテゴリに対応すると考えられる箇所に筆者が並び替えた。DSM-5 において，ICD-11 と対応するカテゴリがない場合は，対応すると考えられる疾病を記載した。

表 2-2-2　不眠症の疾病分類（ICD-10, ICSD-2, DSM-IV-TR）

	ICD-10	ICSD-2	DSM-IV-TR
F51.0	非器質性不眠症	適応障害性不眠症（急性不眠症）	原発性不眠症
G47.0	睡眠の導入および維持の障害（不眠症）	精神生理性不眠症	他の精神疾患に関連した不眠症
		逆説性不眠症	
		特発性不眠症	
		精神疾患による不眠症	
		不適切な睡眠衛生	
		小児期の行動性不眠症	
		薬剤または物質による不眠症	
		身体疾患による不眠症	
		非器質性不眠症，非器質性睡眠障害 [a]	
		特定不能な生理性（器質性）不眠症	

[a] 物質または既知の生理的病態によらない，特定不能な不眠症。

容に不一致が認められ，各診断基準では原因論的観点からの分類がなされている（表 2-2-2）。

　ICD-10 には睡眠障害という独立したカテゴリがなく，不眠症は精神及び行動の障害（F コード）と神経系の疾患（G コード）という 2 つのカテゴリに分類されている。また，ICD-10 では，器質性か非器質性かという原因論的な立場から分類が行われており，ICSD-2 と DSM-IV-TR の不眠症においても，原因論的分類が行われている。DSM-IV-TR における不眠症の分類では，原発性か他の精神疾患により二次的に生じる続発性かといった分類が行われている。ICSD-2 においても，原発性の精神生理性不眠症とそれ以外の続発性の不眠症に分類され，続発性の不眠症には原因別に下位分類が設定されている。

　一方，ICD-11 と ICSD-3 ならびに DSM-5 の不眠症（不眠障害）では，障害単位が簡素化され診断基準間で概ね一致しているという点，原因論ではなく，症状の持続期間から下位分類が設定されている点が特徴的である（表 2-2-3）。

　ICD-11 では，Sleep-wake disorders（07 コード）という独立したセクションが新たに設けられ，不眠症は Insomnia disorders（ICD-11 日本語版は公開されていないため，原文を記載した）として収録された。そして，不眠症状の持続期間から 3 ヵ月以上の場合が Chronic insomnia，3 ヵ月未満の場合が Short-term insomnia として定義された。この分類は，ICSD-3 の慢性不眠障害，短期不眠障害と同じであり，DSM-5 における不眠障害の下位分類と同じである。

☾ 改訂の背景

　このように，睡眠障害の各診断基準は統一を試みようとする動きがみられた。この動きの背景には，旧版の診断基準による疾病分類間の読み替えの困難さが挙げられる。

　診断基準間で大幅な違いが存在することは読み替えを困難にする。2010 年代には，各診断基準の改訂が議論となっており，睡眠障害に特化した ICSD-3 の改訂に合わせて DSM-5 の睡眠障害の改訂が行われ（内山，2015），ICD-11 も ICSD-3 と DSM-5 に合わせて改訂が行われた（三島，2019）。ICSD-3 もまた DSM-5 や ICD-11 の改訂と整合性を高めることを重視した改訂となっている（本

表 2-2-3　不眠症の疾病分類（ICD-11, ICSD-3, DSM-5）

ICD-11		ICSD-3	DSM-5
7A00	Chronic insomnia	慢性不眠障害	不眠障害
7A01	Short-term insomnia	短期不眠障害	
7A0Z	Insomnia disorders, unspecificd	その他の不眠障害	

ICD-11 日本語版は公開されていないため，原文を記載した。

多，2020)。このような互いに足並みを揃えた改訂により，診断基準間の読み替えが可能になった。診療報酬請求での傷病名コードの統一につながり，実務上の改善につながったと考えられる。

　また，診断基準の大幅な変更と統一が図られた不眠については，近年原発性と二次性を区別することの妥当性や有用性について疑問を投げかける研究が相次いで報告されている。例えば，不眠は他の精神疾患に後続する二次的な症状であるだけでなく，不眠が他の精神疾患の重症度と関連する研究や（Taylor et al., 2005)や，不眠が他の精神疾患の発症因子となるという研究（Sylvia et al., 2012)が報告されている。また，不眠に対する認知行動療法は，不眠のみならず併存している他の精神疾患の主症状も改善するという研究（Geiger-Brown et al., 2015)も報告されている。このような中で，不眠は他の精神疾患に付属する一症状ではなく，他の精神疾患の発症，維持，増悪，再燃に寄与する障害単位であると見なされるようになってきた（二次性不眠から併存性不眠への転換)。また，原発性不眠と併存性不眠においても不眠に対する治療や心理学的支援の戦略については変わりがなく，原発性不眠に対する認知行動療法の効果と併存性不眠に対する認知行動療法の効果にも違いがないことが報告されている（Wu et al., 2015)。こうした研究から，現在の各診断基準では，原因別の不眠症概念が撤廃され，不眠症状の持続期間による分類が支持されるようになったと考えられる。

（原・山本）

3節 児童・思春期の心理学的支援の対象に併存する睡眠問題

　睡眠問題は，様々な心理学的支援の対象に併存する。本節では，児童・思春期の心理学的支援の対象の中でも，発達障害，不登校，学業不振を取り上げ，睡眠問題の併存や睡眠問題との関連について解説する。

☾ 発達障害に併存する睡眠問題

　発達障害，中でも注意欠如多動症（Attention Deficit and Hyperactivity Disorder: ADHD），自閉スペクトラム症（Autism Spectrum Disorder: ASD）などの神経発達症は，睡眠問題を呈しやすいことが知られている。特に神経発達症はICSD-3において，睡眠・覚醒相後退障害の背景要因として記載されている。また，2020年3月にはメラトベル（一般名：メラトニン）が小児期の神経発達症に伴う入眠困難に適用となった。これらのことから発達障害に併存する睡眠問題が注目されている。

　ADHDに併存する睡眠問題　ADHD患者は，多様な睡眠問題を呈することが知られている。特に，睡眠・覚醒相後退障害，入眠困難型不眠の併存が広く認められる。ADHDにおける概日リズムの特徴に関する系統的レビュー（Coogan & McGowan, 2017）では，ADHD患者においてクロノタイプの夜型化，メラトニン分泌開始時刻，睡眠開始時刻の遅延が一貫して認められることが報告されている。ADHDと概日リズムの乱れの併存は，ADHDの認知・行動特性により生活習慣が乱れた結果により生じている可能性やADHDにおける時計遺伝子（BMAL1とPER2）の発現リズムによる可能性（Baird et al., 2012）が指摘されており，多因子が複合的に関連した結果であると考えられている（北島，2020）。またADHDは，睡眠関連呼吸障害（Sleep Disordered Breathing: SDB）やむずむず脚症候群（Restless Legs Syndrome: RLS）との併存が多く認められることが知られている。SDBとADHDは共通の病態があるわけではなく，SDB

による睡眠の分断による日中の機能への影響が不注意や衝動性といったADHD様症状の出現やADHD症状の修飾に寄与していると考えられる。系統的レビュー（Sedky et al., 2014）では，SDB症状とADHD症状には有意な関連があり，SDB治療のためのアデノイド摘出術後にADHD症状において有意で中程度の効果があったことが報告されている。RLSとは安静時に下肢の不快感を主症状とする症候群であり不快感は夕方から夜にかけて増悪し，脚を動かすことにより改善するといった特徴がある。RLSとADHDは黒質脳領域のドーパミン不足という共通病態（Walters et al., 2008）とドーパミン経路に影響を及ぼす鉄欠乏が両者の増悪に関連している（Konofal et al., 2007）ことから共通点も多い。

　ASDに併存する睡眠問題　系統的レビュー（Carmassi et al., 2019）では，ASD患者において概日リズムの乱れ（位相の後退）や，睡眠時間の短縮，睡眠効率の低下が認められ，睡眠問題とASD症状の重症度には関連が認められることが報告されている。ASDと睡眠問題の背景にある共通病態には不明な点が多いが，系統的レビュー（Rossignol & Frye, 2011）ではASDにおいて，メラトニン分泌ならびに代謝産物濃度の低下が指摘されている。また，ASDにおいてもASDの認知・行動特性により生活習慣が乱れることの影響性や併存する他の障害（例えば，気分障害や不安障害）による介在などが指摘されている（北島，2020）。さらに，ASDとADHDの併存についても近年多くの研究で指摘されており（Rong et al., 2021），多因子が複合してASDと睡眠問題が併存していると考えられる。

☾ 不登校と睡眠問題

　不登校は心理学が関わる重要な問題であるものの，不登校児がほとんどと言ってよいほど随伴する睡眠の問題という観点からのアプローチが認められないのは残念なことである。不登校と呼ばれる児童の問題が最初に指摘されたのは1932年のBroadwinの論文であると考えられる（Broadwin, 1932）。その後，同じ子どもたちがSchool Phobia（学校恐怖症）と呼ばれていることを1941年にJohnsonらが紹介した（Johnson et al., 1941）。その後，この概念は日本に輸入され，当初は比較的低学年の児童を対象として「学校恐怖症」と呼ばれたものが，のちに「登校拒否」と呼ばれ，さらに現在では「不登校」という名称で呼ばれるようになっている。不登校という名称は診断名ではなく，その背景には，神経症圏や精神病圏の様々な障害がある場合と，さらに健常範囲ととらえられる場合もある（福田・浅岡，2011）。

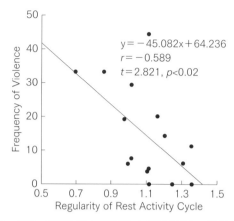

図 2-3　睡眠 - 覚醒リズム（横軸）と家庭内暴力の頻度（縦軸）
Fukuda & Hozumi（1987）より引用

　以上に述べたように，不登校と呼ばれる事例には，複数の異なる背景要因が認められるが，睡眠 - 覚醒リズムの障害は，異なるタイプの不登校間でも共通して存在する事が多い。睡眠 - 覚醒リズムの乱れは，不登校児の日中の状態と密接に関係しており，睡眠 - 覚醒リズムの乱れの悪化に伴って日中の精神症状や家庭内暴力などの付随症状が悪化することが知られている（Chiba, 1984; Fukuda & Hozumi, 1987 図 2-3）。つまり，睡眠 - 覚醒リズムの正規化により，不登校児の日中の状態を改善できる可能性があるということである。さらに，不登校児の睡眠 - 覚醒リズムの乱れと欠席日数の間には密接な関係があることも分かっている（Momoi et al., 1992）。不登校状態にある児童・生徒が家庭内で暮らすことで日中の太陽光が得られにくいことや，さらに夜間の住宅照明も手伝って，体内時計である視交叉上核へのこれらの光の影響が不登校児に昼夜逆転などの睡眠 - 覚醒リズムの乱れを生じさせていると考えられるため，睡眠 - 覚醒リズムの乱れは不登校状態がもたらす二次的な症状であると考えられるが，その二次的症状が不登校状態のさらなる延長を招いていると考えられる（福田・浅岡，2011）。つまり，睡眠 - 覚醒リズムの正規化は，日中の症状の軽減だけではなく，学校への復帰までの日数を短縮する可能性も秘めていると考えられる。睡眠 - 覚醒リズムの正規化のためのテクニックなどについては，第 2 章以外に，第 3 章と第 4 章も参照していただきたい。

☾ 学業不振と睡眠問題

　図1-1（第1章1節参照）は，睡眠不足をはじめとする睡眠不足の乱れが認知・心理機能に及ぼす影響をまとめたものである（浅岡，2017）。こちらに示したように，睡眠の乱れはスピードの低下やミスの増加を引き起こすだけでなく，記憶（詳しくは第1章4節）や発散的思考能力などの障害も引き起こす。この図1-1には示されていないものの，抽象的概念や言語処理に関する問題も睡眠の乱れによって引き起こされることも知られている（Curcio et al., 2006）。勉学に必要とされるこれらの認知的能力の低下に加えて，睡眠の乱れが計画性の欠如に結びつくことや第1章6節でも述べたように不正確な自己評価につながることも，結果として睡眠の乱れが学業成績の低下に結びつく要因と言えよう。

　実際に行われた各種の調査の結果も，睡眠の乱れが学業成績の低さと関連することを示している（Adolescent Sleep Working Group et al., 2014; 浅岡他，2007など）。例えば，そのような研究の1つである田村他（2019）は，中学生を対象とした調査を行い，登校日と休日との間の起床時刻に差のある学生，つまり休日に朝寝坊する学生では，就床時刻が遅く，平日の睡眠時間も短い傾向にあるだけでなく，日中の眠気が強く，成績も低いことを示している。また，就床時刻の後退が顕著となる大学生においては，学業成績の低下と就床時刻の後退との関連が数多く報告されている。また，大学生を対象とした研究（Eliasson et al., 2010）では，成績の良い（Grade Point Average の高い）大学生は，成績の悪い大学生と比較して，授業のある日における起床時刻や就床時刻が早いことを確認している。この研究では授業のない日の睡眠習慣には両者の間で差がない。このような知見から考えると，特に大学生においては眠気により日中の認知的機能が低下するということだけなく，睡眠相の極端な後退によって午前中の授業に出席できなくなることも，睡眠習慣と学業成績が関連するメカニズムを説明する要因の1つであると思われる。

　これらに加えて，睡眠の問題は第3章1節でも説明されているように，ストレスへの耐性を低下させ，精神的不安定性を引き起こす。思春期の学生においても睡眠の乱れと抑うつ傾向の増大を始めとする精神的健康の低下との関連は多くの研究で指摘されている。勉学に必要な認知的機能の低下に加えて，精神的健康の低下に起因する学校生活への不適応も，睡眠の乱れによる学業問題と言えるだろう。

（山本・福田・浅岡）

　関　連　　第4章3節　児童期・思春期の睡眠習慣と睡眠問題
　　　　　　第2章6節　概日リズム問題の心理学的支援

4節 成人期以降の心理学的支援の対象に併存する睡眠問題

　睡眠の乱れは様々なこころの健康問題に共通する診断横断的（非診断特異的）な症状であり，様々な精神疾患に併存し，さらにこころの健康問題発生の独立したリスク因子となりうる（第3章1節参照）。本節では，成人期以降の心理学的支援の対象として，いくつかの精神障害を取り上げ，それらの障害における睡眠問題の特徴について解説する。

☾ 大うつ病性障害に併存する睡眠問題

　大うつ病性障害に併存する睡眠問題として不眠が挙げられる。アメリカのプライマリケア・精神科クリニック41施設を対象とした大規模調査では，大うつ病性障害患者における不眠症状保有者の割合は84.7％であったことが報告されている（Sunderajan et al., 2010）。また症候別にみると入眠障害，睡眠維持障害，早朝覚醒の同時存在が最も多く，単独の症状としては睡眠維持障害が最も多かったことが報告されている（Sunderajan et al., 2010）。

　不眠は，抑うつに併存した症状であるだけでなく，大うつ病性障害の新規発症リスクとなる独立した危険因子であったり，病状初期から認められる前駆的な症状である可能性もいくつかの系統的レビューから報告されている（Li et al., 2016; Marino et al., 2021）。さらに，不眠（特に睡眠維持障害）は大うつ病性障害における薬物療法後の残遺症状として最も多かったこと（Iovieno et al., 2011）が報告されており，日本の健康保険請求データベースを用いた研究では，残遺不眠はうつの再燃・再発頻度の増加，治療終結後1年の再発率，再発までの期間の短縮に関連することが報告されている（Inada et al., 2021）。また，残遺症状の残る大うつ病性障害に対して通常治療に加えて不眠に対する簡易行動療法を適用したところ，不眠症状のみならずうつ病の寛解も認められたことも報告されている（Watanabe et al., 2011）。これらの研究からも大うつ病性障害の予防，治療，

再発予防のいずれの時点においても不眠をアセスメントしマネジメントすることが重要であると言える。

☾ 双極性障害に併存する睡眠問題

双極性障害に併存する睡眠問題は，エピソードにより異なり，躁病エピソード中には睡眠欲求の減少と睡眠相の後退，夜間の入眠障害が認められ，うつ病エピソード中には夜間の不眠ならびに日中の眠気が認められる（Harvey et al., 2009）。このような双極性障害の睡眠問題の多様性の背景に概日リズム機構の障害がある可能性が指摘されている（例えば，Gonzalez, 2014; Lee et al., 2013）。概日リズム機構の障害が双極性障害の原因であるか結果であるかについては議論があるが，概日リズム機構の障害それ自体や付随する不眠や日中の眠気は，気分や行動の障害を修飾していると考えられる。

このような背景から，双極性障害の主症状に伴う対人関係上の問題に代表される生活支障のマネジメントに加え，概日リズムの調整と睡眠マネジメントを組み込んだ対人関係・社会リズム療法（Interpersonal and Social Rhythm Therapy: IPSRT）が開発されている（Frank et al., 1994）。IPSRT では，双極性障害の症状に伴う社会的同調因子への曝露タイミングが不安定になることを防ぐために，対人関係の質を向上させつつ，概日リズムを安定させることを目指している。IPSRT は次の 4 つのフェーズから構成される（Frank, 2007）。①気分安定のための社会生活リズムの安定の重要性に関する心理教育，②ソーシャルリズムメトリック（生活時間の記録と社会生活リズムを乱す出来事やそれに伴う気分変動の記録）を通じたセルフモニタリング，③社会リズムと対人関係の質の維持のための実践，④セッション頻度の漸減と終結である。IPSRT は，通常の薬物療法と比較した対照試験においても，気分エピソード期間と重症度を考慮した指標のより大きな改善が認められたことが報告されている（Steardo et al., 2020）。双極性障害のマネジメントを考える上で概日リズム（社会生活リズム）を考慮することは重要であろう。

☾ 不安症に併存する睡眠問題

睡眠の乱れは，ストレス耐性を低下させ，不安感受性を高める（第 3 章 1 節参照）ことに加え，不安に伴う情動的過覚醒は不眠の原因となることから，不安症と睡眠問題の併存はしばしば認められる。

特に全般性不安症は，不眠の併存が多く DSM-5 においても「睡眠障害（入眠または睡眠維持の困難，または，落ち着かず熟眠感のない睡眠）」が診断基準の

一部となっている。また，パニック症においても不眠を併存している割合が高いとされることに加えて，睡眠中にパニック発作（Nocturnal Panic Attack: NPA）を経験する者も少なくない。NPA は，通常ステージ 2 もしくは 3 のノンレム睡眠期に生じ，激しい不安と不快感を伴って突然の覚醒が生じるパニック発作である（Hauri et al., 1989）。系統的レビューによると，パニック症患者は健康対照群と比較して，有意に睡眠の質が低く，入眠潜時が長く，睡眠効率が低く，総睡眠時間が短いことが報告されている（Belleville & Potočnik, 2019）。また，NPA の生涯経験率は 52.1 %（95 %信頼区間：46.4 %－57.7 %），1 ヵ月間での経験率は 27.0 %（95 %信頼区間：17.9 %－38.6 %），繰り返される NPA の経験や NPA の不安がある者は 40.9 %（95 %信頼区間：18.1 %－68.5 %）であったとされている（Belleville & Potočnik, 2019）。社交不安症においても睡眠の質の低下や不眠症状が多く認められることが報告されている（Ramsawh et al., 2009）。社交不安症と睡眠問題との関連については不明な点が多い。睡眠問題は社交不安症の症状の重症度と関連しているという報告もある（Kushnir et al., 2014）一方で，睡眠問題の改善は社交不安症の改善を予測しなかったという報告もある（Horenstein et al., 2019）。このように不安症では不眠は併存しやすく，各障害の症状の修飾や生活の質の低下に関連することから注意が必要であろう。

☾ 統合失調症に併存する睡眠問題

統合失調症では，不眠やむずむず脚症候群，周期性四肢運動障害，睡眠時無呼吸症候群といった様々な睡眠障害や，昼夜逆転といった概日リズムの問題が発症前から急性期，慢性期のいずれの時点においても認められる（Kaskie et al., 2017）。この背景には，ドーパミン D2 受容体の機能不全が背景にあり，線条体の D2 受容体の過剰活性化が夜間の過覚醒に関連していると考えられている（Monti et al., 2013）。また，睡眠問題は統合失調症の陽性症状や陰性症状と相互に悪影響を与えている。特に不眠症状は，かねてから症状再燃の早期警告サイン（early warning sign）として注目されており（Birchwood & Spencer, 2001），症状の安定している状態においても適宜アセスメントしておくことが重要である。

☾ 認知症に併存する睡眠問題

加齢に伴い睡眠構造や睡眠‐覚醒リズムは変化し，睡眠維持困難や早朝覚醒，極端な朝型化が生じやすいとされる（第 4 章 6 節参照）。認知症の高齢者が他の高齢者と比較して睡眠問題の有症率が著しく多いわけではないものの，睡眠分断が多く中途覚醒時間が長く，日中の眠気の訴えが認められ，睡眠‐覚醒リズムの

障害を有することが多い（Bombois et al., 2010）。睡眠問題を併存することは介護者の負担につながると考えられること（Gaugler et al., 2000）から，認知症の睡眠問題の理解とマネジメントは重要である。

　アルツハイマー型認知症と睡眠問題　アルツハイマー型認知症（Alzheimer's Disease: AD）において睡眠‒覚醒リズムの乱れが初期から認められやすいことが報告されている（Musiek et al., 2015）。これは，AD に伴う神経変性が背景にあると考えられるが，睡眠問題も AD の危険因子になることが指摘されている。例えば，睡眠中には，脳脊髄液と間質液の対流交換が著しく増加し，アミロイド β の除去を促進すること（Xie et al., 2013）や，レム睡眠中に大脳皮質の毛細血管へ赤血球の流入量が増加し老廃物の除去が行われていることが報告（Tsai et al., 2021）されている。つまり，睡眠問題により神経毒性のある老廃物の除去機能が低下することで AD のリスクが高まると言える。これらの知見を総合すると睡眠の乱れと AD は双方向的な影響があると考えられる。また，AD 患者では睡眠時無呼吸症候群やむずむず脚症候群の併存も認められる（Brzecka et al., 2018）。睡眠時無呼吸症候群は，AD の経過に伴って生じるというよりは無呼吸・低呼吸に伴う睡眠分断が AD の発症リスクを高め症状の進行に寄与していると考えられる。一方むずむず脚症候群は初期の軽度の認知障害時には特に高頻度に認められないものの，AD 経過中のドーパミン作動システムの機能不全によってむずむず脚症候群ならびに併存する周期性四肢運動の増加によって睡眠分断が生じる可能性がある。

　レビー小体型認知症と睡眠問題　レビー小体型認知症（Dementia with Lewy Bodies: DLB）ではレム睡眠行動障害が高頻度で併存する。レム睡眠行動障害は，DLB の他の症状よりもかなり早期に始まることが報告され注目されている（Iranzo et al., 2013）。DSM-5 では，「示唆的な診断特徴」の中にレム睡眠行動障害が含まれている。さらに，DLB の診断基準を検討する DLB コンソーシアム第 4 次では，DLB の中核的特徴として新たにレム睡眠行動障害を加えた改訂を行っている（McKeith et al., 2017）ことからも，その重要性が伺えるだろう。レム睡眠行動障害を考慮することは，DLB の診断率の向上に加えて，AD との鑑別能の改善が期待されており（藤城，2018），今後の研究の蓄積と診断への反映が望まれる。

（山本・原）

5節 不眠の心理学的支援

　不眠とは，「寝つけない」「途中で目が覚める」といった症状である。不眠は，眠りたい時間に眠気が十分に高まっていないことや覚醒が高まっていることによって生じる。そのため不眠を直接的に引き起こしている背景要因が明確である場合にはその要因を特定し対処することが重要である。本節では，不眠の発症・維持・増悪因子の心理学的理解と支援を解説する。

☾ 不眠の発症・維持・増悪の心理学的理解

　生体リズムを乱すような生活習慣の乱れ（起床時刻がバラバラ，昼間の活動量が低い，食習慣の乱れなど）や連続覚醒時間の短さによる睡眠欲求の低さ（起床時刻が遅いことや長時間過眠など），就寝時の過覚醒など様々な原因が不眠を引き起こす背景として考えられる。Erman（1990）は，不眠を引き起こす原因として5つのPを挙げている（World Psychiatric Association, 1992）。5つのPとは，Physical（身体的：痛みやかゆみなど），Physiological（生理的：高血圧など），Psychological（心理的：ストレスや不安など），Psychiatric（精神医学的：うつ病性障害など），Pharmacological（薬理学的：β遮断薬など）の頭文字をまとめたものである。このように不眠の原因は様々であり，ストレスや生活の変化によって誰にでも生じうる。多くの場合，不眠は原因の解消や適応により自然寛解する。不眠が続く場合には，これらの直接的な原因を特定し解消することが重要である。

　しかしながら，直接的な原因が解消された後であっても，不眠は時に遷延化し，不眠が高頻度かつ長期間続くことにより疲労感や気分不調といった日中の機能低下をもたらすことがある。こうした維持の背景は，レスポンデント条件づけにより説明ができる。比較的期間の長いストレス（仕事上でのプロジェクトや定期試験，対人関係の悩みなど）が存在すると，寝床で覚醒が高まり眠れない経験を繰り返す。この経験により，本来は中性刺激であった就寝環境と覚醒の結びつ

きが形成され，ストレス自体が解消された後でも布団に入るだけで覚醒が高まり不眠が維持されると考えられる。

　不眠が続くと，正常な睡眠構造の構築が妨害され，睡眠時間が短くなり，睡眠－覚醒リズムも二次的に乱れ，睡眠の恩恵を受けられなくなる。慢性的な不眠者では，日中に前頭葉機能や上行性網様体賦活系のエネルギー代謝が低下し覚醒維持が困難になること，夜間は逆に覚醒維持や情動に関わる視床や視床下部，上行性網様体賦活系，島，内側側頭葉などの代謝が低下しにくくなること(Nofzinger et al., 2004) が報告されている。また近年の研究では，不眠により大脳辺縁系の過活動や皮質の GABA の低下（Spiegelhalder et al., 2013），扁桃体の形態や感受性が変化し，ネガティブな刺激の処理が強化・持続されることが指摘されている(Schiel et al., 2020)。こうした生理学的変化や「眠りたいけれども眠れない」という体験から，いわば"不眠不安（眠れないことについての不安）"状態が形成される。不眠が慢性化した状態では，昼夜を問わず睡眠に関連する刺激に情報処理資源が奪われ，睡眠のことばかりを考えるようになったり，眠れないことや睡眠時間が不足することについて過度に心配したり，日中の機能低下の原因をすべて不眠に帰属するといった情報処理にバイアスが生じる。さらにこれらの情報処理バイアスは，就寝時の覚醒の高まりを維持・増強させ，ひいては不眠症状を維持・増悪させると考えられている（Espie, 2007; Espie et al, 2006; Harvey, 2002; Harvey et al., 2005; Morin, 1993; Perlis et al., 1997; Riemann et al., 2010）。

　就寝場面と覚醒の条件づけ，不眠不安が一旦形成されてしまうと，不眠者の多くは，睡眠努力を行うようになる。睡眠努力とは，自身の睡眠を改善させるための様々な対処努力や不眠不安に対する安全確保行動（布団の中で極力心地よい姿勢を探したり，羊を数えてみたり，寝床でスマートフォンを操作し気を紛らわせるなど）である（Broomfield & Espie, 2005; Espie et al., 2006; Harvey, 2002）。多くの場合，こうした睡眠努力は一過性に不眠不安を低減させたり，睡眠に対する素朴な信念を確証したりすることで強化される。しかしながら，こうした睡眠努力は長期的にみると非機能的である場合が多い。例えば，「眠れなくても布団で横になっているだけでも心身は休まるだろう」という素朴な信念を持っている不眠者は多いが，早すぎる就寝と長時間の臥床は，一過性の安心や休息をもたらすものの，かえって布団は覚醒する場所であるという連合を強固にして不眠をさらに維持・増悪させてしまう。

　このように直接的な原因が明確ではない慢性化した不眠の中核的な問題は就寝

環境と覚醒の連合であると考えられる。また，不眠に伴い生じる生理学的な変化や様々な情報処理バイアスが就寝時の覚醒を高め，それ自体が不眠の苦悩や生活支障につながる。さらに生理的な変化や情報処理バイアスは，非機能的な睡眠努力の確立操作としても機能する。睡眠努力は就寝環境と睡眠の連合を妨害し，就寝環境と覚醒の連合を強固にすると考えられる（図 2-5）。

☽ 不眠の心理学的理解に基づく支援法

　このような心理学的理解に基づき様々な認知行動療法的介入が提案されている。

　刺激統制法　刺激統制法とは，「眠くなったときにのみ横になる」，「寝室（寝床）でテレビ視聴や読書といった活動をしない」，「眠れない時には，起き上がって別の部屋に行き，好きなだけ起きていて眠りたくなったら眠るために寝室に戻る」という方法である（Bootzin, 1972）。刺激統制法中は，起床時刻を固定し，昼寝をしないように教示する。

　睡眠制限法　睡眠制限法とは，起床時刻は固定し就寝時刻を遅らせることで睡眠効率を上昇させ「寝床＝睡眠・眠る場所」であるという連合の再確立を目指す方法である（Spielman et al., 1987）。具体的には，2 週間の睡眠日誌から，実睡

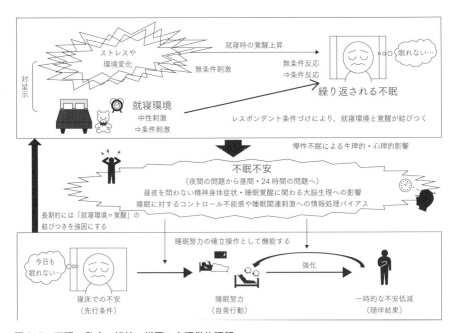

図 2-5　不眠の発症・維持・増悪の心理学的理解

眠時間と床上時間の平均を計算する。そして，社会生活上必要な起床時刻を設定し，平日休日に関わらず起床するようにすることとし，日誌から算出した平均実睡眠時間を逆算し就寝時刻を決定して，5 日間当該の就寝時刻に就床するようにする。この手続きにより普段よりも就床時刻が遅くなり睡眠圧が高まっている状態での就寝が期待され睡眠効率が上昇すると考えられる。5 日間の睡眠効率（実睡眠時間÷総臥床時間×100）が 90 ％を超過している場合には，15 分就寝時刻を延長させる。しかし，85−90 ％の場合には，就寝時刻は変えず，85 ％を下回っている場合には，当該 5 日間の実睡眠時間を起床時刻から逆算し再設定する。なお，睡眠制限法中にも昼寝をしないようにする。刺激統制法と睡眠制限法は，手続きは多少異なるものの，寝床での睡眠圧を高め就寝環境と睡眠の連合を高めることを意図していることから共通点も多い。

認知的再体制化　コラム法などを用いて日中や寝床での不眠に関連した自動思考を記録し援助者と振り返り，情報処理バイアスや睡眠に関する非機能的な信念を振り返る方法である（Morin, 1993）。

その他の支援法　睡眠時間を制限した後，実験室で脳波計を装着しながら 30 分ごとに眠るよう教示され，眠ったら起こされる手続きを丸 1 日繰り返し睡眠圧を高めて集中的に就寝環境と睡眠を条件づける集中的睡眠再訓練法（Harris et al., 2007），就寝時の覚醒を低減させるための各種リラクセーション法を用いたアプローチ，不眠に関連した認知を非評価的に捉え，認知と睡眠努力や過覚醒の悪循環を断つマインドフルネス（Ong et al., 2008）などが提案されている。

☾ 不眠の心理学的支援の効果と推奨

　様々な介入技法を組み合わせた認知行動療法や刺激統制法，睡眠制限法は不眠の改善に高い効果があるとして推奨されている（Morgenthaler et al., 2006; Morin et al., 1999）。近年の系統的レビューでは，各技法の効果を検討した無作為化比較試験のエビデンスの質の低さが指摘されている（Edinger et al., 2021）ものの，米国内科学会（Qaseem et al., 2016），豪州睡眠協会（Ree et al., 2017），英国精神薬理学会（Wilson et al., 2019）などで認知行動療法は，慢性不眠障害の第一選択肢として推奨されている。日本では，不眠障害に対する認知行動療法は保険適用外であることもあり，厚生労働科学研究班・日本睡眠学会ワーキンググループ（2013）のガイドライン等では薬物療法の無効時，部分寛解時の選択肢となっている。今後，日本での効果検証と普及が期待される。

（山本・原）

関　連　　第 2 章 1 節　心理的支援の場における睡眠問題
　　　　　第 1 章 3 節　注意研究において睡眠変数を考慮することの重要性

6節 概日リズム問題の心理学的支援

　ヒトの行動，生理機能，そして睡眠‐覚醒リズムには，24 時間を一巡りとする周期がみられる。これを概日リズムという。ヒトの概日リズムは，脳の視交叉上核に存在する中枢時計と，末梢組織に存在する末梢時計といった体内時計に支配されている。中枢時計は，地球の自転による太陽光の明暗周期を手がかりとして，中枢時計の振動周期と日出‐日没の 24 時間周期を同調させる。これを外的同調という。また，中枢時計の振動が末梢時計の振動を強く支配または末梢時計の振動が中枢時計の振動にある程度影響するという相互作用によって個々の末梢時計が同調することで，行動や生理機能の周期を同調させる。これを内的同調という。こうした体内時計の働きは，外界における 24 時間周期で繰り返される日の出と日の入りへの適応，行動と生理機能の 24 時間周期に基づいた正常な連動を支えている。本節では，概日リズムのメカニズムやそれに関する問題，そしてその心理学的支援について解説を行う。

☽ 睡眠‐覚醒リズムと二過程モデル

　睡眠‐覚醒リズムを説明するモデルの 1 つとして，二過程モデル（Borbély, 1982; Borbély et al., 2016）が挙げられる。二過程モデルは，睡眠と覚醒の始まりが Process S と Process C の相互作用によって制御されると説明している。Process S は，連続覚醒による睡眠圧の高まりの過程であり，覚醒時間に比例して睡眠圧は上昇し，睡眠圧が一定の閾値に達すると睡眠が開始され，睡眠中に睡眠圧は低下し覚醒閾値に達すると覚醒が始まる。Process C とは，睡眠閾値と覚醒閾値の概日変化過程である。例えば，日中に活動し夜間に眠る生活習慣の者においては，夜間に Process C による睡眠閾値の低下と夜間までの連続覚醒による睡眠圧の高まりにより睡眠が開始されやすくなる。このモデルから分かるように，入眠したい時刻にスムーズに入眠するためには，生活習慣の規則性と当該時

刻までに睡眠圧を高めることが重要である。

☾ 様々な概日リズム問題とその背景メカニズム

　本来，ヒトの概日リズムは 24 時間より 10 分程度長い周期である（Kitamura et al., 2013）が，外界の概日周期情報と同調することにより，そのリズムが調整されている。体内時計の生み出す概日リズムに影響を与える外界周期情報を持つ刺激は同調因子と呼ばれている。特に光（明暗周期）は強力な同調因子であり，光刺激が目から視交叉上核の中枢時計に入力されることで中枢時計が影響を受ける。光以外にも社会活動や他者との交流の日内変化は社会的同調因子と呼ばれ中枢時計の周期に影響を与える。中枢時計はこれらの同調因子を手掛かりとして，外界の周期に生理機能の周期を同調させることにより，適応と健康を支えている。

　一方，生活の変化によって同調因子への曝露周期に乱れが生じると，社会のリズムと生理機能のリズムにズレが生じることで適応が困難になることがある。この状態は外的脱同調と呼ばれる。また，中枢時計が乱れると従属する末梢時計のリズムが乱れ，正常な生理機能が障害される。この状態は内的脱同調と呼ばれる。

　こうした概日リズム問題は，様々な状況で生じる。例えば，航空機での移動に伴う標準時間帯の高速横断により中枢時計と移動先の光周期や社会生活周期が合わなくなる。その後，移動先での生活の中で，中枢時計は現地の 24 時間周期に同調していくが，中枢時計と末梢時計間のズレの解消には時間差があり心身の不調が数日間続くことになる。

　このような環境の変化のみならず，日々の生活習慣の乱れによっても，社会時間と中枢時計の不一致，そして中枢時計と末梢時計の不一致が生じることがある。その 1 つであるソーシャルジェットラグは，就寝 – 起床習慣が平日と休日間で大きく異なることによる概日リズム問題である（Roenneberg et al., 2012）。通常，平日の起床時刻は，社会的制約がある（通学や通勤のために目覚まし時計を設定する）ため固定されやすい。しかしながら，休日の起床時刻は，社会的制約がない（目覚まし時計を解除する）ため平日の起床時刻と乖離しやすい。例えば，休日の起床時刻が平日の起床時刻よりも遅延した場合，平日の社会時間に同調していた中枢時計は，遅起きした分だけ休日の 24 時間周期とずれる。さらに，休日の 24 時間周期に同調しつつあった中枢時計は，休日明けには平日の 24 時間周期とずれることになる。そのため，まるで海外に渡航したように，外的脱同調とそれに伴う内的脱同調が生じる。

　こうした社会時間に合わせて就寝 – 起床することが困難かつ日常生活に支障を

きたした状態の一群は ICSD-3 では概日リズム睡眠・覚醒障害群に分類されている。概日リズム障害の発生・維持・悪化には，体内時計における位相の個人差（生得的な個人差や環境との相互作用によって規定されている個人差部分も含む），環境からの要求（勤務形態や仕事・学業のスケジュールなどの社会生活や日出 - 日没の周期などの地域的特徴），選択されている生活習慣（夜間の活動や週末の過ごし方）などが複雑に絡み合っている。そのため，概日リズム障害の心理的支援においては，個人の体内時計リズムと社会生活リズムのズレを記述し，個々の置かれている状況を総合的にアセスメントし支援策を講じていく必要がある。

☾ 概日リズム問題の心理学的支援

　個人の体内時計リズムと社会生活リズムのズレを調整していく方法として，様々な心理学的支援の方略が提案されている。

　高照度光療法と心理学的支援の組み合わせ　高照度光療法と心理学的支援の組み合わせは，主に睡眠・覚醒相後退障害に対して行われる。高照度光療法は，高照度光を用いて，概日リズムを前進または後退させる支援である（Rosenthal et al., 1990）。ヒトにおいては，主観的な朝（個人の概日リズムからみた朝）に高照度光に曝露すると概日リズムが前進し，主観的な夜（個人の概日リズムからみた夜）に高照度光に曝露すると概日リズムが後退するという位相反応の特徴があるとされる（Khalsa et al., 2003）。高照度光療法では，この特徴を利用して概日リズムと社会時間を合わせることを目指す。

　概日リズム問題に対する心理学的支援は，概日リズムと社会生活の同調を妨げている個人と環境の相互作用のあり方の変容を通じ同調をサポートすることを目指しており，様々な支援方略がある。

　その例として Gradisar et al.(2011) では，睡眠・覚醒相後退障害に対して，高照度光療法と心理学的支援が組み合わされた支援の効果を検討している。睡眠・覚醒相後退障害と不眠障害には共通する部分（例えば，夜間に入眠困難を呈すること，寝床で現れる眠れないことに関する自動思考があること）があるとし，不眠に対する心理学的支援でもある睡眠教育（睡眠構造と二過程モデルの説明），睡眠衛生教育（夜間は，カフェイン摂取，電子メディア使用等を避けるよう教示），認知療法（睡眠に関する非機能的な認知を振り返る）が行われた。また，高照度光療法では，自然覚醒した時刻に，太陽光や装置で高照度光を 30 分ほど浴びるよう教示する。自然覚醒した時刻を主観的な朝と推定することから，高照度光療法は社会的制約がない週末を開始日とし，支援で目標とする時刻まで 30

分ずつ起床時刻を早める。この結果，睡眠と日中の機能について改善効果が認められた。

また，Richardson et al.(2018) では，Gradisar et al. (2011) の高照度光や睡眠衛生教育を行いながら，朝に運動に従事するという支援が考案されている。朝の運動では，楽しく感じられることを念頭に，モーションセンサーが搭載されたビデオゲームを用いて 30 分から 60 分ほど身体を動かす。また，高照度光療法では，身体を動かしていても問題にならないような眼鏡型の高照度光装置を使用する。しかしながら，Richardson et al.(2018) の結果，朝の運動による介入効果が明確に認められなかった。その一方で，運動強度や運動時間を増加させることで，介入効果は高まるのではないかと考察されている。

睡眠と概日リズムに対する診断横断的介入　睡眠と概日リズムに対する診断横断的介入（Transdiagnostic Sleep and Circadian Intervention: TranS-C）は，睡眠と概日リズムに関するあらゆる問題に対して，併存する疾患に問わず，ある程度共通したいくつかの方略を選択・実施する支援である（Harvey et al., 2021）。TranS-C は，4 つの分野横断的モジュール，4 つの中核的モジュール，7 つの選択的モジュールから構成されており，毎週 50 分のセッションを基本 8 回・最多 12 回実施する。分野横断的モジュールは，ケースフォーミュレーション・心理教育・行動変容と動機づけ・目標設定から構成される。中核的モジュールは，リラックスと起床の習慣を含めた規則的な睡眠－覚醒リズムの確立・日中の機能の向上・非機能的な睡眠に関する信念の修正・行動変容の維持から構成されたセッション内容である。選択的モジュールは，睡眠効率の改善・概日リズムの前進または後退・睡眠に関する心配の低減・CPAP 使用に関するコンプライアンスの向上・悪夢の改善といった，睡眠と概日リズムにおける問題を網羅するように構成されたセッション内容である。TranS-C では，全セッションにわたって分野横断的モジュールが導入され，ほとんどのケースで中核的モジュールが適用された上で，ケースのニーズに対応していくつかの選択的モジュールが適用される。

TranS-C は，睡眠障害と精神障害ならびに機能障害に対する改善効果があり，睡眠と概日リズムのあらゆる問題に適用可能であることが強みである。一方，それを支える選択的モジュールは，個々の置かれている状況に応じて運用される必要がある。そのため，TranS-C を実施する際にも，睡眠と概日リズムの問題に介入する上で，事例の個別性を適切にアセスメントすることが求められる。

（原・山本）

関　連　第 2 章 1 節　心理的支援の場における睡眠問題
第 4 章 4 節　大学生の睡眠習慣と睡眠問題

7節 その他の睡眠問題の心理学的支援

　本節では，成人の不眠や概日リズム問題以外の睡眠問題として，過眠，悪夢，小児期の睡眠問題（小児の行動性不眠症，睡眠時随伴症）を取り上げ，これらの睡眠問題に対して活用されている多様な心理学的支援の技法について概説する。

☾ 過眠の心理学的支援

　第2章1節で述べた通り，過眠を訴える者は非常に多い。過眠は生活習慣や睡眠習慣に起因するものや，睡眠関連呼吸障害群や中枢性過眠症といった過眠をもたらす睡眠障害に起因するものなど多岐にわたる。心理的支援の場では眠気の背景を丁寧にアセスメントし，必要に応じて睡眠障害専門医療機関に紹介することが重要であるが，個人と環境の相互作用の問題が少なからず過眠症状やそれに伴う生活支障に寄与していることから障害や病態に応じた心理的支援技法が開発されている。

　例えば，睡眠発作を主症状とする中枢性過眠症の1つであるナルコレプシーに対する薬物療法の補助としての心理学的支援技法に計画的仮眠（Scheduled naps）がある。計画的仮眠とは，研究間で手続きは異なるが日中に15分程度の昼寝を数時間ごとに数回程度行うという方法である（例えば，Mullington & Broughton, 1993; Rogers et al., 2001）。これらの方法は，米国睡眠医学会の以前のガイドラインでは，単独の介入法としては推奨されないものの薬物療法の補助としてガイドライン・レベル（比較対照研究を経て臨床的にある程度の効果が確認されている）とされていた（Morgenthaler et al., 2007）。最新の米国睡眠医学会の治療ガイドライン（Maski et al., 2021）では，推奨に足るエビデンスが不足しているとされているが，補助療法としてさらなる検討が期待される。

　近年では，中枢性過眠症の睡眠発作や日中の過剰な眠気の対策としての心理学的支援ではなく，併存する抑うつなどの心理社会的機能の低下や生活支障を改善

し，健康関連 QoL の向上を目指す認知行動療法プログラム（Cognitive Behav-ioral Therapy for Hypersomnia: CBT-H）が開発されている（Ong et al., 2020）。CBT-H は 6 セッションで，①中枢性過眠症に関する心理教育，②中枢性過眠症に伴う自己イメージ変化についての討論，③計画的昼寝を含む個別化された日中の活動の計画，④睡眠衛生を含む夜間睡眠の調整，⑤コーピングスキルと感情調整，⑥ソーシャルサポートの構築，⑦過眠症の開示や医療受診の仕方の 7 つのコアコンポーネントと，その他必要に応じて追加する補助的なコンポーネント（情動脱力発作のマネジメントなど）から構成されている。CBT-H により設定された臨床的に意味がある最小重要差を満たす変化のあった項目は抑うつ指標とセルフエフィカシーのみであったものの，眠気指標も含む多くの指標で有意な改善が認められており，今後の発展が期待される。

◖ 悪夢の心理学的支援

　悪夢は，広く認められる現象であるが，外傷後ストレス障害における外傷の再体験としての悪夢が繰り返される場合や，悪夢が高頻度に生じ生活に支障がある悪夢障害に該当する場合には臨床的関与の対象となる。悪夢に対する心理学的支援の方法としてイメージ・リハーサル・セラピー（Image Rehearsal Therapy: IRT）がある。IRT は PTSD に伴う悪夢や悪夢障害に対する介入法として，多くの治療ガイドラインで推奨されている（Aurora et al., 2010, Cranston et al., 2011, Morgenthaler et al., 2018）。IRT は，繰り返される悪夢の内容を記録し，夢の結末やストーリーを肯定的な結末になるように書き出し，日中に 10 分から 20 分程度新たな夢のイメージをすることを繰り返すことで，悪夢内容を新たなイメージに置き換えるというものである。IRT は複合的な介入であり，悪夢への曝露や悪夢を記述することやイメージの置き換えなどが含まれ，作用機序については不明な点も多い。悪夢についての心理教育，夢の記録といった各コンポーネントも単独で効果があると考えられているが，複合的な IRT の方が効果が高いとされている（Gieselmann et al., 2019）。また，悪夢に対する積極的な曝露は必ずしも治療効果を予測しない可能性も指摘されており，介入研究の詳細な分析から悪夢が生じるメカニズムに迫る研究への展開も期待されている。

◖ 小児の行動性不眠症の心理学的支援

　ICSD-3 において，小児の行動性不眠症は，慢性不眠障害の臨床的・病態生理的下位分類の 1 つとして定義されている，夜間の寝渋りや夜泣きを主問題とする子どもの不眠症である。小児期の行動性不眠症は，入眠時関連型，しつけ不足

型，これらの型が混在する混合型に分類されている。入眠時関連型とは，特別な条件（例えば，親による揺り動かし）と睡眠が結びついており，条件がない場合には入眠が困難となるタイプの不眠である。一方，しつけ不足型とは，就床抵抗（寝床でのぐずり）が続き，結果として子ども自身や家族の睡眠が妨害されるタイプの問題である。こうした小児の行動性不眠症では，布団以外の特定の刺激と睡眠が条件づけられていたり，就床抵抗が保護者により強化されているために不眠が維持されていると考えられる。このことから，子どもと保護者の相互作用のあり方の変容を目指した行動療法的な介入が提案されている。

　消去法　消去法は，しつけ不足型に対して用いられる技法であり，就寝時刻と起床時刻を一貫させた上で，子どもに独立就寝をさせ就床抵抗に対して保護者が反応をしない状況をつくるというオペラント条件づけの消去技法に基づく方法である（Williams, 1959）。これらの方法は，独立就寝文化のある欧米では広く受け入れられているが同室・同床就寝文化のある日本などでは抵抗感を感じたり，消去バーストへの対応に不安を感じたりする養育者も少なくない。そのため，独立就寝をさせて就床抵抗に反応をしないようにしつつも，保護者に数分おきに子どもの確認をすることを許容し（ただし，その際も構わないようにする），徐々に確認時間の間隔をあける段階的消去法（Rolider & Van Houten, 1984）が用いられることもある。この段階的消去法は睡眠トレーニングや，ねんねトレーニング（ネントレ）とも呼ばれ，育児誌などでもたびたび取り上げられている。段階的消去法よりも（完全独立就寝の上確認をしない）消去法の方が，介入強度が高く，推奨レベルが高い（Morgenthaler et al., 2006）とされているが，就寝環境や養育者の不安に応じて使い分けていくことが重要である。また，段階的消去法でも養育者に不安がある場合には，保護者の同室条件下で就床抵抗に対して反応しないという方法（Sadeh, 1994）も開発されている。

　レスポンスコストを伴う就床時刻フェイディング　レスポンスコストとは，寝床での保護者との相互作用を減らすこと（就床抵抗の強化子の撤去）を指し，就床時刻フェイディングとは，就床時刻を普段の入眠可能時刻まで遅らせ漸進的に就床時刻を早めていく方法のことである。この方法は，成人の不眠障害を対象とした睡眠制限法（第 2 章 5 節参照）と類似した手続きであり，睡眠圧を高めてから就床させる方法で入眠時関連型やしつけ不足型に関わらず用いられる。また，これらの方法と入眠前の入眠儀式を組み合わせた積極的儀式という方法も提案されている（Milan et al., 1982）。入眠儀式とは夕方から夜にかけての行動パ

ターンを一貫化させ反応連鎖を形成する方法である。例えば，夕食を食べる→入浴をする→歯を磨く→就寝するといった行動を一定で繰り返すことにより，眠りのパターンを形成する方法である。入眠儀式単独での効果は十分ではないことが指摘されているものの，積極的儀式については段階的消去法と同程度推奨されている（Morgenthaler, 2006）。

☾ 小児の睡眠時随伴症の心理学的支援

　小児の場合には，錯乱性覚醒，睡眠時遊行症，睡眠驚愕症といったノンレム関連睡眠時随伴症の症状が出現することが少なくない。錯乱性覚醒とは，睡眠からの覚醒途中に混乱した状態が生じ，なだめようとしても興奮した状態が数十分続く症状群である。睡眠時遊行症とは，睡眠中に歩き回り，不適切な行動（例えば，ごみ箱に排尿するといった行為）が数十分程度生じる症状群である。睡眠時驚愕症とは睡眠中に突然泣き声や叫び声をあげて強い恐怖を示す症状群である。15 歳以下での有病率は錯乱性覚醒で 17.3 ％，睡眠時遊行症で 17.0 ％，睡眠時驚愕症で 6.5 ％であるとされている（Simon & Byars, 2016）。これらの小児のノンレム関連睡眠時随伴症は予後がよく，多くは自然寛解をするため，家族にそのことを十分に説明して安心して経過を見てもらうことや，エピソード中の怪我などを防止するために危険に配慮した上で見守ることが重要である（神山，2008）。しかし，症状が高頻度で生じ，家庭内での支障が多い場合などには心理学的支援として計画的覚醒が実施されることがある。計画的覚醒は，モニタリングフェーズ，介入フェーズ，介入終結フェーズから構成される（Singh et al., 2018）。モニタリングフェーズでは，少なくとも 2 週間にわたり保護者が子どもの睡眠を観察し，睡眠日誌に症状の発生を記録する。ノンレム関連睡眠時随伴症は多くの場合，睡眠前半の徐波睡眠への移行期に症状が生じることから，睡眠開始から症状発生までの平均潜時を計算する。次の介入フェーズでは，先に計算した症状発生までの平均潜時から 15−30 分減じた時間帯にタッピングなどで保護者が子どもを覚醒せることで症状の発生を妨害する。そして介入終結フェーズでは，全く症状が起きなくなった週の翌週にまず一晩だけ覚醒させることを止め，その週も全く症状が起きなくなったら，さらに次の週は覚醒させる日を減らすといったように介入を漸減しながら終結に向かっていく。計画的覚醒は小規模な介入研究で有効性が支持されており，今後は大規模な無作為化比較試験による効果検証などが望まれる。

（山本・原・福田）

関　連　　第 2 章 1 節　心理的支援の場における睡眠問題
第 4 章 2 節　幼児期の睡眠習慣と睡眠問題

8節 精神分析と夢の生理学的研究

　心理学分野における夢の研究と言えば，Sigmund Freud による夢の解釈がまず思い浮かぶかもしれない。しかし，現在の睡眠研究において，精神分析を背景とする夢の研究は必ずしも積極的な評価を得ているわけではない。本節では，このことについて，主に Mark Solms と Alain Hobson の間における論争を中心に概観する。また，夢はレム睡眠で見るものかについての議論についても解説を行う。

☾* 歴史的経緯

　Sigmund Freud は 1900 年（1899 年 11 月）に夢の解釈（Die Traumdeutung）を出版した（英語版は 1913 年）。Freud は，この中で，夢の象徴性という仮説に基づき無意識の過程を明らかにするためには夢内容を解釈することが重要であると説いた。精神分析学では，意識に上ると不安を生じるような内容が夢による検閲を受け，歪曲されて現れると考える。したがって，夢の内容の分析は，クライアントの抑圧された無意識に接近するための強力な手段であるということになる。

　その後，約半世紀経った 1953 年にシカゴ大学の大学院生であった Eugene Aserinsky とその指導教官の Nathaniel Kleitman によって夢を見ている時の生理学的状態（レム睡眠（Rapid Eye Movement Sleep: REM Sleep））が同定され Science 誌で報告された（Aserinsky & Kleitman, 1953）。つまり，精神分析による夢の研究から半世紀経ったところでやっと生理学的に夢を研究する手がかりが与えられたことになる。レム睡眠の発見は，睡眠と夢の研究にとって革命的な出来事であった。実際，レム睡眠の発見後，夢に関して出版された論文数は急激に増加した（Nielsen & Germain, 1998）。基本的に主観的体験である夢という現象に生理学的な根拠が与えられ，生理学的な客観的データを基に夢という主観的体

験を同定することが可能となった。後に述べるように，精神分析における夢という現象に対する考え方と生理学的な夢の研究における考え方との相違は大きく，現在でこそ水と油のような状況とも言えるが，レム睡眠の発見直後には，精神分析学者と睡眠を研究する生理学者との間の関係は蜜月と言っても良い状態だったようで精神分析学者は，自らの夢に関する研究に生理学的な根拠が与えられたと考えていたようだ。

☾ 夢はレム睡眠で見るものか？

レム睡眠中に夢を見ることが分かり，夢を見る生理学的なメカニズムが明らかになってくると，夢というのは，レム睡眠に関わる脳幹にある神経系が脳内の記憶をランダムに刺激し，それを辻褄の合うように組み合わせたものであろう（活性化合成仮説：Hobson & McCarley, 1977），ということになり，精神分析学の主張するような「隠された意味」があるという仮定が非常に疑わしいと考えられるようになった。レム睡眠中の夢は，脳の中でも（生命維持などに関わる）プリミティブな領域である脳幹からのランダムな刺激がもとになっているということが夢に意味を見出そうとする際に 1 つの「障害」となったのである。

初期の研究ではレム睡眠期に覚醒させた場合には約 8 割の確率で夢が報告され，ノンレム睡眠期では，夢がほとんど報告されないことから，レム睡眠＝夢と考えられたが，その後，ノンレム睡眠期にも比較的頻繁（5 割から 6 割）に夢が得られるという研究が多く報告されるようになった（Foulkes, 1962）。しかし，ノンレム睡眠でも多くの夢が報告されるという研究は，それ以前の研究では実験参加者に「夢を見ていましたか？（Did you dream?）」と聞いていたものを「あなたの心で起こっていたことはなんでしたか？（What was passing through in your mind?）」という幅広い精神現象を拾えるような表現に変更したことが理由と考えられる。定義を広くすれば報告率が高くなるのは当然である（Nielsen, 2000）。また，実際，レム睡眠期とノンレム睡眠期の「夢」には様々な点で相違が認められる。レム睡眠期の夢はより鮮明で活発であり情動的な色彩が強い，これに対して，ノンレム睡眠期の夢は一般的に「思考」と呼ぶにふさわしく静的で現実的な内容である（Takeuchi et al., 2001）。つまり，我々が通常「夢」と呼ぶ「夢らしい夢」は，レム睡眠期の夢と考えられる。

☾ Solms と Hobson の論争

Solms（2000）は，夢が必ずしもレム睡眠期にのみ起こる現象ではなく，また，前脳のドーパミン作動性神経系が関与している可能性を示唆し，Freud の主

張する夢は願望の実現という機能を持っているという仮説を支持する主張を行っている。Solms は例えば睡眠中のてんかん発作（主にノンレム睡眠中に生じる）の際に，夢や悪夢を伴う事例が存在すること，ノンレム睡眠中にも「夢」が生じ，その中には質的にレム睡眠時の夢と区別のつかないものも存在すること，前脳を損傷した患者が夢を見なくなることなどから，前脳のドーパミン作動性神経系，つまりいわゆる報酬系と言われる神経系が夢を見ることと関係しているとし，このことは，Freud の夢が願望の充足という機能を果たしているとした主張を支持していると主張したのである。つまり，睡眠中の脳機能の活性化がレム睡眠に特有のものではなく，他のプロセス（Solms が例として挙げたてんかん発作など）によっても引き起こされることがあり，レム睡眠はこうしたプロセスの 1 つに過ぎないが，睡眠中に起こる脳の活性化のプロセスはレム睡眠が最も一般的であるとしている。そして，レム睡眠も含まれる脳の活性化のプロセスに続いて前脳のドーパミン回路が夢を作り上げるプロセスを働かせると主張していて，まさにこの第 2 段階のプロセスが夢の生成プロセスの中心であるとしている。Solms の主張のうち，レム睡眠を含む脳の活性化の第一段階のプロセスがあり，第二段階として前脳のドーパミン回路という言わば夢のジェネレータが働くという考え方は，説得力があり，ノンレム睡眠でもレム睡眠中と区別がつかない夢が起こりうることを上手く説明している。しかしながら，ドーパミン回路が働いているらしいことがすなわち Freud の願望充足という夢の機能の証拠だとするのは，明らかに論理的な飛躍であろう。Solms は Hobson らの活性化合成仮説が，脳幹のランダムな刺激によって夢が作られていて，夢には何も意味がないという主張であると批判しているが，このような Solms の主張に対して，Hobson は，次のように反論している。

　活性化合成仮説を提唱した Hobson は，Solms によって，夢を脳幹の活動に結びつけることは，夢に情動的なメッセージがないと言っているに等しいと批判されているが，Hobson 自身は，夢に隠された意味があるという前提に基づいてそれを解釈することには意味がないと主張しているだけで，夢には豊かな情動があることを否定したりはしていないと述べている。また，夢がレム睡眠以外でも生じることも Hobson は否定していない。夢がレム睡眠中に生じる頻度が圧倒的に高いと述べているだけである。これは，Solms の主張する夢の生成モデルである睡眠中の脳の活性化がレム睡眠のみのものではないことや，睡眠中の脳の活性化のプロセスとしてはレム睡眠が最も多いという主張と矛盾しない。

　以上の Solms と Hobson の論争については，日経サイエンスの記事（ソームズ，2004; ホブソン，2004）に詳しいが，その中での Solms の主張を見てみると，Freud の主張が正しいことを前提として，それを証明するために様々な証拠を掻き集めているようにしか感じられない。Freud が心のメカニズムを表したメモに，ニューロンとニューロンの間に隙間が書いてあったことを，シナプスが発見される前に Freud がそれを予言していたかのように解釈するに至っては，聖書に書かれていることを前提とするような，およそ科学とは程遠い姿勢であると言われても仕方がないのではないか。先人の業績を評価することは良いが，科学はより新しく正確な事実を基にして解釈を構築するべきであり，過去の先人の教えを不可侵のものとして扱うべきではないだろう。

◯ 夢とレム睡眠の「機能」

　夢についての研究は，Freud の夢の分析についての解釈やレム睡眠の発見というエポックメイキングな出来事から発展してきた。夢やレム睡眠が何らかの機能を持つことを明らかにしようという試みは，Freud 以外にもずっと続いている。例えば，レム睡眠の神経学的メカニズムの研究で有名なフランスの Jouvet (1978) は，「夢が覚醒中の行動プログラムの作成と模擬的な練習のために生じている」と考えた。また，Wilson & Dahl (1985) は「夢は記憶の再生と再処理過程で生じる」と主張している。また，DNA の二重らせんの発見で有名な Crick が提唱した説として「夢は不要な記憶を消去するためにある」というものもある（Crick & Mitchison, 1983）。しかし，これらに共通するのは，レム睡眠や夢が「何かのためにある」という目的論的な前提である。いわば，神にしか答えられない疑問なのである。基本的に科学は How には解答できるが，Why には答えられないというのが大前提であり，仮に Why に対して何らかの示唆を行う場合にも How に対する解答を積み重ねた上で行う必要があるのではないだろうか。

（福田）

関　連　第 1 章 7 節　認知心理学的夢研究

第 **3** 章

健康心理学と睡眠

健康心理学における睡眠研究の可能性

　「睡眠は心身の健康と密接に関連している。」このことに疑いを持つ健康心理学研究者はいないだろう。しかしながら，健康心理学研究者のうち睡眠をテーマとしている方や，自身の関心のあるテーマに睡眠を絡めた研究をしている方は少ないのではないかと思われる。実際，健康心理学関連の学会において睡眠変数を扱った発表は非常に少ない。この背景には，睡眠は心理学者が扱うテーマではないという思いや，睡眠が心理学的変数に及ぼす影響を少なく見積もっておられる方が多いということがあるのではないか。しかしながら，本章で述べるように心身の健康に及ぼす睡眠や生体リズムの影響は甚大である。

　本章では，睡眠がどのように「こころ」や「からだ」の健康に関連しているかについて概説し（1節・2節），心身の健康にとって「よい睡眠」とは何か？睡眠健康の多元性（3節）について解説する。また，世界の中でも最も睡眠不足と言われる日本の睡眠健康の現状（4節），睡眠に関連する様々な生活習慣について解説する（5節）。さらに，睡眠にとって望ましい習慣や環境づくりのあり方を提供する睡眠衛生教育（6節）や小児保健・学校保健の場で行われているよい睡眠のための行動変容を促進するための睡眠健康教育（7節）や睡眠健康を支えるための制度や施策，公衆衛生活動（8節）について概説をする。

　本章を通じて，心身の健康に睡眠が不可欠であることや，睡眠習慣にはその他様々な生活習慣や環境と個人の相互作用のあり方が関わっており，行動変容を促すアプローチや行動変容を支える環境づくりが重要であるかに改めて気づいていただけるのではないかと思う。多くの健康心理学研究者の研究テーマの中に睡眠を変数として考慮していただいたり，様々な健康行動の変容のための理論やアプローチを睡眠習慣の変容に応用した研究に発展させていただくきっかけとなれば幸いである。

（山本・福田）

1節 睡眠とこころの健康との関連

　本節では，睡眠の乱れとこころの健康との関連に関する疫学的知見を概観するとともに，そのような関連の背景にあると想定される睡眠の乱れによる情動的刺激に対する処理メカニズムの変化について検討した実験的研究の知見を紹介する。

☾ 睡眠の乱れとこころの健康との関連に関する疫学的知見

　睡眠の乱れとこころの健康の関連はこれまで多くの疫学研究により報告されている。特に大うつ病性障害の診断基準には不眠や睡眠過多が含まれており（American Psychological Association, 2013），抑うつ者に睡眠愁訴が多いことから特に関心が寄せられてきた。前向きコホート研究に関する系統的レビューでは，研究間の異質性を考慮した上でも不眠はうつの新規発症リスクとなることが報告されている（Li et al., 2016; Marino et al., 2021）。また短時間睡眠や長時間睡眠のいずれもうつの新規発症リスクになることが報告されている（Zhai et al., 2015）。

　また，睡眠の乱れは，うつのみならず様々な精神疾患に認められる。精神疾患と健康対照群の終夜睡眠ポリグラフ結果を比較した研究の系統的レビュー（Baglioni et al., 2016）では，ADHDと季節性感情障害を除く様々な精神障害（統合失調症や広汎性発達障害，パーソナリティ障害などを含む）において，睡眠維持障害やレム潜時（入眠から最初のレム睡眠出現までの時間）の短縮，徐波睡眠の抑制が認められたことが報告されている。分析疫学的研究は少ないものの，いくつかの研究をまとめたシステマティックレビューによると，不眠が不安障害やアルコール依存症の発症リスクとなることが指摘されている（Hertenstein et al., 2019）。

　これらの報告から，睡眠の乱れは様々なこころの健康問題に共通する診断横断

的（非診断特異的）な症状であり，様々な精神疾患に併存すること，さらにこころの健康問題発生の独立したリスク因子となりうると考えられる。

☾ 睡眠の乱れによるストレス耐性の低下

　幼児が眠くなると情動的に不安定になり，泣いたり騒いだりしやすくなることは，子育て経験のある人の多くに経験的に知られていると思われる。また，成人であっても極端な睡眠不足の際や生活リズムが乱れた際に，イライラしやすくなることに関して自覚のある人も少なくないだろう。

　このような睡眠の乱れと精神的不安定性の増大に関しては，上述のように調査によってその関連性が確認されているだけでなく，睡眠の乱れが精神的不安定性を引き起こすメカニズムの解明も試みられている（レビューとして，元村・三島，2014）。Zohar et al.(2005) は，医療従事者（研修医）を対象とした調査を行い，勤務中の気分変化と睡眠状態との関連について検討している。その調査では，参加者は日中の仕事中におけるランダムなタイミングで，過去15分間の情動的イベントの存在の有無とそれによる気分の変化を回答するように指示された。そして，その結果から睡眠が乱れている際には，仕事中にネガティブな出来事が生じた際の気分の落ち込みが大きくなるだけでなく，仕事のやりがいを感じられるようなポジティブな出来事が起きた際の気分の上昇も小さくなることが示されている。

　また，実験的に徹夜明けの状態を作り出し，計算等の認知課題実施時に感じるストレスの程度に与える眠気の影響を検討した研究も存在する。Minkel et al.(2012) は，難易度が高くフィードバックの内容も厳しい強いストレッサーとなりうる認知課題による気分悪化（感じるストレス）の程度は，前夜の睡眠時間が十分であっても徹夜の状態であっても，その程度に大きな違いはないものの，課題内容も比較的簡単でフィードバックも優しい認知課題に対しては，前夜の睡眠が通常通りである場合と比較して徹夜時にはストレスを強く感じやすくなることを確認している。

☾ 精神的不安定性を睡眠の乱れが引き起こす脳内メカニズム

　このような睡眠不足時の情動的不安定性増大に関わる脳内メカニズムに関して，Yoo et al.(2007) は fMRI を用いた検討を行い，約1日半（35時間）にわたって覚醒し続けた参加者では，不快刺激に対する扁桃体の反応が強くなることや，扁桃体とそれを制御する前頭葉内側との間の機能的結合が弱まることを明らかにしている。さらに4時間睡眠×5日間という現実世界でも頻繁に起こりうる

レベルの睡眠不足の影響を検討した研究では，恐怖表情の画像刺激を呈示された際の扁桃体と腹側前部帯状回の機能的結合が睡眠不足の状態では低下し，その低下が扁桃体の活動性の高さや主観的な気分の悪化と関連することを示唆している（Motomura et al., 2013）。また，3 時間睡眠×2 日の睡眠不足条件を設定し，課題中ではなく安静状態の扁桃体と前頭葉内側との関連を検討した研究（Motomura et al., 2017）でも，睡眠不足状態においてその 2 部位間の機能的結合が低下することが示されているなど，前頭葉腹内側による扁桃体を中心とした辺縁系の活動制御が上手くできなくなることが，睡眠の乱れが情動的不安定性増大を引き起こすメカニズムであることを示唆する知見が集まってきている。さらに，睡眠不足時の情動的刺激を示示した際の脳活動を計測した研究では，睡眠不足が上丘を介した意識下（サブリミナルな）の情動刺激の処理の促進を介して扁桃体の過活動を引き起こす可能性も示唆されており，睡眠の乱れが本人が認識できない形で情動的不安定を引き起こす可能性も考えられる（Motomura et al., 2014）。そして，扁桃体を始めとする辺縁系領域と前頭葉内側間の機能的結合の低下がうつ病や社会的不安障害患者でも認められることから，このような睡眠不足に起因した脳内の変化が，質問紙調査でしばしば認められる乱れた睡眠習慣と抑うつ傾向の増大との関連を説明しうるメカニズムの 1 つと考えられている。

　ここまでに紹介した知見は，主にネガティブな刺激に対する情動制御に与える睡眠の乱れの影響に着目したものであったが，睡眠の乱れはポジティブな刺激の処理過程に対しても影響を与えるようである。Gujar et al.（2011）は，快画像刺激を呈示した際の脳活動を fMRI を用いて計測し，その結果から，断眠状態にある参加者では画像をより快と評価しやすい傾向にあるとともに，画像が呈示された際に報酬系領域の脳活動が亢進しやすいことを示しているが，このことは徹夜中などに生じる過度な気分の高揚の一部を説明する知見と言える。

☾ 情動喚起が認知機能低下に与える影響を睡眠の乱れが増大させる？

　情動ストループ課題に代表されるいくつかの課題の典型的な結果が示すように，情動の喚起はしばしば高次認知機能の一時的な低下を引き起こす。この脳内メカニズムとしては，情動的な刺激によって腹側情動経路（眼窩前頭皮質，扁桃体，腹側前頭前野などを含む経路）が強く活性化することで，逆に背側実行系経路（側頭皮質，背側前頭前野などを含む経路）の活性化が抑制されることが考えられている（Dolcos & McCarthy, 2006; Dolcos et al., 2008; Iordan et al., 2013）。そして，これまでに発表されたいくつかの研究は，この情動的刺激による高次認

知機能の減衰を睡眠の乱れが顕著にする可能性を示唆している。例えば，一晩の全断眠（徹夜）の影響に関してワーキングメモリを従属変数として検討したChuah et al.(2010)では，睡眠不足下における情動的刺激呈示のワーキングメモリに対する悪影響の増大の背景にも，情動刺激呈示時の扁桃体の活性化や，扁桃体と前頭葉との間の機能的結合の低下が関連していることを示している。さらに，Nishimura et al.(in press)は，弱い社会的ストレッサーと現実生活でも頻繁に起こりうる 21 時間の連続覚醒の組み合わせが意思決定プロセスの障害を引き起こすかについて，認知課題にアイオワ・ギャンブリング課題（Iowa Gambling Task: IGT）を用いて検討している（全断眠によって引き起こされる顕著な睡眠不足が IGT 課題に代表される意思決定課題の成績に与える影響については，第 5 章 3 節を参照）。この研究では，社会的ストレッサーはパーソナリティーテストへの回答に対する偽のフィードバックを介して与えられたが，その社会的ストレッサーの有無が IGT の成績に与える影響（主効果）も，21 時間の連続覚醒の影響（主効果）も有意ではない。しかし，覚醒時間の延長と社会的ストレッサーが組み合わさった条件においては IGT 課題の最終ブロックにおける成績が低下することが示されている。このようなことから考えれば，睡眠不足に代表される睡眠の乱れは，前頭葉内側の機能低下を介して，ストレス反応を増大させるだけでなく，通常時であれば問題を生じないような弱いストレッサーの存在が認知機能の低下に結びつく可能性を高めるかもしれない。

（浅岡・西村・福田・山本）

関　連　第 5 章 2 節　対人認知と睡眠
　　　　第 1 章 1 節　睡眠の乱れに起因する認知機能の変化

2節 睡眠とからだの健康との関連

「If sleep doesn't serve an absolutely vital function, it is the greatest mistake evolution ever made.（もし，睡眠が絶対的に重要な機能を果たしていないとすれば，それは進化の過ちである）」。これは，睡眠段階判定基準を提唱した Allan Rechtschaffen の言葉であるとされている（Mignot, 2008; Schwartz & Klerman, 2019）。睡眠中は無防備で環境に即座に対応できない状態であるにも関わらず，睡眠や睡眠に似た静止状態がほぼすべての動物種に存続していることは，正常な生理機能に必要であると考えることが妥当であることをこの言葉は表現している。

そして近年様々な研究から，睡眠は正常な生理機能の維持に重要であるという証左や，慢性的な睡眠不足や妨害された夜間睡眠，不規則な睡眠－覚醒リズムといった睡眠の乱れが生理機能の異常につながり，生活習慣や様々な身体疾患のリスクを高めることが報告されている。

☾* 睡眠と自律神経や免疫，内分泌との密接な関連

大脳辺縁系と中脳，橋，延髄孤束核の神経線維ネットワークは中枢自律神経繊維網（Central Autonomic Network: CAN）として，自律神経支配の臓器の運動や機能を制御している（Benarroch, 1993）。また，CAN は睡眠－覚醒に関わる中枢の機能と相互に作用しあっており，睡眠－覚醒によってその活動は調整されている（Zoccoli & Amici, 2020）。ノンレム睡眠中には，副交感神経が優位になり，内臓活動や代謝要求が減少し恒常性に基づく生理的調整が行われる。一方，レム睡眠中は，自律神経活動が大きく変動し，呼吸や心血管機能に乱れが生じ，体温調節機能も変化することが知られている。この状態は，poikilostatic（変転性：筆者訳）と呼ばれている（Parmeggiani, 2010; Rial et al., 2021）。レム睡眠中は，脳波も覚醒時に近く，睡眠中のこうした変化は体内の恒常性維持を目的とした働きではないことから，レム睡眠は逆説睡眠とも呼ばれる。レム睡眠中の生理

的な変化のそれ自体の意義については不明瞭な点も多いが，レム睡眠は後続するノンレム睡眠の徐波を強める可能性などが近年報告されており（Hayashi et al., 2015），ノンレム睡眠との相互作用によって恒常性維持に寄与している可能性も考えられる。

　ノンレム睡眠が妨害されると，交感神経活動の低下が妨害されることにより，免疫系や内分泌系も影響を受ける。交感神経の亢進は炎症性サイトカイン（インターロイキン6など）の産生が促進され，炎症増加につながる。また，交感神経の亢進は，血管の収縮による血圧上昇，血中アドレナリン濃度の上昇を引き起こす。こうしたメカニズムから，不眠などによる夜間睡眠の障害は，自己免疫疾患の増悪（Kok et al., 2016）や心血管障害（Zheng et al., 2019）などの危険因子となると考えられる。

　また，自律神経活動は日内変動があることが知られている。視床下部の視交叉上核は松果体に働き，睡眠‐覚醒の概日リズムに関わるメラトニン分泌の概日周期を形成するだけでなく，視床下部室傍核の自律神経前駆細胞への投射を介して，心血管活動の概日リズムに影響する（Baschieri & Cortelli, 2019）。こうした関連から，睡眠‐覚醒リズムの乱れの背景にある概日リズムの調節不全は，心血管機能に悪影響を及ぼし，心血管イベントのリスクを高めると考えられる。

　このように睡眠健康の問題は様々なメカニズムを介して自律神経，免疫，内分泌の異常につながり，からだの健康に影響を与えると考えられる。

☾☆ 睡眠の乱れとからだの健康問題との関連

　睡眠の乱れは，実際に様々なからだの健康問題のリスクであることが報告されている。

　Itani et al.(2017)は，短時間睡眠と健康問題の発生との関連を検討した成人対象の前向きコホート研究を系統的にレビューし，短時間睡眠（5‐7時間未満）は，糖尿病，高血圧，心血管疾患，冠動脈疾患，肥満の新規発症リスクを高め，死亡率と有意に関連していたことを報告している。睡眠不足は，食欲調節やエネルギー代謝調節に関連するホルモン分泌（例えば，グレリン）やアディポカインレベル（例えば，レプチン）に関連し（Lin et al., 2020），交感神経活動の慢性的な亢進を引き起こすことによりこれらの健康問題に関連すると考えられる。また，小児に関する研究では，短時間睡眠と肥満との関連を示す報告は多くあり，系統的レビューによっても関連性が支持されている（Cappuccio et al., 2008）。しかし，その他の健康関連アウトカムに関しては，研究間で共変量が異なってい

ることや各研究のバイアスリスクも高く，さらなる検討が望まれる（Matricciani et al., 2019）。その一方，長時間睡眠も健康問題の発生に影響していることが報告されている。Jike et al.(2018) は，成人対象の前向きコホート研究を系統的にレビューし，長時間睡眠（8－10 時間以上）は，糖尿病，心血管疾患，脳卒中，冠動脈疾患，肥満と関連し（高血圧は有意な関連が認められない），死亡率と有意に関連していたことを報告している。長時間睡眠がどのようにして健康問題や死亡に関連するかについては明らかではないが，習慣的な長時間睡眠の背景に統制されていない基礎疾患（睡眠関連呼吸障害や大うつ病性障害など）や強い疲労，免疫反応の影響などが影響している可能性が指摘されている（Grandner & Drummond, 2007）。なお，これらの研究を統合すると睡眠時間と健康問題の発生との関係は，2 次曲線状であることが推察されるが，単独の横断・縦断研究でも同様の結果が報告されている。例えば，Kaneita et al.(2008) は，女性において，6－7 時間の者を基準とした場合，5 時間未満の者も 8 時間以上の者も，血清トリグリセリド値が高く，HDL コレステロール値が低いことを報告している。同様に，Body Mass Index（Taheri et al., 2004）や全死因死亡率（Ikehara et al., 2009）においても睡眠時間と 2 次曲線的な関連が報告されている。

　また，睡眠の“量”の側面だけではなく，睡眠の“質”や睡眠の“規則性”もからだの健康問題と密接に関連している。例えば，不眠症状の存在は，疫学研究において，高血圧（Suka et al., 2003）や 2 型糖尿病の新規発症（Kawakami et al., 2004）のリスクになることが報告されている。しかしながら，不眠と健康との関連は，不眠に伴い“実際の睡眠時間の短縮や睡眠効率の悪化が存在しているかどうかによる”ということが指摘されている（Fernandez-Mendoza & Vgontzas, 2013）。また近年の系統的レビューにおいても，客観的な睡眠時間の障害（6 時間未満の睡眠もしくは 85 ％未満の睡眠効率）が存在する不眠者は，そうでない不眠者と比較して，高血圧および 2 型糖尿病のリスクが高いことが報告されている（Johnson et al., 2021）。不眠症状と身体的健康との関連については今後より詳細な検討が望まれる。その他，夜間睡眠の中断や妨害をもたらす睡眠関連呼吸障害と健康問題との関連に関する近年の系統的レビューでは，睡眠関連呼吸障害は，主要心血管イベント，脳卒中，心臓死，全死因死亡率と関連していると報告されている（Xie et al., 2017）。睡眠－覚醒リズムの規則性と様々なからだの健康問題との関連については，睡眠時間の短さなどの交絡を十分に考慮した検討は少ないが，交代勤務者と日勤者を比較した観察研究などからその関

連性が検討されている。交代勤務者を対象とした研究の系統的レビューでは，心筋梗塞や虚血性脳卒中との関連性が指摘されている（Vyas et al., 2012）。また，交代勤務や睡眠 - 覚醒リズムの乱れは，がん（特に前立腺がんや乳がんなど）の重要なリスク因子であると考えられている。メラトニンは，強力なフリーラジカル・スカベンジャー（多くの病気の原因となる遊離基を除去する物質）であり（Galano et al., 2011），がんの進行に関連する酸化ストレスを軽減していると考えられている。交代勤務や不規則な生活による夜間の光暴露とそれに伴うメラトニン分泌の抑制はがんのリスクを高めるとされており，数十年間の長期間の交代勤務とがんとの関連に関していくつか報告がある（例えば，Schernhammer et al., 2001; Schernhammer et al., 2003）。しかしながら，近年では，交代勤務と乳がん，前立腺がん，膵臓がん，直腸がん，非ホジキンリンパ腫，胃がんに関連が認められなかったとする系統的レビューも報告されており（Dun et al., 2020），今後のさらなる検討が望まれる。

　さらに睡眠健康は免疫機能に密接に関連し，睡眠の乱れは，感染症の予防や予防接種による抗体獲得といった，からだの健康の"予防"にも悪影響を与える可能性が報告されている。睡眠不足の状態では，ナチュラルキラー細胞活性が低下し（Irwin et al., 1996），T 細胞機能が上昇すること（Fondell et al., 2011）が報告されており，風邪症候群や自己免疫疾患の発症につながる可能性が考えられている。また，睡眠時間の短い者また睡眠効率の悪い者は，そうでない者と比較して点鼻されたライノウイルスによる風邪症状の発症リスクが高かったことも報告されている（Cohen et al., 2009; Prather et al., 2015）。さらにインフルエンザワクチン接種後の抗体価と接種直後の睡眠時間との関連を調べた研究では，接種直後に睡眠時間を 4 時間に制限した群では，通常通りの睡眠（8 時間前後）を確保した群と比較して抗体価が半分程度にとどまっていたことが報告されている（Spiegel, 2002）。最近の観察研究では，インフルエンザワクチン接種前 2 週間の短い睡眠時間（特に，ワクチン接種前 2 夜の睡眠時間の短さ）は 1 ヵ月後および 4 ヵ月後の抗体価の低さと関連すること，睡眠効率や主観的睡眠の質は関連が認められなかったことが報告されている（Prather et al., 2021）。

　未だ明確な結論が出ていない部分もあるが，睡眠健康とからだの健康は密接に関連していると考えられる。からだの健康を評価し検討する際には，睡眠を多面的に評価することが肝要であると言えるだろう。

（山本・原）

関　連　　第 3 章 1 節　睡眠とこころの健康との関連
　　　　　第 3 章 3 節　睡眠健康とは？

3節 睡眠健康とは？

　2014年，"Sleep health: Can we define it? Does it matter?" という論文が発表された（Buysse, 2014）。この論文では，"Sleep health" ＝「睡眠健康」の定義，取り扱う意義，評価方法について提唱され，睡眠健康は，睡眠の満足感，タイミング，効率性，量ならびに覚醒度といった多元的な概念であるとされている。そして，睡眠健康は，各次元の問題がないことだけではなく，問題のある状態から身体的・精神的・社会的健康に睡眠が十分に機能している状態までを連続的に捉えた概念として定義されている。

　睡眠健康は改めて注目を集め，再考されている概念であるが，下位概念の定義や評価法については未だ整理されていない部分もある。本節では，睡眠健康の概念変遷を対比しながら，睡眠健康の評価方法を紹介する。

☽ 睡眠の質

　Buysse（2014）により睡眠健康という用語が明確に概念化され定義される以前より，"睡眠の質" という語が包括的な睡眠の善し悪しを表す語として使用されていた。例えば，Pittsburgh Sleep Quality Index（PSQI: Buysse et al., 1989）は，睡眠の質という概念を測定する自記式質問票である。PSQI は，実睡眠時間や就寝・起床時刻，主観的な睡眠の善し悪しに関する質問項目から構成され7つのコンポーネントスコア（主観的睡眠の質，入眠潜時，睡眠時間，有効睡眠時間，睡眠障害，睡眠薬の使用，日常生活における障害）が算出される。つまり，PSQI の開発当初から "睡眠の質" は多元性を持ったものとして理解されていることが分かる。しかしながら，PSQI は "睡眠の質" に問題のある部分を特定し，臨床的関与の対象となる睡眠問題の有無を特定することを目的として開発されている。PSQI 開発以降，総合的な睡眠健康を評価する指標として PSQI は広く用いられていたが，睡眠健康の良い状態の個人差については考慮されておら

ず，その健康観は"睡眠健康＝睡眠の何らかの側面に障害がないこと"というものであった。

☾ 睡眠健康

　Buysse（2014）は，"睡眠の質"という語の限界点から新たに"睡眠健康"という概念を明確化し，次のように定義している。「睡眠健康とは，個人・社会・環境において必要で，身体的・精神的ウェルビーイングを向上させるような，睡眠と覚醒の多面的な側面である。良い睡眠健康とは，主観的に満足感があり，適切なタイミングでとり，十分な量をとり，高い効率性があり，起きている時に持続した覚醒度があることに特徴づけられる」（Buysse, 2014）

　この睡眠健康の概念は，これまでの睡眠の質という概念といくつかの点で大きな違いが認められる。第一に，睡眠障害の有無という二分化法的なモデルによる健康観から，睡眠の身体・精神・社会に対する恩恵に関心を向けたスペクトラムモデルへの転換である。このような変換に伴い睡眠健康の良い状態の個人差が考慮されることとなった。第二に，睡眠健康の多元性の整理である。PSQIで測定される"睡眠の質"の各コンポーネントには，概念重複が認められる。例えば，入眠潜時（眠ろうとしてから，実際に眠りにつくまでの時間）は有効睡眠時間（睡眠効率）の計算内に含まれる。この新たに提唱された"睡眠健康"の概念では，互いに独立した次元として，表3-3-1に示す5つの次元性が新たに提唱されている。第三に，睡眠健康は，主観的な評価のみならず，行動的側面や生理的側面の評価といった多面的な評価を複合することにより，「評価されるものである」という多角的評価の必要性が取り入れられた点である。例えば，主観的な眠気の程度と行動的パフォーマンスの程度は必ずしも一致しないことが知られている。また，睡眠の評価も自記式質問紙を介した主観報告とアクチグラフィによる行動評価と睡眠ポリグラフ検査の結果も必ずしも一致しない。この定義では，特定の水準の評価のみならず複数の水準の評価（主観的，行動的，生理的水準の評価）から睡眠健康が評価される必要があることが強調されている。

表 3-3-1 睡眠健康における 5 つの側面（Buysse, 2014）

次元	内容
満足感・質	主観的に評価される良い睡眠と悪い睡眠
覚醒度・眠気	十分な注意が維持された覚醒
タイミング	24 時間において睡眠を取る時間帯
持続・効率	入眠と再入眠の容易さ
量	24 時間において得られる睡眠時間

Buysse（2014）を引用の上筆者訳。

☾ 小児の睡眠健康

　Buysse（2014）により提唱された睡眠健康の概念は，主に成人に当てはまるが，睡眠行動が大人と異なり，環境からの影響を受けやすい乳幼児・児童・青年には，適用可能であるものの限界があった。そのような中 Meltzer et al.（2021）は，社会的・生態学的要因を考慮し，睡眠変数のみならず環境を手掛かりとして生じる睡眠関連行動を評価対象とした小児の睡眠健康の概念を提唱している。

　Meltzer et al.（2021）は，Bronfenbrenner（1979）の生態学的システム論を参考に，小児の睡眠健康に影響を及ぼすとされる社会的・生態学的要因について考察している。社会的・生態学的要因には，子ども個人の要因（マイクロシステム：年齢やクロノタイプ等）・家族と環境の要因（メゾシステム：親子の相互作用や学校の始業時刻等）・地域と社会文化の要因（マクロシステム：照明や騒音といった状況ならびに自然に存在するアレルギー物質等）が挙げられる。これら3つの要因は，主体となる小児との関係性によって，睡眠健康に対する影響の仕方が異なるとされる。また，これらの要因の影響力は，小児の発達段階（身体的な変化や学校への進学といった社会的変化）によって異なるとされる。

　睡眠関連行動とは，小児の睡眠健康を向上あるいは阻害する可能性がある行動を指す。具体的には，夜間におけるカフェインの摂取や電子機器の使用は睡眠健康を阻害する睡眠関連行動であるとされる。さらに，社会的・生態学的要因と相互作用しながら，小児の睡眠健康に影響を及ぼすとされる。また，小児では，成人と比較して，自身が制御できない遠位的な要因（例えば，学校の始業時刻や学校から出される宿題など）によって睡眠関連行動が左右されやすいと示唆されている。このことから，小児の睡眠健康を取り扱う際には，睡眠関連行動そのものの影響だけではなく，小児を取り巻く社会的・生態学的要因と睡眠関連行動の相互作用を考慮する必要があるとされる。

　Meltzer et al.（2021）は，これらの社会的・生態学的要因と睡眠関連行動の重要性を踏まえた上で，小児の睡眠健康を「主観的あるいは養育者にとって満足感があり，適切なタイミングでとり，年齢に応じて十分な量をとり，高い効率性があり，起きている時に持続した覚醒度があり，健康的な睡眠関連行動を取ることに特徴づけられる」と定義している。

☾ 新たな定義に基づく睡眠健康の評価法：SATED

　Buysse（2014）は自身の提唱した新たな定義に基づいた睡眠健康の簡易評価法として SATED を提案している（表 3-3-2）。SATED は，Satisfaction with

表 3-3-2　SATED の項目と評価方法

次元	項目
満足感・質	あなたは，自分の睡眠に満足していますか。
覚醒度・眠気	あなたは，1 日中，居眠りをせずに起きていられますか。
タイミング	あなたは，午前 2 時から午前 4 時の間に，眠っているあるいは眠ろうとしていますか。
持続・効率	あなたは，夜中に起きている時間が 30 分以下ですか？ （この時間には，眠りにつくまでの時間や眠りの途中で覚醒している時間も含まれます。）
量	あなたは，1 日に，6 時間から 8 時間眠っていますか。

あてはまらない／ほとんどあてはまらない：0 点，時々あてはまる：1 点，たいていあてはまる／いつもあてはまる：2 点。
0 点 = 睡眠健康が悪い　←→　10 点 = 睡眠健康が良い。
Buysse（2014）を引用の上筆者訳。

sleep, Alertness during waking hours, Timing of sleep, Sleep Efficiency, Sleep Duration の 5 つの次元の頭文字を組み合わせた名称であり，各次元について 1 項目の質問が用意され，その合計により睡眠健康度を評価するものである。

　近年，この SATED の信頼性や妥当性の評価が行われている（Benítez et al., 2020）。しかし，概念間の相関が高い（満足感・質と量に中程度の相関）部分があることや特性的な眠気，不安・気分との相関もあまり高くないことから，背景の睡眠健康をどの程度反映しているかについては疑問が残る。また，Buysse（2014）の定義に基づくと，睡眠健康は主観的評価のみならず行動的側面や生理的側面といった多面的な評価を複合して評価することが必要である。しかしながら，睡眠健康における行動的側面や生理的側面をどのように評価するのかということについては，未だ具体的な提案がなされておらず今後の研究の蓄積が期待される。

☽ 睡眠健康の課題と展望

　睡眠健康という概念が提唱されたことによって，個人差が考慮されたスペクトラム的な観点で睡眠を捉えるきっかけとなった。これにより，睡眠障害を抱えていない者における「睡眠健康」にも，よりいっそう目が向けられるようになると予想される。しかしながら，睡眠健康を取り扱う上で，何がどのようになれば「睡眠健康が良い」となるかは定められていない。したがって，良い睡眠健康を目指した支援もどのように行えばよいのか指針がなく，支援が考案されたとしてもその善し悪しを評価することが困難である。このことから，睡眠健康にまつわる研究では，睡眠健康，特に 5 + 1 つの側面がどのようになれば良いとされるのか今後における議論の展開が期待される。

（原・山本）

関　連　　第 3 章 4 節　睡眠健康の現状
第 3 章 2 節　睡眠とからだの健康との関連

4節 睡眠健康の現状

　エジソンが白熱電球の商用化の研究に成功したとされる 1879 年 10 月 21 日以降，照明が普及し人々は昼夜を問わずに光の下で生活が可能となった。1903 年 12 月 17 日にはライト兄弟が飛行機の有人飛行に成功し，20 世紀前半には旅客機の開発が進み，国家間（標準時間帯間）の高速での移動が可能となった。そして，1969 年 10 月 29 日には，アメリカ国内の 4 大学間でのコンピュータネットワークが成功し，20 世紀後半から 21 世紀にかけて電話網に変わるインターネットによる情報通信が普及した。本節ではこれらの進歩が睡眠健康にどのような影響を及ぼしたか，研究とともに解説する。

☾ 社会の発展と人々の睡眠習慣の変化

　19 世紀後半からの科学技術の急速な開発と普及に伴い，人々の活動の時間的・物理的障壁が少なくなり，社会は情報化，国際化，24 時間化している。こうした社会の中で人々の生活は便利になった反面，生体リズムは乱れやすく睡眠健康が脅かされやすくなっていると考えられている。

　しかしながら，本当にこうした社会の発展が人々の睡眠習慣に影響しているかについては一定の結論を出すことは難しい。国間や対象者の年齢によっても睡眠習慣の年代的変化の様相は異なること（Matricciani et al., 2017）や，睡眠時間の年代的変化について言及した研究の多くが実証的なデータに基づいていないこと，実証データに基づいていたとしても引用された先行研究として“時代の変化とともに睡眠時間が短くなったという言明を支持するもの”が選択的に選ばれがちであったことが報告されている（Matricciani et al., 2011）。そのような中，過去 103 年間の文献を対象に子どもの睡眠時間の年代的変化を検討した系統的レビュー（Matricciani et al., 2012）によると，国間で傾向は異なるものの平均すると年あたり 0.75 分睡眠時間が短くなっていることが報告されている。特に，ア

ジアを対象とした研究に限定すると研究間誤差を考慮しても，毎年睡眠時間が短くなっていた。一方，成人を対象とした研究では年々睡眠時間が短くなっているという言明を支持するエビデンスは少ない。先進 10 ヵ国の成人の睡眠時間の年代的変化を検討した系統的レビュー（Bin et al., 2013）では，国間で短時間睡眠者（6 時間未満）と長時間睡眠者（9 時間以上）の割合の変化の仕方が異なり，全体的に短時間睡眠者の割合よりもむしろ長時間睡眠者の割合が増えていた。このように，現代社会のライフスタイルが睡眠に悪影響を与えているとは言い難く，国家間で睡眠健康の現状に違いがあり各国の特徴に合わせた理解と睡眠公衆衛生システムの構築を検討することが重要である。

☽ 日本の睡眠健康の現状

日本の睡眠健康は世界の中でも悪い可能性があり，特に睡眠時間に関しては他国と比較して著しく短いことが報告されている。乳幼児対象の 17 ヵ国国際比較調査（Mindell et al., 2010），大学生対象の 24 ヵ国国際比較調査（Steptoe et al., 2006）では日本人の睡眠時間が最も短かったことが報告されている。経済協力開発機構が 2021 年に発表した加盟国を対象とした調査結果でも，日本人の平均睡眠時間は 7 時間 22 分（2016 年調査結果）であり最も短かった（OECD, 2021）。このように日本人の睡眠不足は深刻であり，2017 年ユーキャン新語・流行語大賞でも "睡眠負債" が受賞されるなど，社会の関心を集めている。

この睡眠不足の傾向は日本社会の 24 時間化，情報化，国際化に伴い強まっているという見方もあるが，このことを支持する疫学的エビデンスは不足している。睡眠時間に関する国民代表性の高い疫学研究として NHK 放送文化研究所（2020）が 5 年ごとに実施する国民生活時間調査が挙げられる。図 3-4 は，この国民生活時間調査の 1995 年から 2020 年のデータを基に，年齢層ごとに平均睡眠時間の推移を示したものである。50 代以降の睡眠時間が短縮傾向にあるが，10 代から 30 代ではほぼ横ばいであり，40 代では男女ともに短縮傾向だった睡眠時間は 2010 年以降に増加している。なお，全体の平均睡眠時間は，7 時間 27 分（1995 年），7 時間 23 分（2000 年），7 時間 22 分（2005 年），7 時間 14 分（2010 年），7 時間 15 分（2015 年），7 時間 12 分（2020 年）であった。標準偏差の大きさも考慮すると，日本は「近年，社会の 24 時間化，情報化，国際化が急速に進行し，それに伴い睡眠時間が短くなっている」と結論付けることは難しく，「ずっと睡眠時間が短い国」であると言える。先の経済協力開発機構の調査においても日本は，仕事や学業に関する時間（通勤・通学に関する時間を含む）

健康

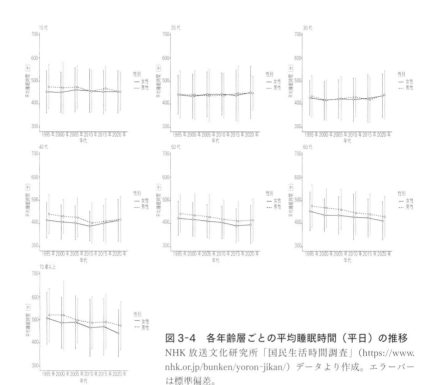

図 3-4　各年齢層ごとの平均睡眠時間（平日）の推移
NHK 放送文化研究所「国民生活時間調査」(https://www.
nhk.or.jp/bunken/yoron-jikan/) データより作成。エラーバー
は標準偏差。

が最も長かったことが報告されており（OECD, 2021），日本の社会構造や文化，
日本人の生活様式などが短時間睡眠をもたらしていると考えられる。
　睡眠不足はそれ自体が問題であるのみならず，ソーシャルジェットラグにつな
がる可能性がある。日本人を対象とした記述疫学研究では，平日と休日の睡眠中
央時刻の差の絶対値が 1 時間以上の者をソーシャルジェットラグと定義したと
ころ 40.1 ％が該当したこと，20 代に着目すると 61.0 ％が該当したことが報告さ
れている（Komada et al., 2019）。他国の同様の調査結果と比較した場合（抽出
方法や標本の年齢構成が異なるため単純な比較は困難ではあるが），日本は中央
ヨーロッパより低く，オーストラリアよりはやや高いという結果であったとされ
ている。国家間で相対的に見ると大きな違いはないが，20 代の半数以上が平日
と休日間で就寝 - 起床に大きなズレがあることは公衆衛生上の課題である。
　次に，睡眠障害に関する現状であるが，日本における一般人口を対象とした大
規模な記述疫学調査や国際比較調査は限られている。例えば，睡眠不足者（7 時

間未満の者）の割合は他国と比べて高い（Chattu et al., 2018）ことは上述から推察できる通りであるが，睡眠不足症候群（日中の過剰な眠気や生活支障を伴う）の有病率についてはエビデンスが不足している。日本人は下顎が小さいことから閉塞性睡眠時無呼吸症候群のリスクを有していると考えられるが，一般人口における有病率推計の国際比較においても著しく高い有病率ではないことが報告されている（Benjafield, 2019）。また，睡眠障害の中でも Gelineau 型の情動脱力発作を伴うナルコレプシーに関しては他国と比較して有病率が高いことが報告されている（Hublin et al., 1994）。その他の睡眠障害ついては国際比較可能な疫学知見も限定的であり今後の研究の蓄積が望まれる。

☾ 新型コロナウイルス感染症（COVID-19）の流行と睡眠健康

　COVID-19 の流行に伴うストレスや不安の増加，外出自粛要請による在宅時間の増加により人々の睡眠には様々な変化が生じている可能性がある。世界の一般人口における睡眠問題の有病率調査のメタ分析では，32.3 %（95 %信頼区間：25.3 %−40.2 %）が不眠尺度のカットオフ得点を超過していたことが報告されている（Jahrami, 2021）。これは，パンデミック前の世界の不眠障害有病率推計（Kay-Stacey & Attarian, 2016）の 3.9 %−22 %と比較しても大きい。日本における国民代表性の高い睡眠健康に関する疫学調査は本稿執筆時点において筆者の知る限りないが，不眠の問題は増加している可能性がある。

　日本も含んだ大規模な国際調査では，社会的制限後に睡眠−覚醒リズムの後退と睡眠時間の延長が認められたことが報告されている（Korman et al., 2020）。またこの傾向は，年齢が若い者ほど顕著であった。国民生活時間調査結果（図3-4）でも 2015 年データと比較して 2020 年データでは，20 代女性，30 代から50 代の男女に睡眠時間の延長が認められる。こうした変化を肯定的に捉える立場（これまでの社会は無理な早起きを要求する社会であり生体リズムと合っておらず睡眠不足を引き起こしていたと考える立場（Kantermann et al., 2020））も存在する。しかしながら，これは平均にのみ着目をした解釈である。先行研究をみると，睡眠習慣の変化には大きな個人差があり，COVID-19 の流行下で著しく睡眠時間が短くなった者も睡眠相が前進した者も一定数存在する。長引くCOVID-19 の流行と繰り返される行動制限の中で，いわば"睡眠格差"が広がっている可能性も推察される。睡眠健康の様々な側面に関する継続的な疫学研究による記述・多角的な分析に基づく睡眠公衆衛生システムの構築が重要である。

（山本・原・福田・浅岡）

関　連　　第 3 章 3 節　睡眠健康とは？
　　　　　第 4 章 5 節　成人の睡眠習慣と睡眠問題

　生活習慣と睡眠とは，もちろん密接な関連がある。しかし，生活習慣のどの部分がどのように影響を与えているかについては，一般的な理解が正しいわけではない。本節では，食習慣や運動や睡眠と関連して問題視されるスマートフォンなどから発生するブルーライトの影響などについて解説を行う。

☾ 食習慣と睡眠

　睡眠と覚醒の周期は，脳の中の体内時計である視交叉上核によって制御されている。また，その視交叉上核には，眼から入った光の情報が到達している。さらに，網膜上には，物を見ること（視覚像の形成）と関係している光感受細胞である桿体と錐体が存在し，これらからもたらされた光の情報が視交叉で枝分かれし，視交叉上核へと到達している。網膜上の光感受細胞は，長い間，上述の桿体・錐体のみと思われていたが，21世紀初頭になり，その軸索が視神経を構成している網膜神経細胞の一部（2％程度）が光を感じる能力を持ち，これらの細胞（内因性光感受性網膜神経節細胞（Intrinsically Photosensitive Retinal Ganglion Cell: ipRGC））は，波長の短いいわゆるブルーライト（波長のピークは440－490nm）のみに反応することが明らかとなった。これらの内因性光感受性網膜神経節細胞は，物を見ることとは無関係で，体内時計である視交叉上核へと到達している。このため，体内時計は，特にブルーライトを含む光に強く反応するという性質を持っている。

　このように，私たちの約24時間周期の生体リズム（概日リズム）は，光の影響を最も強く受けているのだが，最近，注目されているのが，生体リズムに及ぼす食事の影響である。そもそも，概日リズムの発現のメカニズムは，個々の細胞の中にある複数の時計遺伝子によっている。この時計遺伝子は，胸腺と生殖に関わる細胞を除くすべての体細胞で発現するが，これらの発現のタイミングを脳内

の体内時計である視交叉上核が統御しているのである。そしてこの視交叉上核に外界の光の情報が影響を与えている。

　しかし，最近，食事のタイミングが末梢の時計機構に影響を与えることが分かってきた。古くから動物の摂食のタイミングを制限することが動物の概日リズムに影響を与えることが知られていたが，ヒトを対象とする実験は倫理的な問題などで実施が困難であったが，巧妙な実験によりヒトでの食事の効果が明らかとなってきた（Vetter & Scheer, 2017）。食事のタイミングは生体リズムに影響を及ぼすが，それは言わば「最高位の時計機構（master clock）」である視交叉上核への影響ではなく，内臓に存在する末梢の時計機構への影響である。このため，遅い時間に食事をとることで末梢の時計機構の刻むリズムが遅れ，体内の他の生体リズムと乖離が生じることになる。通常の状態では体内の複数のリズム（睡眠 - 覚醒リズム，体温のリズム，内分泌系のリズムなど）は，お互いに一定の位相関係を保っているが，様々な理由でこの位相関係から外れることがある。このことを内的脱同調（internal desynchronization）と呼ぶ。分かりやすく言えば，時差ボケのような状態である。この状態は気分障害などの精神障害，種々の癌などの身体障害の発症リスクとされている。食事をとる前の絶食の時間が長いほど，その食事が生体リズムに与える影響が強いとされている。夕食から朝食までの時間が，他の食事間の間隔と比較して長いため，朝食のタイミングが最も重要と言われている。しかし，例えば，帰宅が遅れて夕食が午後 11 時になった場合，夕食前の絶食期間は約 10 時間となり，夕飯から朝食までの時間と同等となることが考えられ，朝食のみに気を配れば良いということではない。

　我々は未就学児（1 歳から 6 歳）のいる全国 1,000 世帯を対象として幼児の睡眠や食事の習慣と日中の心身状態についてインターネット調査を行った（Fukuda et al., 2019）。幼児の睡眠と食事の時刻に関する変数を用いてクラスター分析を行い，5 つの群に分類した。第 1 群は，起床時刻，就床時刻，朝食，夕食の全てで時刻が極端に遅く，第 2 群はそれに準ずるタイプ，第 3 群はそれらの時刻が第 2 群よりも早かった。第 4 群は，睡眠と食事のいずれでも時刻が早く，言わば，早寝早起き朝ごはんという「理想的」な生活習慣であった。第 5 群は，平日の時刻に関しては，第 4 群と非常に類似しており，平日の生活のパターンに関して言えば「理想的」と言える。第 4 群と第 5 群の違いは，週末の「起床時刻」と「朝食の時刻」である。第 5 群は，週末の起床時刻と朝食の時刻が後退しており，これは，平日の睡眠不足を補うために週末の朝寝坊を（積極的に）

健康

行っているものと考えられる。

　では，これらの幼児の心身の状態はどうなっているだろうか。心身の状態としては，体調の悪さ，朝の機嫌の悪さ，風邪のひきやすさ，新奇性恐怖，注意欠陥傾向などである。最も症状が悪かったのは，第 1 群の「極端な夜更かし朝寝坊」群であり，最も症状が良かったのは，第 4 群の「早寝早起き」群であった。平日 5 日間について第 4 群と類似していた第 5 群は多くの心身症状において，2 番目か 3 番目に悪かった。週末のたった 2 日間，朝寝坊やブランチを行っただけで，体調が悪化したと考えられる。この結果をどのように解釈すればよいだろうか。

　この結果は，最近，導入された概念である「ソーシャルジェットラグ」によって説明できるだろう。ソーシャルジェットラグとは平日と週末の睡眠－覚醒習慣が大きくずれている場合に，週末に時差地域に旅行して時差ボケ症状になるのと同様な現象が起きているという考え方である。特に週末に 2 時間以上の位相の後退がある場合に時差ボケ様の症状が顕著となる。第 5 群は，平日には第 4 群と同様に早寝早起きの生活ができているので，睡眠を週末に「確保」しようとして恐らく積極的に朝寝坊を行っていると推測できる。こうした生活習慣をとっている人は老若男女問わず珍しくはない。こうした行動の背景には，睡眠の背景にある生体リズムについての認識が薄く，睡眠を量的に多くとることが健康などに重要だという考えがあるものと思われる。しかしながら，このようにデータから見ると，睡眠を量的に確保しようとするあまり，結果として生体リズムの乱れを生み出してしまい，むしろ不健康な状態を招いてしまっている。また，週末は朝食と昼食の兼用食であるブランチをとる家庭も少なくないと思うが，極端な朝食時刻の後退は，体内の複数のリズムの乖離を招くということも知っておくべきである。睡眠と健康との関係を考える場合，生体リズムの知識が重要であることを強調しておきたい。

☪ 運動と睡眠

　運動をすると睡眠が深くなるというのは，一般的に広く信じられていることではないだろうか。しかしながら，運動と睡眠の関係はそれほど単純ではない。深部体温は約 1 日のリズムを示し，夜間には低下する。基本的に睡眠は体温が低下している時間帯に起きる現象である。夏の暑い時期には体温を下げるのが困難となるので，夏に眠りにくくなる。運動を行うと体温が上昇する。体温が上昇すると睡眠が生じにくくなる。つまり，寝る時刻の前に運動を行って体温を上げる

ことで睡眠は起こりにくくなる。入浴でも体温は上昇するので，眠る時間の直前に入浴することは入眠を困難にする原因となる。このように，運動は体温上昇という点ではむしろ睡眠の妨害要因である。ただし，軽い運動や熱すぎない（39℃以下）入浴を眠る時刻の1時間以上前に行うことは，一時的に体温を上昇させるものの，末梢の血行を盛んにさせ，熱放散を促し，体温の低下を招きスムーズな入眠を促すとされている。このように，運動は，その内容とタイミングで睡眠を妨害したり促進したりするのである。

☾ 光・情報通信機器と睡眠

先に述べたように眼から入る光の情報は，我々の生体リズムや睡眠にとって非常に顕著な影響を与えている。PCのディスプレイやスマートフォンから放射される光，特にブルーライトによって生体リズムが影響を受けて，夜更かしの原因となっているのではないかという議論があるが，実際に計測してみると，これらの光の量はそれほど多いとは言えない。ディスプレイやスマートフォンの光の影響が全くないとは言わないが，むしろその影響は情報通信機器で行われる情報のやり取りによる影響が強いのではないかと考えられる。一方で，日本の住宅の照明は欧米と比較して，極端に明るく，また白い。欧米の住宅照明は日本と比較して非常に暗く，また，オレンジ色の白熱灯に似た色の照明が使われている。白い照明には，生体リズムに対する影響の強いブルーライトの成分が含まれているため，明るくて白い夜の住宅照明は生体リズムを後退させる。我々は白く明るい照明を使っている住宅の照明を暗くオレンジ色の照明に変えるというフィールド実験を行ったが，1週間で約1時間，早寝・早起きへと生活習慣が変化した（Fukuda et al., 2021）。また，2018年9月6日未明に北海道の札幌近郊を震源地とする北海道胆振東地震が起き，北海道全域で停電が生じた。我々は，地震の被害は皆無だが，停電が生じた北海道東端に位置する浜中町の中学生の停電の夜と翌朝の睡眠についてのデータを入手する機会を得たが，この夜の就床時刻は通常よりも1時間半早く，睡眠時間も1時間半長い約9時間半であった（Fukuda et al., 2020）。この9時間半という睡眠時間は，米国睡眠財団が提唱する，この年齢の理想的な睡眠時間に一致していた。このようなことからも，日本の夜の住宅照明については，見直すことを真剣に考えるべきではないだろうか。

（福田）

関　連　第2章6節　概日リズム問題の心理学的支援
第3章8節　睡眠公衆衛生活動

6節 睡眠衛生教育

　睡眠衛生教育は，不眠の改善または睡眠をより良くすることを目指して，推奨される行動や環境について情報提供を行う支援である。本節では，睡眠に影響を及ぼすとされる行動や環境における日本の現状やその現状に対する取り組みを概観し，睡眠衛生教育の課題と展望について論じる。

☾ 睡眠衛生教育とは

　睡眠衛生は Hauri（1992）によって不眠の改善目指して提唱された概念であり，睡眠衛生として「良いとされる」または「避けるべき」といった睡眠にとって適応的な行動と環境が9つ提案されている（表3-6-1）。これら9つの項目以外にも様々な適応的な行動と環境が提案されており，例えばストレスマネジメントや静かな寝室作りなどが挙げられている（Irish et al., 2015）。また，睡眠衛生は，不眠を抱える者が適応的な行動と環境を保つことを目的として，睡眠にとって良い影響あるいは悪い影響を及ぼす行動と環境に関する情報を提供する支援を意味することもある。この支援は睡眠衛生教育とも呼ばれる。元来，睡眠衛生教育は不眠に対する支援として単体で実施されてきた。しかしながら，現在は，不眠に対する認知行動療法を構成する1つの方略として位置づけられていることが多い。

表3-6-1　不眠改善の観点から推奨される行動と環境

1.　寝床で過ごす時間を短くする
2.　無理に寝ようとしない
3.　寝室に時計を置かない
4.　運動は夕方までにする
5.　コーヒー，アルコール，ニコチンの摂取を避ける
6.　就寝時刻を規則正しくする
7.　寝る前に軽いおやつを食べる
8.　自分に合った昼寝を模索する
9.　処方された睡眠薬を自己中断しない

Hauri（1992）を引用の上筆者訳。

☾ 日本での睡眠衛生の現状

　日本では，国・自治体・関係機関・国民が一体となって国民の健康増進に係る運動として，21世紀における国民健康づくり運動（健康日本21（第一次）；2000－2010年）と健康日本21（第二次）（2013－2023年）が策定・実行されている（厚生労働省，2011）。健康日本21では，10年間にわたる運動の結果について，健康に関する項目に設けられた目標値と照らし合わせながら評価される。

　睡眠衛生に関する項目は，健康日本21（第一次）の「睡眠の確保のために睡眠補助品（睡眠薬・精神安定剤）やアルコールを使うことのある人の減少」（目標値：睡眠補助品等を使用する人の割合を14.1％から13％以下にする）が挙げられる。健康日本21（第一次）の結果，「睡眠の確保のために睡眠補助品（睡眠薬・精神安定剤）やアルコールを使うことのある人の減少」は，悪くなっているという評価（睡眠補助品等を使用する人の割合が19.5％）であった（厚生労働省，2011）。この報告では睡眠薬・精神安定剤の使用とアルコールの摂取を区別することができないが，日本では睡眠衛生の問題として寝酒（眠るために，就寝前に飲酒する）が懸念されると考えられる。

　また，健康日本21の一環として，2003年に「健康づくりのための睡眠指針〜快適な睡眠のための7箇条〜」（厚生労働省，2003），2014年に「健康づくりのための睡眠指針2014〜睡眠12箇条〜」（睡眠指針2014）（厚生労働省，2014）（表3-6-2）が策定されている。

表3-6-2　健康づくりのための睡眠指針2014 〜睡眠12箇条〜

1.	良い睡眠で，からだもこころも健康に
2.	適度な運動，しっかり朝食，ねむりとめざめのメリハリを
3.	良い睡眠は，生活習慣病予防につながります
4.	睡眠による休養感は，こころの健康に重要です
5.	年齢や季節に応じて，ひるまの眠気で困らない程度の睡眠を
6.	良い睡眠のためには，環境づくりも重要です
7.	若年世代は夜更かし避けて，体内時計のリズムを保つ
8.	勤労世代の疲労回復・能率アップに，毎日十分な睡眠を
9.	熟年世代は朝晩メリハリ，ひるまに適度な運動で良い睡眠
10.	眠くなってから寝床に入り，起きる時刻は遅らせない
11.	いつもと違う睡眠には，要注意
12.	眠れない，その苦しみをかかえずに，専門家に相談を

厚生労働省（2014）より引用。

　睡眠指針 2014 では，睡眠が心身の健康や日常生活の快適さにとって重要であ
ることと，良い睡眠を確保するために必要なヒントが挙げられている。また，条
文のそれぞれには，関連する下位項目が設定されている。例えば，「2．適度な
運動，しっかり朝食，ねむりとめざめのメリハリを」には，下位項目として「定
期的な運動や規則正しい食生活は良い睡眠をもたらす」，「朝食はからだとこころ
のめざめに重要」，「睡眠薬代わりの寝酒は睡眠を悪くする」，「就寝前の喫煙やカ
フェイン摂取を避ける」が含まれている。そして，下位項目それぞれには，科学
的根拠も明示されている。例えば，日本で懸念されている「睡眠薬代わりの寝酒
は睡眠を悪くする」では，寝酒による心身と睡眠への悪影響や寝酒の依存性につ
いて解説されている。これらのことから，睡眠指針 2014 は，睡眠衛生教育に
とって有用な参考資料になりうると考えられる。

☾ 睡眠衛生教育の課題と展望

　睡眠衛生教育は，睡眠に影響を与えうる行動や環境といった要因がリスト化さ
れた睡眠衛生を教示することで不眠の改善を図る方略である。しかしながら，睡
眠衛生教育は，不眠に対する改善効果について課題があると指摘されている
（Morgenthaler et al., 2006）。その理由として，①「睡眠衛生が悪い状態」は多様
な状態であること，②睡眠衛生教育は不眠を抱える者に適していない可能性があ
ることが挙げられる。

　睡眠衛生をカテゴリ別に評価する必要性　睡眠衛生教育は，不眠を抱える者に
おける「睡眠衛生が悪い状態」を標的としている。しかしながら，睡眠衛生の内
容は多岐にわたっていることから，「睡眠衛生が悪い状態」は多様であると考え
られる。例えば，「睡眠衛生が悪い状態」にある者の中には，「Hauri（1992）の
項目全てで睡眠衛生が悪い状態」の者もいれば，「Hauri（1992）の"コーヒー，
アルコール，ニコチンの摂取を避ける"という項目のみで睡眠衛生が悪い状態」
の者もいる。このように「睡眠衛生が悪い状態」は，多様であると考えられる。
このことから，有効性をもって睡眠衛生教育を実施するためには，睡眠衛生をい
くつかのカテゴリから構成される概念として捉える必要があると指摘されている
（Yang et al., 2010）。こうした指摘を背景に，日本では睡眠衛生をカテゴリ別に
評価する質問紙として Sleep Hygiene Practice Scale（Yang et al., 2010）日本語
版（SHPS）（Hara et al., 2021）が開発されている。SHPS は，睡眠衛生を 4 つ
のドメイン（睡眠スケジュールとタイミング，覚醒関連行動，食事・飲酒行動，
睡眠環境）にカテゴリ化している（表 3-6-3）。SHPS では，合計得点を評価す

表 3-6-3　Sleep Hygiene Practice Scale 日本語版の項目例

ドメイン	項目例
睡眠スケジュールとタイミング	朝，目が覚めても寝床で横になったままでいる 週末（休日）は遅くまで寝ている
覚醒関連行動	テレビや音楽をつけっぱなしで寝る 寝る前の 2 時間に，激しい運動をしている
食事・飲酒行動	寝る前の 2 時間に，アルコール（酒類）を飲んでいる 寝る前の 1 時間に，食べ物を食べ過ぎてしまう
睡眠環境	寝室の換気が悪い 寝室に，睡眠とは関係のないものがたくさんある

Yang et al.（2010）を基に Hara et al.（2021）が日本語版を作成。
Hara et al.（2021）より引用の上一部抜粋。

るのではなく，ドメインそれぞれの合計得点を算出してドメイン別に睡眠衛生を評価する。SHPS を用いて睡眠衛生を評価することができれば，「睡眠衛生が悪い状態」の中でも「どのドメインで睡眠衛生が悪い状態なのか」について明確に査定することができると考えられる。今後は，「睡眠衛生が悪い状態」のカテゴリ別評価に基づいた睡眠衛生教育が，不眠を効果的に改善させるか検討する必要がある。

　睡眠衛生教育をどういった集団に適用するか？　先述の通り，睡眠衛生教育は不眠を対象として提案された支援である。しかしながら，不眠を抱える者における睡眠衛生の状態と不眠の重症度の関連性からは，睡眠衛生教育が不眠に対する支援として適しているとは必ずしも言えない。SHPS 日本語版の信頼性と妥当性を検討した Hara et al.（2021）では，不眠を抱える者における睡眠衛生の状態と不眠の重症度の関連について興味深いデータが示されている。この研究において，健常群では全てのドメインと不眠の重症度との関連が示されたが，不眠群では「食事・飲酒行動」ならびに「睡眠環境」と不眠の重症度との関連が示されなかった。さらに，健常群における「食事・飲酒行動」ならびに「睡眠環境」と不眠の重症度との関連は，不眠群における関連よりも強いと統計的に示されている。また，近年の研究では，大学生を対象としたオンラインでの睡眠衛生教育が，睡眠の質や抑うつの程度を改善させたと報告されている（Hershner & O'Brien, 2018）。これらのことから，睡眠衛生教育のカテゴリによっては，不眠を抱えている者が不眠を改善するために実施されるよりも，睡眠に問題がない者が不眠を予防するあるいはより良い睡眠を確保するために実施される方が有用であると考えられる。

（原・山本）

　関　連　　第 3 章 7 節　睡眠健康教育の実際
　　　　　　第 3 章 8 節　睡眠公衆衛生活動

7節 睡眠健康教育の実際

　近年の様々な研究から子どもの心身の健康や健やかな発達にとって睡眠が重要な役割を果たしていることが明らかになった一方，日本の子どもたちの睡眠健康は決して良いものとは言えない現状がある。本節では，児童の睡眠健康の保持増進を目指した心理教育的アプローチの現状を概観し，その課題と展望について論じる。

☾ 睡眠健康教育の重要性について高まる関心と教育機会の少なさ

　全国の小学生を対象とした大規模調査（村田他，2014）では，平均睡眠時間が1年生では9時間26分であり，学年が上がるとともに睡眠時間は短縮し，6年生では8時間29分と米国睡眠財団，米国睡眠医学会の提唱する児童期の推奨睡眠時間（9-11時間）の下限を下回っていたことが報告されている。また，筆者らの小学生を対象とした調査（山本他，2016）では，学年が上がるにつれて就床時刻が遅延し，特に女子児童において平日よりも休日の就寝時刻が遅延する者の割合が増加することが認められている。中学生を対象とした研究（田村他，2019）。では，平日と休日の起床時刻の乖離が2時間以上ある生徒の割合は38.4％であったと報告されている。さらに，中高生を対象とした全国調査の報告（Morioka et al., 2013）では，不眠症状の有症率は21.5％であり，これは同項目を用いた成人対象の調査（Kim et al., 2000）と同等（21.5％）であったことが報告されている。これらの調査研究から，児童期から思春期にかけて睡眠健康の様々な側面に問題が生じやすく，これらの問題は子どもに広く認められる小児保健上の重要な課題であると考えられる。このことから，子どもや保護者に睡眠に関する基本的な知識や望ましい睡眠を促進・妨害する因子に関する知識，望ましい行動変容を促し支えるための睡眠健康教育の機会を設けることが重要であると考えられている。

　しかしながら，現在の教育現場で睡眠健康教育の機会はほとんどない。小学校学習指導要領（平成 29 年告示）解説体育編（文部科学省，2017）によると，3年生から開始される保健の内容として「(1) 健康な生活について，課題を見付け，その解決を目指した活動を通して，次の事項を身に付けることができるよう指導する。」という中項目を挙げ，この下位項目として「(イ) 毎日を健康に過ごすには，運動，食事，休養及び睡眠の調和のとれた生活を続けること，また，体の清潔を保つことなどが必要であること。」を設定している。ただし，この中項目の内容は 3 年生で取り扱うこと，さらに授業時間は 3・4 年次に 8 単位時間程度とするとされている。このことから，子どもたちが睡眠それ自体や睡眠衛生について学ぶことはほとんどないと言える。また，体育科（保健）は，子どもたちの健康課題の改善のために行われることが目的ではなく，「健康を保持増進する資質・能力を育成する」ことが目的である。そのため，現状の学校保健の場では，学校保健計画の中での学校保健委員会の機会や教科課程外の特別活動，総合的な学習の時間などの機会が利用され，睡眠健康教育が行われていることが現状であり教育機会は非常に少ない。

☽ 睡眠健康教育とその効果の現状

　これまで国内外で睡眠健康教育プログラムが開発され，その効果研究が複数報告されている。10 歳から 19 歳の児童生徒を対象とし，睡眠時間がアウトカムとして含まれていた睡眠健康教育に関するメタ分析の結果では，介入群は対照群と比較して総睡眠時間の延長と介入後の気分改善が認められたものの，介入効果は維持されなかったことが報告されている（Chung et al., 2017）。また，研究間で介入期間や教育内容，教育方法や睡眠のどのような側面の改善を狙うかがかなり異なっており，プログラムのどのような特徴が子どもたちの睡眠健康のどのような側面に寄与するのかを精査する必要がある。

　睡眠健康教育プログラムは，睡眠に関する知識を提供するプログラムと認知行動的変数に戦略的に働きかけ睡眠にとって望ましい行動変容を促すことに重点を置いたプログラムに大別される（Cassoff et al., 2013）。

　前者の知識提供型プログラムは，セッション数が少なく単回であることが多く，機会を利用した実践が行いやすいという利点がある。しかし，多くの知識提供型プログラムでは睡眠に関する知識の向上は認められる一方，当該時点における睡眠問題や睡眠習慣の改善にはつながらないことが指摘されている（Blunden, 2017; Blunden et al., 2012）。このような知識の向上と健康行動やアウトカムの改

健康

善に乖離があることは，Knowedge-To-Action Gap（KTP ギャップ）と呼ばれている（Gruber, 2017）。知識を有していることは必ずしも行動変容の十分条件にはならないことは多くの健康行動と同様である。知識教育型の睡眠健康教育が睡眠改善に機能するためには，知識の適切性が確認でき，適用性を高め，行動の受容性と継続を支えるシステムの構築が必要であると考えられる（Gruber, 2017; 山本・原，2015）。途切れのない教育機会の設定や行動や睡眠の評価機会の設定，専門家による機会の利用だけでなく身近なプロバイダ（例えば，養護教諭や学級担任）による継続的な睡眠健康教育などを検討する必要がある。しかしながら，養護教諭を対象とした調査では，睡眠教育の必要性を高く考えている者が多いものの，睡眠に関する信頼性のおける情報源が不足している可能性が指摘されている（浅岡・福田，2017）。子どもの睡眠改善を目的として知識提供型のプログラムで効果を期待する場合には，並行した自発的な行動の生起と維持を支えるシステムの構築が重要であろう。

　後者の行動変容型プログラムでは，知識教育よりも睡眠にとって望ましい行動（例えば離床時刻を一貫させる）を設定し，行動変容を目指す介入を行うことに重点を置いている。このような介入は多くの場合，前提としてセッションが複数にわたり，一定の行動変容モデルに基づき学校と睡眠教育のプロバイダ（多くの場合学校外の専門家）が密接に計画して行われることが多い。例えば，Cain et al.(2011) は，高校生を対象に動機づけ面接の発想を取り入れた 4 週間 4 セッション（1 セッション 50 分）の睡眠教育の効果を報告している。この結果，離床時刻を一貫化させる動機や総睡眠時間を延長させようとする動機が向上し，各種睡眠変数や日中の機能の向上が認められたことが報告されている。しかしながら，複数セッションの介入プログラムを日本の学校現場では導入することは，上述の通り難しいと考えられる。そのような中，田村他（2016）は中学生を対象に 1 回 50 分の単回の行動変容重視型プログラムを開発し，その効果検証を行っている。このプログラムでは，25 分間の睡眠に関する知識教育を行い，後半の25 分で睡眠促進行動のチェックリストを用いて「（現在できていないが）頑張ればできそう」な行動を行動目標として設定し，2 週間のセルフモニタリングと目標行動の各自の実践を促している。その結果，睡眠知識の向上や睡眠促進行動の増加のみならず，就寝時刻の前進，入眠潜時の短縮，総睡眠時間の延長が認められたことが報告されている。知識よりも行動変容を意識したプログラムには一定の睡眠健康向上効果が認められるが，介入の持続効果については検討の余地があ

る。Cain et al.(2016) の研究では，介入効果の効果量は小さくフォローアップ
での効果持続も認められなかったことが報告されている。田村他（2016）の研
究ではフォローアップデータは報告されていない。今後は，行動変容型プログラ
ムのフォローアップ効果と効果の持続に関連する要因の検討が望まれる。

☽ 睡眠健康教育の展望

　前述のとおり，睡眠健康教育が真に子どもたちの睡眠健康を増進し，その効果
を持続するためには教育内容や教授法の工夫はもとより，教育を機能させるシス
テムの構築が重要である。

　学校で睡眠健康教育が企画・実施される場合には学校保健計画が単年度での策
定実施のため単回のイベントで終わりやすいという課題がある。そのため単回の
イベントを機能させるためには，教科教育や特別活動その他の活動と関連付けさ
せていくことが肝要であると考えられる（山本・原，2015）。またシステムの構
築は，学校内に限定されるものではなく，地域や社会の睡眠教育のためのシステ
ム作りも重要である。例えば，アメリカでは睡眠健康教育や睡眠公衆衛生の整備
を目的とした公益法人による積極的な活動が行われている。Sweet Dreamzzz
Inc. という公益法人は，ヘッド・スタート・プログラム（アメリカ連邦政府によ
る低所得家庭の幼児や障害のある子どもを対象とした多面的な修学援助プログラ
ム）の対象である幼児の睡眠健康を支えるため，子ども本人，子どもとその保護
者，子どもに関わる教育者に対する睡眠健康教育プログラムの提供や実施者養成
などを行っている。なお, 現在 Sweet Dreamzzz Inc. は Pajama Program（https://
pajamaprogram.org/）に参加し，教育・養成プログラムを提供している。こうし
た取り組みは，身近なプロバイダによる継続的な睡眠教育の提供やシステム整備
のきっかけになると考えられる。今後は，様々な国々で学会や機関がこのような
取り組みの充実に加え，睡眠健康教育マテリアルの提供やプロバイダ養成の機
会，システム作りのためのコンサルテーション機会を提供できるようになること
が期待される。

（山本・原）

関　連　　第 3 章 6 節　睡眠衛生教育
　　　　　第 3 章 8 節　睡眠公衆衛生活動

8節 睡眠公衆衛生活動

　睡眠習慣は心身の健康と密接に関連していることから，睡眠健康の増進は公衆衛生上の重要な課題である。本節では，子どもと勤労者の睡眠健康の増進ための施策や制度，具体的な対策や工夫といった睡眠公衆衛生活動を紹介する。

☾ 子どもの睡眠問題と睡眠公衆衛生活動

　日本の子どもたちの睡眠健康の課題として，児童期から思春期にかけての著しい夜型化と睡眠不足，ソーシャルジェットラグの増加が問題となっている（第4章3節参照）。こうした現状を受け，子どもの生活習慣作りを社会全体の問題として「早寝早起き朝ごはん」全国協議会が2006年に発足し，文部科学省は当該協議会と連携しながら「早寝早起き朝ごはん」国民運動を推進している（早寝早起き朝ごはん全国協議会，N. D.）。文部科学省（N. D.）は，子どもの生活習慣に関する調査や啓発資料の開発と公開，運動を推進する活動の表彰などを行っている。また協議会は，全国フォーラムの実施や教材配布や指導者研修などを行っている。

　また，社会啓発と意識の涵養を通じたアプローチだけではなく，望ましい睡眠習慣を形成するための環境づくりも行われている。例えば，国・自治体により運動部活動の運用の指針策定がその1つである。長野県教育委員会（2019）は，始業前の部活動が睡眠相が後退する時期の子どもたちにとって"早すぎる"起床時刻を要求し，睡眠不足や結果としての睡眠−覚醒リズムの乱れにつながることから「朝の運動部活動は原則として行わない」という指針を策定している。またスポーツ庁（2018）は，「運動，食事，休養及び睡眠のバランスの取れた生活を送ることができるよう」週当たり2日以上の休養日の設定，オフシーズンの設定，1日の活動時間をできるだけ短時間にすることなどについて指針を作成している。

　海外では，環境づくりの具体的なシステム介入方略として"学校始業時刻遅延（Start School Later: SSL）"に関する研究が行われている。SSLとは，学校単位

で学校の始業時刻を遅らせることで，子どもの起床時刻を後退させ，十分な睡眠時間の確保を目指したものである。アメリカや中国，イスラエル，ノルウェーなどで SSL の効果に関する研究が行われている。Minges & Redeker（2016）は，SSL の効果に関する系統的レビューを行い，始業時刻を遅延化させた（25−60分）ことに伴い，平日の夜間睡眠時間が延長し，日中の眠気や授業への遅刻などが改善したことを報告している。SSL は，子どもたちの生体リズムの位相後退を小さくする取り組みではなく，位相後退に社会・学校を合わせていくことで問題を少なくしようという取り組みであり関心を集めている。しかし，国や地域によっては，様々な法律や規則との整合性をとることが難しく導入自体が困難であることや，単に始業時刻を遅らせるだけでは効果が得られない可能性が指摘されている。例えば，Yamamoto（2016）は，日本に SSL を導入することに関して，始業時刻の設定には，教員の勤務時間に関する各自治体や学校の就業規則との整合性をとることの困難さや，教育内容に変化がない場合，単に終業時刻も遅延し，これに合わせて就寝時刻が遅延する可能性があり子どもたちの睡眠不足の解消にならない可能性を指摘している。また，イギリスでの SSL に関する無作為化比較試験（Illingworth et al., 2019）では，100 校を対象に研究参加募集をしたところ 2 校しか参加承諾が得られなかったことが報告されている。この理由として，始業時刻遅延に関しての利害関係者の同意が困難であったり，時間を要することや，通学のための交通機関の時刻表との関係から導入が困難であったことなどが報告されている。今後はこうしたシステム介入を機能させるためには，関連する様々な法規や社会環境の整備にも働きかけることが必要であろう。

☾ 勤労者の睡眠問題と睡眠公衆衛生活動

　勤労者の睡眠習慣と生産性は密接に関連するとともに，仕事の質的・量的負担や仕事内容，勤務形態も勤労者の睡眠・健康問題に密接に関連することから，産業衛生において様々な睡眠問題対策が行われている。以下では，勤務間インターバル制度と夜勤・交代勤務における睡眠問題の現状と対策について論じる。

　勤務間インターバル制度　勤務間インターバル制度とは，2018 年の「働き方改革を推進するための関係法律の整備に関する法律」の成立と労働時間等設定改善法の改正に伴い，企業に対して努力目標として規定された「前日の終業時刻と翌日の始業時刻との間に一定時間の休息を確保すること」に基づく制度である。例えば，勤務間インターバルを 11 時間に設定した場合，21:00 に終業した際には 8:00 が翌日の始業時刻となり，23:00 に終業では翌日は 10:00 に始業すると

健康

いった形となる。本制度は，長時間労働を防止し，勤労者の休息や睡眠時間を確保し，健康と生産性の維持・向上を目的として行われており，厚生労働省では制度を導入した事業主に対して一定の助成金を支給する制度を整備している（厚生労働省，2021a）。しかし，本制度の導入が効果の程度やインターバル間隔をどの程度とすることが望ましいかについての実証研究は少ない（久保，2019）。縦断研究では，勤務間インターバル時間の変化と睡眠の質には関連が認められたものの，睡眠負債度やソーシャルジェットラグには関連が認められなかったことが報告されている（Ikeda et al., 2022）。社会生活基本調査を分析した研究では，インターバル時間のみならず勤務開始時刻も健康指標に関連していたことが報告されており（永井，2019），本制度と生体リズムの関連などさらなる検討が望まれる。

交代勤務者・夜勤者の睡眠問題と対策　厚生労働省が行った令和 2 年労働安全衛生調査（厚生労働省，2021b）によれば，2020 年において交代勤務に就く労働者の割合は 22 %，深夜業務に従事する労働者の割合は 17 % となっている。交代勤務／夜勤はその労働形態によって睡眠習慣が乱れやすく睡眠問題も生じがちである。例えば Drake et al.(2004) は，不眠を訴える割合が全日勤者で 8.6 % であったのに対して交代勤務者では 15.7 %，夜勤者では 18.5 % であったこと，交代勤務者と夜勤者においてエプワース眠気尺度における 13 点を基準とした際の強い眠気を訴える割合はそれぞれ 15.7 % と 18.5 % であったことを報告している。

交代勤務者・夜勤者における睡眠問題の発生には，中枢の生体リズムと社会（生活）のリズムの同調関係が崩れる脱同調が背景として挙げられる（第 2 章 6 節参照）。昼行性動物であるヒトは日中に覚醒水準が高まるように体内を調整する約 24 時間の生体リズムを有しており，この中枢によって刻まれるリズムは（相当厳密な光のコントロールがない限り）夜勤が連続しても昼夜逆転することはない（例えば，van Loon, 1963）。そのため，夜勤時には深部体温が低く覚醒水準も低いタイミングで就労するため勤務中の眠気が強くなる一方，夜勤前後の睡眠は，深部体温が高く覚醒水準の高いタイミングにとることになるために，入眠困難や睡眠維持困難が生じやすい。

このような夜勤や交代勤務従事に伴い生じる睡眠障害は交代勤務障害と呼ばれ，交代勤務者のうち 26.5 % が該当すると推定されている（Pallesen et al., 2021）。この交代勤務障害に該当する勤労者では，単に不眠や過度な眠気が認められるだけではなく，勤務中および通勤中の事故リスクの増大や精神健康の悪化なども認められるため（Asaoka et al., 2013），交代勤務従事者の睡眠問題の発生

予防は，職場の安全管理や労働者の職場適応にとっても重要である。そして，このような睡眠問題は必ずしも深夜の長時間勤務のみに伴って生じるわけではない。例えば Akerstedt（1984）は，日勤，深夜勤，早朝勤からなる交代勤務への従事者を対象として，それぞれのシフト時の睡眠問題を調査しているが，深夜勤時と同様に早朝勤時にも入眠困難が多く生じるとともに，早朝勤時には日勤時と比較して勤務開始時刻が早まる分だけ睡眠時間も短くなることを報告している。これは，早朝勤務に合わせて前夜に早く眠ることの難しさを示しているとも言えるだろう。さらに，交代勤務や夜勤への従事は，胃腸障害（Chang & Peng, 2021），ガン（Liu, et al., 2018; Manouchehri et al., 2021），循環器疾患（Su et al., 2021），脳梗塞（Rivera et al., 2020）などのリスクとなることが疫学研究の系統的レビューで報告されている。ただし，職場により異なる多様な交代勤務スケジュールを定量的に評価する方法が確立していないこと，健康な労働者が交代勤務者に選別される，あるいは疾病に罹患した者が交代勤務から配置転換される，いわゆる Healthy Worker Effect があること，そして交代勤務従事者と日勤者の社会経済的因子による交絡が生じうることから，交代勤務・夜勤と健康問題との間の因果についてはさらなる検討が必要である（久保，2013）。

我々の現代生活は交代勤務・夜勤従事者なしには成り立たなくなっていることも事実である。そのため不必要な夜勤・交代勤務を減らすとともに，健康リスクを少なくするための対策を検討することが重要である。久保（2014）は，各国の夜勤・交代勤務のガイドラインを比較し，夜勤・交代勤務による健康リスクの上昇を抑制するための対策として，①勤務間隔を十分に（11 時間以上）とること，②夜勤を連続させずに早く日勤型の生活パターンに戻すこと，③夜勤→準夜勤→日勤というような勤務開始時刻が早くなっていく逆循環のシフトローテーションではなく，日勤→準夜勤→夜勤のような勤務開始時刻が遅くなっていく正循環のシフトローテーションをとすること，④夜勤中の仮眠を取得できるようにすること，⑤労働者自身による勤務スケジュールへの裁量をもたせること，⑥休日の長さや配置等に配慮すること，⑦食事のタイミングに配慮することを挙げている。

交代勤務は健康リスクもあるが変形労働の利点（平日の休暇や割増賃金など）から勤労者自らが希望をしている場合も少なくない。今後は，健康リスク低減の取り組みに加え，勤労者の生活の質などを多面的に考慮した対策の構築や具体的な取り組みの在り方を検討していくことが必要とされるだろう。

（山本・原・浅岡）

関　連　第 4 章 3 節　児童期・思春期の睡眠習慣と睡眠問題
　　　　第 4 章 5 節　成人の睡眠習慣と睡眠問題

第 4 章

発 達 心 理 学 と 睡 眠

発達心理学における睡眠研究の可能性

　発達心理学の教科書の中で睡眠について扱われるのは，胎児期から乳児期にかけての behavioral states や睡眠 – 覚醒リズムの発達的変化くらいではないかと思われる。たしかに睡眠 – 覚醒リズムの顕著な変化は発達の初期に顕著だが，それ以降，発達と無関係というわけではない。また，睡眠という現象はどちらかと言えば生理学的な現象であり，心理学とはあまり関係が無いように思われる方もいるかもしれないが，睡眠の状態は，心理学的な変数と密接に関連している。

　この章では発達段階にしたがって，睡眠覚醒のパターンがどのように変化していくかを概観するとともに，その発達期に特有の睡眠関連の問題やそれと関連する心理学的事象について概説を行う。乳児期にはこの時期に生じる睡眠 – 覚醒の概日リズムの顕著化という発達過程上の変化と，Co-sleeping（添い寝）という文化的・地域的な習慣についての議論について紹介する（1 節）。次に幼児期においては昼寝の消失が最も大きな睡眠に関しての変化だが，幼児における昼寝の意味・問題について記述する（2 節）。児童期・思春期においては，睡眠の位相が後退し（夜更かしとなり）睡眠時間の短縮が進み，睡眠 – 覚醒リズムの乱れが顕著化するが，そのことが心身の健康や学業成績に及ぼす影響について 3 節で紹介している。続く 4 節では，一生のうち最も睡眠が乱れると考えられる大学生の睡眠とそれが及ぼす問題について概観している。大学生の心身の健康や不適応についてだけではなく，卒業後の不適応にまで影響していることを説明している。思春期の問題は複数の心理学的変数の関連だけで検討することが多いように思うが，生活スタイルの指導を通して心理学的問題を軽減できることが示されている。また，5 節では，成人期以降の睡眠の変化と問題を明らかにしており，人生上で体験する様々な出来事に伴う睡眠の変化や年齢に伴う睡眠の問題を明らかにしており，発達課題を別の視点から見直すことにもなるのではないか。最後の 6 節では，高齢者における睡眠の問題と認知症のリスクとの関連について論じている。

　日本は世界中で睡眠時間が最も短いことで知られているが，これが，発達段階を通して様々な問題の背景となっている。これまで，発達上の問題と考えられている問題の背景に睡眠の問題が存在していることをヒントとして新しい心理学的研究につながることを期待したい。

（福田・浅岡）

乳児期の睡眠習慣と睡眠問題

 乳児期には睡眠のパターンが大きく変化する。本節ではこの時期に生じる睡眠 - 覚醒リズムの変化と，日本では一般的に行われている添い寝が他の文化圏でどのように評価されているのかについて解説を行う。

☾ 胎児期から乳児期へ

 胎児期の睡眠については主に早産児や動物実験のデータを基に議論されているが，動物のデータをそのままヒトのデータには当てはめられないことなどから，在胎初期については不明であることが多い。在胎初期の状態としては，胎児の四肢の活動や心拍数や眼球運動など様々な生理指標が相互に連関して生起してはいないが，在胎 30 週前後には種々の生理指標が関連して生じ，いわゆる行動的状態（behavioral states: Prechtl, 1974）を確認することができるようになる（André et al., 2010）。その後，40 週にかけて，のちにノンレム睡眠となる Quiet Sleep（静睡眠）とのちにレム睡眠となる Active Sleep（動睡眠）が明確に区別できるようになっていく。

☾ 新生児期の睡眠と概日リズム

 新生児期の眠りには明確な 24 時間周期を認めることはできず 3 から 4 時間ごとに睡眠と覚醒が繰り返される。1 日あたりの睡眠の総量は約 16 時間と約 3 分の 2 は睡眠で費やされている。成人と比較してレム睡眠に相当する動睡眠の割合が大きい。動睡眠では成人のレム睡眠とは異なり体動は完全には抑制されず，トゥイッチ（ピクッという短い筋収縮），渋面，笑顔などの表情変化，発声，四肢の運動やサッキングなどが認められる。上述のようにノンレム睡眠に相当する睡眠を静睡眠と呼ぶが，この時期の睡眠のもう 1 つの特徴は，睡眠がレム睡眠に相当する動睡眠から開始するということである。この睡眠がレム睡眠から開始するという特徴は 24 時間周期の出現に伴って消失する。

　約 24 時間の周期は生後約 7 週を過ぎた頃に出現する（Fukuda & Ishihara, 1997）。この時期は社会的微笑や平滑性の眼球運動などが出現する時期でもある。上述した動睡眠（レム睡眠）からの睡眠の開始が静睡眠（ノンレム睡眠）からの開始に変わっていくのが生後第 7 週であるが，睡眠紡錘波の出現や乳児期の特徴である tracé alternant pattern（交代性脳波）の消失など脳波上の変化もこの時期に起こる。生後 7 週というタイミングは満期産の乳児を対象とした場合の結果である。満期産の乳児のみを対象としている限り，このタイミングが出産を契機としているのか，受胎を契機としているのかの区別はつかない。早産児と満期産児を比較したところ 24 時間の睡眠 - 覚醒概日周期が出現するタイミングは，出産ではなく受胎を契機として決定（受胎後 46 週）していると考えられた（Takaya et al., 2009）。

　図 4-1 は乳児期の睡眠 - 覚醒リズムの発達を表すとして頻繁に引用される Kleitman & Engelmann（1953）の図であるが，彼らはこの事例を「両親が睡眠と授乳を子どもの要求に合わせた」ために起きたフリーランリズム（24 時間からずれた周期でリズムを繰り返すこと）を示した特殊な事例として記載しており，このフリーランの状態は決してこの月齢の乳児の睡眠 - 覚醒リズムの発達についての典型的なものではなく，むしろ例外的な事例である。我々の研究（Fukuda & Ishihara, 1997）でも対象とした 10 例の乳児のうち，フリーランリズム様の状態を示したのは，1 例のみであった。また，Shimada et al.（1999）も，フリーランリズムを示した乳児は全体の 7 ％であるとしている。

　新生児期には睡眠 - 覚醒の概日リズムが不明確だったものが，生後 3 ヵ月に入る前に睡眠 - 覚醒の概日リズムが出現し，睡眠は夜間に集中し昼間の睡眠が減少して，睡眠 - 覚醒概日リズムが顕著となっていく。生後半年から 1 年をかけて夜間に睡眠が集中していくが昼間の睡眠はある程度残存する。1 歳までには，昼寝が午前午後各 1 回ずつにまとまり，その後，午前中の昼寝が 1 歳半くらいまでの間に消失し，午後の昼寝 1 回のみとなる。

　以上，乳児期の睡眠の発達的変化をまとめると以下のようになろう。まず，各種生理機能がお互いに関連を持っていくつかのまとまった状態を形成する。出生直後は概日リズムが顕著ではないが，生後 3 ヵ月までに 24 時間の睡眠 - 覚醒リズムが顕著化する。その後，半年から 1 年をかけて夜間に睡眠が集中していき，1 歳半までに午前中の昼寝が消失し，午後の昼寝が残る。このように，乳児期の睡眠の変化は，24 時間のリズムが顕著となり，夜間に睡眠が集中し日中から睡

発達

眠が減少していく過程であると考えることができる。なお，幼児期の睡眠について
は続く第 4 章 2 節を参照されたい。

☪ 同室での睡眠（添い寝）Co-sleeping

　睡眠の形態は，その子どもが育つ文化などにも影響を受ける。日本では乳幼児
など幼い子どもは両親と寝室をともにしたり，さらに寝床（ベッドや布団）もと
もに（co-sleeping）したりすることは珍しくないが，西洋文化圏では co-sleep-
ing は例外的である。西洋文化圏でも co-sleeping が全くないわけではなく，ア
メリカ合衆国で，アフリカ系，東南アジア系，ヒスパニック系では，co-sleeping
の率は高い。西洋文化圏では古くから寝床をともにすることで，子どもの窒息死
のリスクを高めると信じられ，13 世紀のドイツでは 3 歳以下の子どもを親のベッ
ドに入れることが禁じられていた。20 世紀になってからも，乳児突然死（Sud-
den Infantile Death Syndrome: SIDS）が co-sleeping と関係すると考えられ，ベ
ビーベッドやベビールームで寝かせることが広まった。SIDS の定義は，1 歳以
下の乳児が明らかな原因がないにも関わらず突然死することという，排除的な定
義によるものであり原因は明確ではなく，また，co-sleeping を行っていない場
合でも起きる現象であり，両者の間の関係は明確ではないものの，西洋文化圏で
は co-sleeping の少ない状態が続いている。また，co-sleeping によって子どもの
睡眠や母親の睡眠にどのような影響があるかについて，様々な矛盾する知見が報
告されている。詳しくは第 5 章のコラム「添い寝（Co-sleeping）」を参照してい
ただきたい。

（福田）

関　連　　第 4 章 2 節　幼児期の睡眠習慣と睡眠問題
　　　　　COLUMN　　添い寝（Co-sleeping）

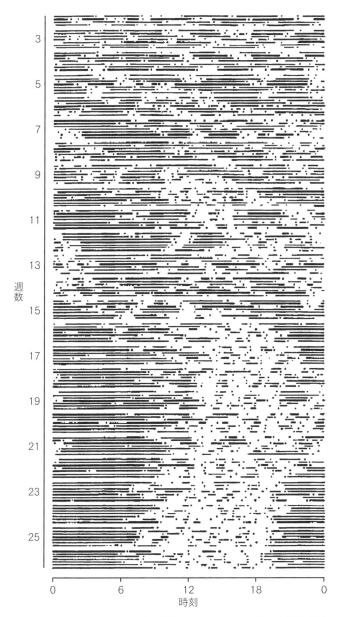

図 4-1　Kleitman & Engelmann（1953）が紹介したフリーランを示す特殊事例
Kleitman & Engelmann（1953）より引用。日本語ラベルを加えた。

2節 幼児期の睡眠習慣と睡眠問題

　乳児期に続き，幼児期にも睡眠習慣は大きく変化するが，その変化の中心は昼間睡眠（昼寝）の減少・消失である。本節では，昼寝に関する発達的変化に加えて保育園で行われる日課としての昼寝の問題についても解説を行う。

☾ 乳児期から幼児期へ

　乳児期の睡眠の発達的変化は 24 時間周期の概日リズムが顕著化し，睡眠が夜間に集中して出現して行く過程であるとまとめることができる（第4章1節参照）。

　その後，いわゆる幼児期においてどのような睡眠の変化が起こるかと言えば，夜間睡眠については，それほど大きな変化はなく，幼児期の睡眠の変化は，日中の睡眠（つまり昼寝）の変化が中心となる。だいたい1歳半くらいまでに午前中の昼寝が消失し，午後の1回の昼寝が残る。2歳台から徐々に，その午後の昼寝も減少していく。

　1歳前後では午前と午後に各1回の昼寝をとるが，2歳までには午前中の昼寝が消失し，午後のみとなる。その後，午後の1回の昼寝をとる幼児の割合も顕著に減少して行き，就学年齢である6歳までにはほとんどの子どもは昼寝をとらないようになる（National Sleep Foundation, 2004 図 4-2）。

☾ 日本の幼児の睡眠時間

　日本人の睡眠時間は子どもも大人も含めて世界で1，2位を争うほど短い。もちろん，短い理由は早起きによるものではなく，夜更かし（つまり睡眠相の後退）を原因としている。乳幼児に関しても例外ではなく，夜 10 時以降に眠る乳幼児の割合が増加していることが指摘されている（日本小児保健協会，2011）。米国睡眠財団（National Sleep Foundation）は，各年齢での標準的な睡眠時間を公表しているが，新生児（0−3ヵ月）で 14−17 時間，4−11 ヵ月児で 12−15

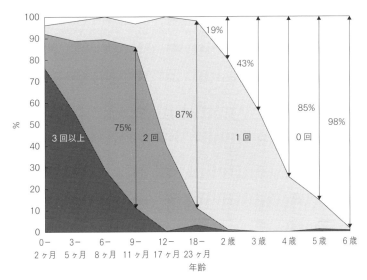

図 4-2　1 日あたりの昼寝の回数の年齢による変化（National Sleep Foundation, 2004）
https://www.thensf.org/wp-content/uploads/2021/03/2004-SIA-Findings.pdf のデータを基に作図

時間，1−2 歳児で 11−14 時間，3−5 歳児で 10−13 時間としている。つまり，
乳幼児の睡眠時間は概ね 1 日の半分か，それ以上が望ましいということになる
（Hirshkowitz et al., 2015）。3 歳児の睡眠時間の比較では，24 時間における合計
睡眠量は，17 ヵ国（New Zealand, Australia, UK, Vietnam, USA, Canada, Thai-
land, Philippines, India, Indonesia, China, Malaysia, Singapore, Hong Kong, Tai-
wan, Korea, Japan）中，日本が最も短かった（Mindel et al., 2013）。ただし，日
本人の睡眠時間の短さは，幼児期のみにとどまらず，児童期，思春期，成人期を
通した特徴である。

◖＊ 保育園の昼寝の日課

　先に述べたように幼児期の睡眠の発達的変化は，昼寝をとる子どもの割合が減
少し，日中の清明な覚醒状態が維持できるようになっていくことであると考える
ことができる。昼寝をとるかとらないかということは夜間睡眠に顕著に影響を及
ぼし，その昼寝が発達に見合った自然に生じたものなのか，保育園の日課などに
よってとらされたのかに関わらず，昼寝をとると夜間睡眠の開始時刻は明確に後
退する。つまり，自然な発達の過程では，幼い乳児の方が夜間睡眠の開始時刻
（就寝時刻）は遅い。昼寝が自然に消失していく幼稚園児の場合，1 歳や 2 歳の

昼寝のある年齢よりも 3 歳以降の昼寝がなくなる年齢の方が，就床時刻はむしろ早くなる（Fukuda et al., 2019）。保育園児と幼稚園児を比較すると保育園児が夜更かしであることは昔から報告されてきたが，就労している母親の生活が夜型化しているためとされてきた。しかしながら実際に母親の就寝時刻と幼児期の子どもの就寝時刻の関係を見てみると有意な相関は認められない（Fukuda & Sakashita, 2002）。保育園児の就床時刻の後退は保育園で行われている日課としての昼寝によるものである（Fukuda & Asaoka, 2004）。保育園児と幼稚園児の就寝時刻の差は 30 分から 1 時間程度にもなる。つまり，発達段階に見合わない不必要な昼寝を課すことによって子どもの夜更かしを助長しているのである。夜更かしにより朝の機嫌の悪さや園への行き渋りなどは顕著に悪化する（Fukuda & Sakashita, 2002）。さらに，小学校入学後は日課としての昼寝はなくなり，直接の影響は無くなり，両者間の就寝時刻の差は縮まるものの，元幼稚園児と元保育園児の間にはわずか（10-15 分）ではあるが，統計的に有意な就寝時刻の差が小学校中学年程度まで続き，高学年では差がなくなるものの，登校拒否傾向など生体リズム位相の後退と関係すると考えられるような傾向は，元保育園児で有意に強い（Fukuda & Asaoka, 2004）。このように，幼児期の昼寝の強制は，幼児の生活習慣そのものに大きな影響を与え，しかも，その影響はかなりの長期間残る可能性がある。幼児の場合，親の就寝時刻と子どもの就寝時刻には関係がないと上述したが，このことは親の生活時刻が子どもの睡眠に無関係だということではない。子どもの夕食や入浴の時刻は子どもの就床時刻と高い相関を示す。子どもが眠ってしまえば，食事や入浴はできないので，食事や入浴が遅くなれば，就寝時刻も遅くなるのは当然と言えば当然である。しかし，父親の帰宅を待って子どもと食事をしたり外食をしたりすることによって食事時刻が遅くなっている家庭もあり，就寝時刻の後退の問題に対して関心の低い家庭には，食事の時刻を前進させる努力を行うように指導することも必要であろう。また，午睡の日課のない幼稚園児の場合には，食事の時刻と就寝時刻の間には密接な関連があり，食事を早くとる子どもは就寝時刻も早く，食事の遅い子どもは就寝時刻も後退しているのだが，昼寝の日課のある保育園児の場合は，このような関係は弱く，食事が早くても寝る時刻は遅い（Fukuda & Sakashita, 2002）。昼寝の影響が強いために，家庭の食事の時刻を早めることによる効果が限定されてしまうのであろう。

　このように幼児期の睡眠習慣はかなり後まで影響を残す可能性があり，自然な発達過程を踏まえた保育が行われることを強く祈念する。　　　　　　　　（福田）

　　関　連　　第 4 章 1 節　乳児期の睡眠習慣と睡眠問題
　　　　　　　COLUMN　幼児の昼寝が学習を促す？

幼児の昼寝が学習を促す？

　2013年に権威ある学術誌であるPNASに幼児の昼寝が学習を促すという論文（Kurdziel et al., 2013）が掲載され，この興味深い論文は世界中の多くのメディアでも取り上げられた（例：USA TODAY, Ritter, 2013）。主研究者である Spencer 率いる研究チームはその後，宣言記憶だけではなく，手続き記憶にも幼児においては昼寝が効果的であること（Desrochers et al., 2016）や，幼児の実行注意にも有効であることを報告している（Cremone et al., 2017）。しかしながら，Kurdziel et al.(2013) の論文をよく読むと，習慣的に昼寝をとっている幼児においては，覚醒させておいた場合よりも昼寝をとらせた後の方が記憶課題の成績が良かったが，習慣的に昼寝をとっていない幼児では課題成績に差が無かったという結果だった。この研究が対象としている3歳から5歳という年齢は，発達的な変化として昼寝が減少して行く時期にあたる。この結果の解釈は簡単ではないが，昼寝をした幼児の成績が上がったのではなく，普段，昼寝をしていた幼児を眠らせなかった場合に，成績が低下したという解釈も可能だろう。また，これらの研究における昼寝条件と覚醒条件では，条件を揃えるためということだろうが，両条件とも部屋を暗くして静かな状態を保ち，幼児をコット（簡易ベッド）やマットの上で過ごさせている。昼寝条件には適した環境だが，暗い所でコットの上で起きているのは，覚醒を維持するために適していたのかについても疑問が残る。これらの研究結果から，（発達を考慮せず）昼寝を付加することが奨励される可能性も考えられるが，発達的に消失した昼寝を付加することが夜型化や日中の状態の悪化を招くことが一方で明らかになっていることを考えると（Fukuda & Asaoka, 2004; Fukuda & Sakashita, 2002），こうした検討は慎重であるべきではないだろうか。また，単語学習の般化にはむしろ覚醒時の忘却が重要であるとの研究も存在する（Werchan & Gómez, 2014）。　　　　　　（福田）

3節 児童期・思春期の睡眠習慣と睡眠問題

本節では，児童期・思春期において時に睡眠問題ともなりうる睡眠習慣の特徴について，特に児童期・思春期の生物学的ならびに心理社会的発達変化の観点から述べる。また，新型コロナウイルス感染症の流行とそれに伴う社会的制限による児童期・思春期の睡眠への影響についても概説する。

☾ 児童期・思春期における睡眠時間の発達変化

児童期・思春期では，学年が上がるにつれて睡眠時間が短くなることが知られている。秋田県の小学校と中学校ならびに高等学校を対象とした調査研究（Takemura et al., 2002）では，平日（休日）の平均睡眠時間は，小学校で 8 時間 54 分（9 時間 11 分）であり，中学校で 7 時間 38 分（8 時間 39 分）であり，高等学校で 6 時間 58 分（8 時間 25 分）であったことが報告されている。さらに，日本全国 148 校の小学校と 71 校の中学校を対象とした調査研究（Takeshima et al., 2021）では，小学校第 1 学年の平均睡眠時間は 9.2 時間であるが，中学校第 3 学年の平均睡眠時間は 7.2 時間であり，2 時間短いことが報告されている（表 4-3）。

2015 年，アメリカの National Sleep Foundation（NSF）は，発達段階ごとの推奨睡眠時間を提唱している。NSF によると，児童期（6−13 歳）の推奨睡眠時間は 9−11 時間（許容時間は，7−8 時間または 12 時間）であり，思春期（14−17 歳）の推奨睡眠時間は 8−10 時間（許容時間は，7 時間または 11 時間）であるとされる（Hirshkowitz et al., 2015）。この推奨睡眠時間と Takeshima et al.(2021)の平均睡眠時間を比較すると，小学校では第 4 学年から推奨睡眠時間未満となり，中学校では全学年が推奨睡眠時間未満であった。このことから，日本の児童・生徒は，学年が上がるにつれて急激に睡眠時間が短縮し，睡眠不足の者が非常に多いと推察される。

表 4-3　小学校と中学校における学年ごとの睡眠習慣

	就寝時刻	起床時刻	睡眠時間（時間）
小学校			
第 1 学年	21:06	6:36	9.2
第 2 学年	21:17	6:36	9.1
第 3 学年	21:24	6:42	9.0
第 4 学年	21:36	6:42	8.7
第 5 学年	21:48	6:42	8.5
第 6 学年	22:06	6:42	8.3
中学校			
第 1 学年	22:36	6:30	7.6
第 2 学年	22:54	6:36	7.4
第 3 学年	23:18	6:54	7.2

Takeshima et al.（2021）より引用し一部抜粋の上筆者訳。

☪ 生物学的要因と心理社会的要因の睡眠に対する影響

　この睡眠時間の短縮の背景には，児童期から思春期にかけての就寝時刻の急激な後退がある。Takeshima et al.（2021）の調査研究では，小学校第 1 学年から中学校第 3 学年までの間で，就寝時刻は 2 時間 12 分後退していることが確認できる。一方，起床時刻は，18 分の後退であり，学年間で比較的安定していると考えられる。

　児童期・思春期における就寝時刻の後退は，児童期・思春期に発達変化がみられる生物学的要因と心理社会学的な要因に起因すると考えられている。第二次性徴期における発達変化として，体内時計の調整に関わるメラトニン分泌開始時刻の遅延（Crowley et al., 2007）や覚醒の継続時間に制御される眠気の低下（Taylor et al., 2005）が挙げられる。こうした生物学的要因の発達変化によって，児童期・思春期の子どもは「遅寝になる」という状態になる。一方，心理社会学的の発達変化として，宿題の増加や通塾の始まりといった勉強時間の延長，部活動などの課外活動への従事，テレビやスマートフォンといったメディアの使用が顕著になることが指摘されている（Crowley et al., 2007）。こうした心理社会学的要因の発達変化によって，児童期・思春期の子どもは「遅寝をする」という行動がみられるようになる。つまり「遅寝になる」と「遅寝をする」との相互作用の結果として児童期・思春期における就寝時刻の遅延が顕著になると考えられる。一方，児童期・思春期において，起床時刻が安定している要因としては，小学校あ

発達

111

るいは中学校の始業時刻に合わせて起床している可能性が挙げられる。

　また，単に睡眠を妨げる心理社会的要因への曝露のみならず，それら要因と児童生徒本人の相互作用の在り方によって，睡眠習慣への影響力は変化する。例えば，テレビ視聴と睡眠不足，就寝時刻の遅延との関連を検討した定性的レビュー（Hale & Guan, 2015）では，平日のテレビ視聴は休日のテレビ視聴と比較して睡眠時間の短縮と関連している報告（Li et al., 2010）や，テレビ視聴と睡眠不足には直接的な関連が認められなかった一方で寝室のテレビ設置が睡眠時間の短縮と関連しているという報告（Owens et al., 1999）が提示されている。また，テレビ視聴は低年齢の方が就寝時刻の遅延と関連が強いことや，女性よりも男性の方がテレビ視聴と睡眠時間の短縮に強い関連が認められたことが報告されている（McKnight-Eily et al., 2011; Thorleifsdottir et al., 2002）。

☽ 平日 – 週末間における睡眠習慣の乖離とその影響

　児童期・思春期では，学年が上がるにつれて睡眠不足と就寝時刻の遅延が顕著になることに加え，"Catch-up sleep" が増加することも問題である。Catch-up sleep とは，平日の睡眠不足を補うために週末に睡眠時間を長くとる行動である。Takemura et al.（2002）では，平日 – 週末間における睡眠時間の乖離が，学年が上がるごとに大きくなり，小学校で 16 分，中学校で 61 分，高等学校で 87 分であったことが報告されている。韓国での大規模調査では（Kim et al., 2022），児童や青年の Catch-up sleep の習慣は，注意の維持困難や怒り感情の増加と関連していたことが報告されている。

　平日の睡眠不足を補うための休日の睡眠時間の延長が，かえって心身に悪影響を与える背景として，就寝時刻や起床時刻が平日と休日で大幅に変化することによるソーシャルジェットラグ（第 2 章 6 節参照）が生理機能の概日リズムを乱すためであると考えられる。Catch-up sleep には，週末の就寝時刻を平日より早めるという形態や，週末の起床時刻を遅延化させる形態，就寝も起床も遅らせた上でさらに起床時刻を遅らせて睡眠時間を延長させる形態などがあるが，いずれの形態でも，平日の日中の機能や心身の健康には悪影響であると考えられる。例えば，系統的レビュー（Sun et al., 2019）では，週末の就寝時刻の遅延は，週末の遅寝は学業成績の低下，物質使用可能性の増大，体重増加と関連していることが報告されている。また，小学生を対象とした調査研究（Hara et al., 2018）では，平日と週末に就寝時刻の違いがある児童は，時刻の前進・後退に関わらず，日中の眠気が高いことが報告されている。なお，この研究では起床時刻に関する

平日と週末の乖離は日中の眠気と関連が認められなかったが，中学生を対象とした調査研究（田村他，2019）では，日中の眠気や心身の健康の悪化，学業成績の低下と関連していたことが報告されている。

　これらの報告から，子どもたちの平日の睡眠時間を確保し，平日と休日の睡眠習慣の違いを小さくすることを促すような取り組み（第3章7節や第3章8節参照）が重要であると考えられる。

☾ 新型コロナウイルス感染症の流行と児童期・思春期の睡眠

　新型コロナウイルス感染症の流行とそれに伴う社会的制限は，大人だけでなく子どもたちの生活習慣や睡眠習慣にも大きな影響を及ぼした。日本でも，流行初期には休校や分散登校やオンライン授業の導入など，子どもの生活を取り巻く環境が大きく変化した。系統的レビュー（Sharma et al., 2021）では，流行前後で，概して児童青年の就寝時刻と起床時刻の後退，睡眠時間の延長が認められたことが報告されている。研究間の異質性が高く，日本からの研究も含まれていないが，同様の傾向があることが推察される。このような変化は，思春期から若年成人の概日リズムに合致しており，睡眠不足の解消や平日－週末間の睡眠習慣の乖離を小さくした可能性があり肯定的に捉える立場もある（Kantermann, 2020）。しかしながら，日本以外の報告をみると，依然として相当数の児童・青年が推奨睡眠時間を確保できていないこと（Guerrero et al., 2020; Medrano et al., 2021）が報告されている。また，新型コロナウイルス感染症の流行と対策が子どもたちの睡眠習慣に及ぼす影響には個人差があり，保護者のスクリーンタイム統制力（Guerrero et al., 2020），つまりSNSやゲームに費やす時間の制限など保護者や家庭内の規範が関連していると考えられる。

　このように，新型コロナウイルス感染症の流行とそれに伴う社会的制限によって全体とすると子どもたちの睡眠習慣に改善が認められるものの，その効果は大きいとは言えず，個人間差も広がっていると考えられる。社会的制約が緩和に向かい通常の通学が始まる中で，子どもたちはさらなる生活習慣の変化と適応が求められることになる。子どもたちの睡眠習慣や睡眠問題の現状を継続的に捉え，系統的な個人差要因に関する分析を踏まえ，状況に応じた対策を検討することが重要であると考えられる。

（原・山本）

関　連　第3章7節　睡眠健康教育の実際
第3章8節　睡眠公衆衛生活動

4節 大学生の睡眠習慣と睡眠問題

　本節では大学生の睡眠習慣の特徴と，大学生において生じがちな睡眠問題について概観する。大学生は各種の実験的睡眠研究の参加者になることも多いが，必ずしもその睡眠習慣は若年成人を代表したものとは言えず，睡眠習慣の観点からみると少々特殊な集団とも言える。この点について理解しておくことは，大学生の睡眠問題を考える上だけでなく，大学生を対象として睡眠実験を行う上でも重要と言えよう。

☾ 大学生における睡眠習慣の現状

　児童・青年期を通じて，就床時刻は発達とともに後退を続け，大学生においてそのピークを迎える。起床時刻に関しては，小学生から高校生に至るまで大きな後退は認められないが，大学生になると起床時刻も後退を示す（Fukuda & Ishihara, 2001　図 4-4-1）。したがって，大学生は発達段階的にみると最も後退した睡眠相を有する集団と考えることができる。上述のように高校生までは就床時刻が後退する一方で，起床時刻に変化はないため睡眠時間の減少も生じるが，大学生になると起床時刻も後退するために睡眠時間に加齢に伴う大きな変化が認められなくなる。また，休日と平日の睡眠時間差は，しばしば平日の睡眠不足の指標としても用いられるが，大学生においては，学年の進行とともにその差も

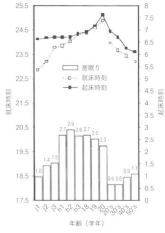

図 4-4-1　中学生から 50 代までの発達に伴う睡眠相の変化

「j」は中学生，「h」は高校生を意味し，学年別に表記されている。18-20 は大学生の年齢（Fukuda & Ishihara, 2001 より引用）。

小さくなっていく。このようなことから考えれば，高校生までと比較すれば，大学生においては，平日の睡眠不足は深刻ではないようにも思われる。しかし，大学生の睡眠時間が十分かと言えば必ずしもそうではない。多くの研究において，大学生の睡眠時間は平均で 6−7 時間程度となるが，これは National Sleep Foundation（Hirshkowitz et al., 2015）による大学生の年代における推奨睡眠時間（7−9 時間）と比較するとかなり短い。さらに，国際的にみると日本人大学生の睡眠時間は特に短く，大学生の睡眠時間に関する国際比較（Steptoe et al., 2006）では，調査対象となった 24 ヵ国の中で，日本の大学生の睡眠時間は最も短く，睡眠時間が長いギリシャやオランダ，ポルトガル等のヨーロッパの国々と比較するとその差は 1 時間半以上になると報告されている。

さらに睡眠リズムの規則性の低下も大学生の睡眠の特徴であり，Lund et al.（2010）によれば，月に 1 回以上の徹夜をする学生の割合は 20 ％を超え，午前 3 時まで起きていることが週に 1 度以上あるという学生の割合も 35 ％に上るようである。したがって，大学生を対象として睡眠習慣の調査・計測を行う際には，睡眠時間の多少だけでなく，睡眠−覚醒リズムの規則性や，睡眠相の後退も捉えられるよう用いる尺度や手法に配慮する必要があるだろう（第 6 章 1 節参照）。

☾ 大学生における睡眠問題が学業および卒業後の生活に与える影響

第 2 章 3 節にも示したように，睡眠の乱れは学業に必要とされる様々な認知機能を低下させるとともに，抑うつ気分の上昇をはじめとする精神的健康の悪化を引き起こす（第 3 章 1 節参照）。大学生では睡眠習慣の乱れの中でも，特にこの年代において顕著となりがちな睡眠相の後退と，学業成績や大学生の適応問題との関連を指摘した研究は数多い。そのような研究の 1 つである Trockel et

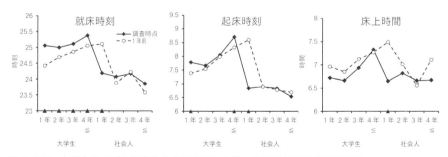

図 4-4-2　大学生および大学卒社会人における入学・入社後年数別の睡眠習慣
横軸上の▲は調査時点での値と 1 年前の値との間における有意差を示す（Asaoka et al., 2014 より引用）。

al.（2000）では，ソーシャルサポート，食習慣，運動習慣，気分など健康と関連しうる様々な変数とともに睡眠習慣を取り上げ，それらと学業成績（Grade Point Average: GPA）との関連を検討した結果，遅い就床時刻が最も強く大学生の低い GPA と関連したと報告している。

　また，大学生の睡眠相は年齢や学年の進行とともに顕著となるため，大学生の中でも大学 4 年生の睡眠相は特に後退したものとなる。図 4-4-2 は横断的な Web 調査の結果から，大学 1 年生から大卒の社会人 4 年目に至るまでの睡眠習慣の変化を示したものである（Asaoka et al., 2014）。この調査では調査時点の睡眠習慣とともに，1 年前の睡眠習慣を回顧的に尋ねている。この図から読み取れるように，大学 4 年生以上の就床時刻は 25 時を超えているが，大卒 1 年目の新社会人は 24 時頃となり，約 1 時間の就床時刻の前進が認められる。起床時刻に関しては，さらにその前進度合いは大きく，その差は 1 時間半にも及んでいる。起床時刻の前進の程度と比較して，就床時刻の前進は十分ではないために布団の上にいる時間の長さ（床上時間）は大学生活時代と比較して新入社員で大きく減少する。そして，大学の最終学年において（回顧的に回答された）就床時刻が遅く，調査時点の就床時刻の早い大卒新社会人においては，睡眠の質の低下とともに，精神健康 QoL の低下や，抑うつ傾向の増大が示されている。したがって，大学生における睡眠相の過度な後退を防ぐことは，大学生の就職後の適応を考える上でも重要であると言えよう。

☾ 大学生の睡眠習慣を規定する要因

　学業成績の低下や，大学不適応，そして就職後の精神的健康にも影響しうる大学生の睡眠相後退はなぜ生じるのであろうか。起床時刻も後退するという大学生にのみ認められる特徴はあるものの，発達に伴う睡眠相の後退自体は前述のように大学入学以前の小・中・高校生の間にも認められており，身体発達的要因による夜型化が単純に大学生の年齢でピークを迎えるとの考え方もありうる。しかし，上述のように 20 代の学生でない人口と比較しても，大学生の就床時刻が後退していることや（Fukuda & Ishihara, 2001），大学入学を境として極端な睡眠相の後退が生じること（Asaoka et al., 2014）などを併せ考えると，大学生の置かれている社会的立場が，彼らの睡眠パターンの大きな規定要因になっているのも事実であろう。この点に関して，Carskadon（1990）は自宅生（親と同居）と下宿生の睡眠習慣の比較，門限の有無が睡眠習慣に与える影響の検討，高校生と大学生の睡眠習慣比較の結果などから，社会的な時間拘束のない立場に置かれて

いる人ほど，就床時刻が遅れがちであると述べている。

　高校時代までは平日の決まった時刻から始まっていた授業も，大学生になると平日でも午前中に受講すべき講義のない日が出てくるなど，社会時間的規制因として存在していた授業の存在も規則的ではなくなる。このことも，大学生の睡眠習慣が後退および不規則化する要因と思われる。生活時間調査を実施し，その生活記録データから各活動に従事した時刻帯別従事時間と就床時刻との関連を検討した Asaoka et al.(2010) では，一人暮らしの学生においては，次の日の午前中の講義の有無によって学生が就床時刻を前後させていることが確認されている。しかし，家族と同居の学生では，そのような関連は認められていないため，自宅における家族の存在が時間的手がかりないし時間的な拘束を学生に与え，翌日午前中における講義の有無にかかわらず自宅生における就床時刻の極端な後退を防いでいるとも考えられる。一方，この研究では，一人暮らしの学生では深夜帯における会話や電話といった交友活動が，家族と同居の学生においては深夜のTV・ビデオ視聴や夜間のインターネットといった屋内での娯楽活動が，就床時刻の後退と有意な関連を示しており，夜間の娯楽活動や社会的行動の多さが大学生の就床時刻を後退させているのも事実のようである。

● 大学生向けの睡眠教育の必要性

　大学生における睡眠相の後退や不規則化は，社会的時間規制因の存在が彼らの生活において少ないことに拠るのであり，社会生活上の問題が生じない限り睡眠は学生の自己管理に任せておけば十分という考え方もあるだろう。しかし，睡眠をどのように管理すべきかについて十分な知識は一般に広く伝わっているとは考えにくい。さらに，主観的には眠気に対しても慣れが生じることや（Van Dongen et al., 2003），自らの状態を把握する能力自体が眠気に弱いこと（第1章6節参照）を考えれば，睡眠問題を有している学生本人は，異常な眠気が生じ，認知機能の低下が生じていることすら理解できていない可能性が高い。したがって，正しい睡眠の知識とともに，少なくとも睡眠習慣の乱れによる悪影響の大きさと，適切な睡眠の管理方法については，大学生に対しても教育が必要であると考えられよう。

（浅岡）

関　連　第3章1節　睡眠とこころの健康との関連
　　　　第1章2節　独立変数としての睡眠

5節 成人の睡眠習慣と睡眠問題

　本節では，成人期における睡眠習慣に関連する要因として労働と家庭に着目する。睡眠の乱れは，認知的パフォーマンスの低下（第1章1節参照）や精神的不安定性（第3章1節参照）にもつながるため，より良い仕事上のパフォーマンスや家族間でのより良い関係性を維持するためにも睡眠は重要である（第5章2節参照）。しかし，働くということや，育児や介護等の家庭内で生じる役割が睡眠の乱れの一因にもなりうるのも事実である。

☾ 成人期以降の発達に伴う睡眠習慣および睡眠問題の変化

　図4-5-1は，総務省が5年ごとに実施している社会生活基本調査の平成28年度版のデータ（総務省統計局，2017）を用いて睡眠時間の年齢別の推移を示したグラフである。ここからは平日・週末ともに，50代において最も睡眠時間が短くなっていることが読み取れる。第4章4節でも説明されているように，幼

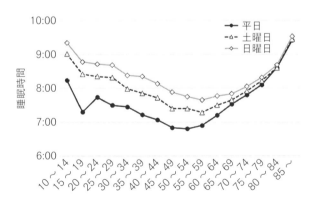

図4-5-1　日本人の年齢別平均睡眠時間
総務省統計局（2017）のデータを基に作成

118

児期から青年期の間に生じる睡眠相の後退は大学生でピークを迎え，成人期から高齢期にかけては発達とともに前進していくこと（Fukuda & Ishihara, 2001）を考え合わせると，就床時刻の前進以上に起床時刻の前進が顕著に進むことによりこのような睡眠時間の短縮が生じていると思われる。

　また，40 歳以降になると，むずむず脚症候群や閉塞性睡眠時無呼吸症候群等の有病率も高くなっていく。さらに上述のような睡眠時間の減少や睡眠相の前進とともに，夜間の中途覚醒も増加し，徐波睡眠（深いノンレム睡眠）の時間は（特に男性において）年齢とともに減少していくなど，夜間睡眠は浅く，分断されがちなものになっていく。そして，これらの夜間睡眠の変化は，睡眠による回復感の乏しさとも関連すると思われる（Barot & Barot, 2013）。

☆ 労働と睡眠

　上記の図 4-5-1 からも読み取れるように，青年期においても生じていた平日と比較した際の週末における睡眠時間の延長は成人期においても認められる。上と同じく平成 28 年度社会生活基本調査のデータを用いて有業者と無業者の睡眠時間を比較してみると，有業者の睡眠時間は無業者と比較して短い傾向にある。そして，その差は平日では 44 分なのに対して，土曜日だと 29 分，休日だと 15 分にまで小さくなる。また，厚生労働省が実施した平成 27 年度の国民健康・栄養調査（厚生労働省，2017）の結果では 20－50 歳代において平均睡眠時間が 6 時間未満と回答した人の割合が男女問わず約 4 割であるが，その睡眠時間が 6 時間未満の人が睡眠確保の妨げになっている理由として選択したものとして多くの人に選択されたのは男性においては「仕事」，女性でも「家事」についで「仕事」であることを考えれば，仕事上の時間的・精神的負担が，睡眠時間の短縮につながっていると言えよう。

　学生において睡眠の乱れが学業成績の低下に結びつくのと同様に，成人における睡眠不足を中心とした睡眠の乱れは，仕事の効率の低下やミス・事故の発生に結びつく。図 4-5-2 は Swanson et al.（2011）の結果に基づき，不眠が引き起こす職場での問題についてまとめたものである。このように，認知機能の低下のみならず，気分の悪化や体調不良，そして実質的な勤務時間の減少を介して睡眠問題は，労働者における職業上のパフォーマンスを悪化させると考えられる。そしてこのような問題は第 1 章 1 節で説明したように経済的損失の原因にもなっている。

図 4-5-2　不眠によって生じる職業上の問題
Swanson et al.（2011）を基に作成

☾ 家庭生活と睡眠

　成人期には，結婚や出産，育児，親世代の介護など家族システムや家庭生活に大きな変化が生じやすい時期である。家族の各構成員は家族システムの中で相互に影響しながら生活を営んでおり，構成員の睡眠も相互に影響を受ける。

　妊娠・出産，育児と睡眠　妊娠期には，性ホルモンの変化や子宮の増大など様々な心身の変化により夜間の不眠（特に妊娠中期から後期）や日中の傾眠（特に妊娠初期）など睡眠問題が生じやすい。また，妊娠中は，閉塞性睡眠時無呼吸症候群（Dominguez et al., 2018）やむずむず脚症候群（Abdi et al., 2021），胸やけや胃食道逆流症（Thélin & Richter, 2020）が好発しやすく入眠困難や睡眠分断が生じやすい。妊娠に伴う睡眠問題は妊娠高血圧や妊娠糖尿病，帝王切開，早産と関連する（Lu et al., 2021）ことから，睡眠衛生を整え睡眠問題を軽減していくことが重要である。産後は授乳や夜泣きにより養育者の規則的な就寝 - 起床習慣の維持や睡眠開始，睡眠持続の困難さが生じることは少なくない。日本では同床就寝率が高く，養育者の睡眠は睡眠 - 覚醒リズムが確立していない乳児の影響を強く受けやすい（第 5 章コラム「添い寝（Co-sleeping）」参照）。同床就寝が子どもの睡眠や発達にとってメリットがあるかについては実証データが不足しているが，養育者の睡眠が妨害されやすいことは比較的報告間で一貫している（第 5 章コラム「添い寝（Co-sleeping）」参照）。同床就寝の意義として，愛着形成の促進の観点から論じられることがある。しかしながら，小児の行動性不眠に対する消去法（子どもの夜泣き行動に対して環境変化を随伴させないよう養育者が

対応しないという方法）は，子どもの行動性不眠に効果的かつ子どもの愛着スタイルに影響がなく養育者のストレスに低減に効果的という報告もある（Gradiser et al., 2016）。家庭ごとに状況が大きく異なるが，各家族の構成員の発達段階や家庭の環境，家庭内規範などを総合的に考慮していくことが養育者と子どもの両者の睡眠健康を維持するために重要である。

　介護と睡眠　日本では，社会の高齢化や要介護高齢者の増加の一方，介護保険料を負担する 40 歳以上人口減などといった社会問題が顕在化し，医療介護サービスの転換期を迎えている。2016 年の「地域における医療及び介護の総合的な確保を推進するための関係法律の整備に関する法律（通称：医療介護総合確保推進法）」の成立を受け，2025 年を目途に地域包括ケアシステムの構築が進められている。このような転換の中で在宅医療・在宅介護サービスを受ける高齢者が増加している。地域包括ケアシステムの構築による様々な生活支援が提供されるようになってきたものの家族介護者の介護負担や睡眠問題が問題となっている。家族介護者の 54.1 ％がピッツバーグ睡眠質問票（Pittsburgh Sleep Quality Index: PSQI）のカットオフ得点を超過していたこと（廣瀬，2010），介護負担感の強さは睡眠時間の短さ（Ryuno et al., 2020），熟眠感の低下や中途覚醒の増加（八並他，2013）に関連していることが報告されている。また，介護期間の長さと夜間介護行為の頻度の多さは PSQI 得点の高さと関連していることが報告されている（廣瀬，2010）。要介護者に必要な介護行為の状況や介護環境などによっても，影響は異なると考えられるが介護者の睡眠は問題が生じやすいと考えられる。このような介護者の睡眠問題を軽減改善するために海外ではいくつかの介入研究が行われている。しかしながら，有効な介入法についての報告は少ない。例えば，Friedman et al.(2012) は，記憶障害を有する要介護者とその介護者に起床後 30 分の高照度光暴露介入を行ったものの有効な睡眠改善は認められなかったことを報告している。睡眠をより良くするための生活改善などはあくまで補足的であり，全体的な介護負担の改善や夜間介護にかかる負担の改善が必要であると考えられる。ショートステイサービスを利用したレスパイトケアは，介護者の睡眠前半の心臓交感神経活動の低下をもたらし，睡眠を改善するという報告（Sakurai & Kohno, 2020）もあるが，この報告では，睡眠時間や就床時刻などに関しては有意な改善は認められていない。家族介護者の睡眠をどのようにサポートする仕組みを作っていくかは重要な課題であると考えられる。

（浅岡・山本）

関　連　　第 1 章 1 節　睡眠の乱れに起因する認知機能の変化
　　　　　COLUMN　添い寝（Co-sleeping）

6節 高齢者の睡眠習慣と睡眠問題

　高齢者人口の割合が高い本邦において，高齢者の睡眠問題は重要なテーマである。本節では，高齢者の睡眠の特徴を若年者との比較を通して紹介した上で，高齢者が抱えやすい問題とその対応策，および関連する睡眠障害について述べる。

☾ 睡眠構造の変化について

　高齢者と若年者では睡眠構造が異なっており，高齢者では睡眠構造にいくつかの加齢的変化がみられる。まず，若年者では，一般的に睡眠の前半部分に覚醒させにくい，いわゆる深い睡眠である徐波睡眠（もしくは深睡眠）がまとまって出現する時間帯があり，その後は夜間睡眠全体の半分を占める睡眠段階 2 とレム睡眠が夜間睡眠後半の大部分を占めるようになる。レム睡眠の割合は朝方になるにつれて増加し，1 回のレム睡眠の持続時間も長くなる。また，一晩の睡眠における中途覚醒がほとんど生じず，睡眠維持機能に関する問題は見られにくいという特徴がある。これに対して高齢者では，睡眠前半部分での徐波睡眠の出現時間が極端に短くなり，一晩の睡眠全体を通して，非常に浅い睡眠段階 1 や中途覚醒が多くの割合を占める（Bixler et al., 1984）。そして，若年者では主に朝方に集中するはずのレム睡眠の時間帯が，高齢者の場合は睡眠前半部分にも侵入するようになり，結果としてレム睡眠時間が睡眠全体に分散するようになる。つまり，高齢者の睡眠は全体的に浅い睡眠を主として，睡眠維持機能における障害が頻繁にみられることを特徴としている。これらの睡眠構造の違いを図 4-6 に示した。

　これらの特徴は，主に睡眠の質に着目した場合における高齢者と若年者の睡眠の特徴の違いについてまとめたものであるが，睡眠の量的側面に着目した場合においても，高齢者は若年者と比較して総睡眠時間が短くなることが示されており，また，睡眠相（睡眠 - 覚醒リズム）においても，高齢者は若年者と比較して就床・離床時刻および入眠・覚醒時刻が早まり，早寝・早起きの睡眠 - 覚醒リズ

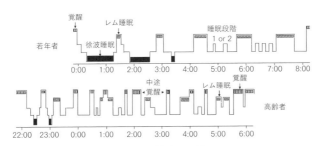

図4-6　高齢者と若年者の睡眠構造の比較
榎本（N. D.）を基に作成

ムを示すようになる（Horne & Östberg, 1976）。このように，睡眠の質・量・位相の3側面において，高齢者は若年者と異なる特徴を示すことが知られている。

　実際に，睡眠の加齢的変化に関するメタ分析を実施した Ohayon et al.（2004）の報告によると，高齢者の睡眠構造の特徴として，主に①総睡眠時間が短くなる，②睡眠効率が低下する，③徐波睡眠の割合が減少する，④中途覚醒が増加することの4点が確認されており，入眠潜時においても年齢とともに緩やかにではあるが増加すること（20歳と80歳を比較した場合でも10分未満）が示されている。このように，高齢者の睡眠の特徴としては，どちらかと言えば入眠に関する問題よりも睡眠を維持することに対する問題を訴えやすい傾向にあることが指摘されている（三島，2012）。これら高齢者における夜間睡眠の悪化は，体内時計機能そのものの低下によっても生じるとされるが（Hood & Amir, 2017），夜間睡眠の悪化による翌日の日中の強い眠気とそれに伴う仮眠（居眠り）の悪循環によっても維持されている。そこで，次項では，高齢者における日中の仮眠等の睡眠習慣の改善に焦点を当てた夜間睡眠の改善法について紹介する。

◖☆ 睡眠の変化に伴う問題と対応

　上述したように，高齢者では夜間睡眠に問題を抱えることが多くなるため，日中に強い眠気を感じやすくなる。そしてそれによって，日中に仮眠を取る傾向が強まり，そこで眠気が一定程度解消されてしまうことで，結果として夜間睡眠が悪化するという悪循環に至る（宮下他，1978）。高齢者における日中の強い眠気は夜間睡眠を悪化させるだけでなく，心身に対して様々な悪影響を及ぼすことが知られている（Babar et al., 2000; Ohayon & Vecchierini, 2002）。

　これらの問題を防ぐためには，日中の仮眠をある程度制限するようにして，不適切な睡眠習慣を改善させるように支援することが重要である。そのための対策

として，計画的仮眠法や認知行動療法の要素を取り入れた生活リズムの改善法（自己調整法）がある。計画的仮眠法は仮眠時間を一定程度に制限したり，夜間睡眠への悪影響が少ない時間帯に取らせるようにすることで日中の眠気に対処する方法である。Tamaki et al.(2000) では，高齢者において，午後の早い時間帯（13 時）に 30 分間の仮眠を取った場合に，休憩しか取らなかった場合と比較して日中の眠気が低下したことが報告されている（一般成人の場合は，20 分以下の仮眠時間が推奨される（林・堀，2007））。また，計画的仮眠は午後の軽運動と組み合わせるとより効果的である。Tanaka et al.(2002) では，昼食後の 30 分間の仮眠と夕方の軽運動（福寿体操）の習慣付けによって，それ以前の状態と比較して，高齢者の夕方以降の居眠りが減少し，夜間の睡眠効率が改善したことが報告されている。ただし，30 分未満の習慣的仮眠はアルツハイマー型認知症の罹患率を 6 分の 1 にするが，60 分以上の習慣的仮眠は罹患率を 2.07 倍に高めることを報告した研究もあるため（Asada et al., 2000），計画的仮眠を取り入れる場合は仮眠の時間にも配慮を行う必要がある。一方，自己調整法は，睡眠（生活）習慣に関する正しい知識を提供したり，チェックリスト形式の表（広島国際大学「https://www.hirokoku-u.ac.jp/assets/images/other/kenkouhyakka/04.pdf」を参照）を用いることで，不眠につながる誤った睡眠習慣を修正し，適切な習慣行動を身に付けさせるものである（田中，2013）。チェックリストにおいて，"頑張ればできる" とその人が思った行動が指導の対象となり，指導者は対象者が適切な行動を達成した際に賞賛を与えたり，目標設定をする際の助言を行う。

☾ 心身の変化に伴う睡眠の問題

　上記のような対策を講じることは重要であるが，高齢者では一般的に，睡眠障害の有病率が他の年代に比較して高くなることが知られている。ある調査では，60 歳以上の成人において，何らかの睡眠障害を訴える人の割合は推定で 40－50 ％にも上ることが報告されている（Roepke & Ancoli-Israel, 2010）。そこで，以下では高齢者に多く見られる睡眠障害について簡潔にまとめる。

　不眠症（不眠障害）は，睡眠障害の最もポピュラーな症状であり，他の睡眠障害にも共通して見られることの多い症状である。主な症状としては，①入眠障害，②中途覚醒，③早朝覚醒がある。本節の 1 項でも述べたように，高齢者では，睡眠における加齢的変化からこれらの症状が若年者と比べて増加する。他の睡眠障害の可能性を排除した上で，まだこれらの症状が残っている場合にのみ本症であると診断される（三島，2015）。

　閉塞性睡眠時無呼吸症候群は，喉周辺の骨格筋が弛緩することで気道が閉塞し，それに伴って睡眠中に激しいいびきをしたり，呼吸が完全に，もしくは部分的に停止する症状である。呼吸機能が停止するため，低酸素状態となり，それによって睡眠が頻繁に中断され，覚醒に至る。その結果，夜間の不眠のみならず，翌日の日中に強い眠気が残存する。三島（2015）によると，男性に多く見られ，一般成人の有病率が1−4％であるのに対し，60歳以上の男性高齢者では20％前後の高確率で見られる。また，肥満者に多い症状であるが，BMIが18.5kg/m^{2}未満の痩せ型の者においても僅かながら見られる症状である（佐藤，2020）。ほか，ベンゾジアゼピン系の睡眠薬は，呼吸機能の低下や筋弛緩の作用によって閉塞性睡眠時無呼吸の症状を悪化させる危険性がある。

　レストレスレッグス症候群は"むずむず脚症候群"とも呼ばれ，下肢に不快感が生じる症状である。通常，入眠前のリラックスしている状態の時に不快感が生じることが多く，不快感の種類としては，"むずむずする"，"虫が這う感じ"，"針のように脚が突っ張る"などの感覚がある。入眠時に不快感が伴うためスムーズな入眠が困難になるが，下肢を動かすことで不快感が低減することが特徴である。有病率は年齢と供に増加し，男性よりも女性の有病率の方が顕著に高くなる（Allen et al., 2005）。睡眠時周期性四肢運動障害という，また別の障害を合併する頻度が高いことが知られており，両者は類縁の障害であると考えられている。鉄欠乏を補う鉄剤の服用や下肢の不快感から注意を逸らす工夫についての指導によって症状が軽減することがある。

　レム睡眠行動障害は，レム睡眠中に夢の内容を反映するような異常行動を起こす症状である。通常，レム睡眠時は骨格筋の緊張抑制が起きているため，身体を動かすことが困難であるが，本症の場合はこの抑制機能が障害されるため，夢の中での行動が現実のものとなって現れる。異常行動の例としては，大きく明瞭な寝言や寝床での手脚の激しい動きなどであるが，重症例の場合はベッドパートナーに対して暴力行為（外傷を与える）を起こすものもある。主に中高年齢層で見られる症状であるため，高齢者人口の増加に伴って有病率も増加することが予測される。原因は明らかでないが，パーキンソン病（Barasa et al., 2021）やレビー小体型認知症（Chan et al., 2018）と併存して症状が見られることが指摘されており，また，脳幹部に病変がある患者にも多く症状が認められることが知られている。対処については，外傷や不慮の事故を防ぐための睡眠環境整備や薬物療法によるものがメインとなる（宮本，2017）。　　　　　（野添・福田）

関　連　第2章1節　心理的支援の場における睡眠問題
第2章4節　成人期以降の心理学的支援の対象に併存する睡眠問題

第5章

社会心理学と睡眠

社会心理学における睡眠研究の可能性

　本章では，社会心理学領域で取り扱われるトピックと睡眠との関連を検討した各種の研究を概観し，社会心理学における睡眠研究の可能性を探ることとした。睡眠の乱れが高次の認知機能の低下につながることを示した知見や，精神的不安定性を増大させるという知見を鑑みれば，睡眠の乱れは対人関係上のふるまいにも大きな影響を与えることが推測される。これまで社会心理学領域の変数と睡眠変数との関連を取り扱った研究は極めて少ない状態にあったが，最近では興味深い研究結果が報告されるようになってきた。ここでは，そのような研究で取り扱われている社会心理学的変数に基づいて研究知見を大別し紹介する。

　1節では，自己への意識に焦点を当て，自尊感情や統制の所在と睡眠習慣との関連，および自己関連刺激の処理と睡眠との関連について検討した研究の知見を紹介した上で，慢性不眠障害の病理として注目されている自己意識の高まりについて解説した。2節では，対人認知に関わる変数として表情認知および共感性を取り上げ，それらに与える眠気の影響を検討した実験的研究の知見を紹介するとともに，実生活上の対人関係と睡眠習慣との関連を検討した研究も紹介した。3節では，集団に関わるものとして，反社会的行動と睡眠との関連を示唆する各種の知見や，社会的手抜きや集団での意思決定，そして偏見や差別に与える睡眠の影響について概説した。そして4節ではメディア接触が睡眠習慣に与える影響について概説するとともに，ゲーム障害における睡眠問題について解説した。さらにここでは，メディアにおいて取り扱われる睡眠関連のデマについても解説をしている。5節では文化と睡眠習慣とのかかわりについて，照明に着目して解説し，6節では睡眠時間の地域差を紹介するとともに，金縛りを取り上げ文化的背景が睡眠関連現象の解釈に与える影響について考察した。

　社会心理学領域で取り扱われる変数と睡眠変数との関連については，最近になって注目され始めたこともあって研究数も少なく，報告されている知見も必ずしも確定的とは言えない部分があるのは否めない。また，睡眠変数との関連が検討されていない社会心理学領域のトピックも数多く存在する。社会心理学者の皆さんが睡眠変数を自らの研究に取り入れ，先進的な社会心理学の知見と睡眠科学の知見が融合した研究が数多く生まれることを期待したい。

（浅岡・西村・山本）

1節 自己意識と睡眠

本節では，自尊感情，統制の所在，そして自己関連刺激の処理を取り上げ，自身に関連する感情や情報処理と睡眠との関連について概観する。そして，慢性不眠障害の病理として注目されている自己意識の高まりについて解説し，広く自己意識と睡眠との関連について考察していく。

☾ 睡眠の乱れが引き起こす自尊感情の変化

第3章1節で述べられているように，睡眠の乱れは精神的不安定性を増大させ，抑うつ傾向も増大させる。自尊感情は，一般的に抑うつ傾向と負の相関関係にあるため，睡眠の乱れは自尊感情の低下を引き起こすことが予想される。Lemola et al.(2013) では，不眠の存在や7時間未満の短い睡眠だけでなく，9時間以上の長すぎる睡眠も，自尊感情の低下と関連していることが示されている。また，青年を対象とした研究においても，不眠の存在（Roberts et al., 2002）や睡眠時間の減少（Fredriksen et al., 2004）が自尊感情の低下と関連することが報告されている（レビューとして，Shochat et al., 2014）。しかし，睡眠時間の減少と自尊感情との間に顕著な関連が認められないとする研究結果も存在することに加え，抑うつや QoL との関連を検討した研究と比較すると，睡眠と自尊感情との間の関連を直接的に検討した研究は少ないのも事実であろう。

☾ 睡眠問題と統制の所在

2日以上にわたる断眠（55時間の連続覚醒）時に P-F Study を実施し，葛藤場面における反応に対する眠気の影響を検討した研究（Kahn-Greene et al., 2006）では，断眠が怒り感情の抑制を難しくし，他者に対する非難を生じやすくさせると報告されている。また，交代勤務に従事する消防士を対象とした調査でも，睡眠負債が多い消防士ほど外的帰属傾向にあることが報告されており（Rucas & Miller, 2013），睡眠不足が統制の所在（Locus of Control: LoC）の外的化につな

がる可能性が示されている。

　一方，Hill et al.(1996) は，一晩の徹夜が気分に与える影響を実験的に検討し，内的 LoC 傾向にある参加者では気分の悪化が認められない一方で，外的 LoC 傾向にある参加者では有意な気分の悪化が認められたことを報告している。この他にも交代勤務従事に対する LoC が内的であるほど交代勤務従事者の眠気の訴えが弱いという報告（Smith & Mason, 2001）もあり，LoC の違いが睡眠問題と気分の悪化との関連性を媒介する可能性が指摘されている。

☾ 自己関連刺激に対する睡眠中の反応

　自己関連刺激に対する処理と睡眠との関連については，意識（覚醒）レベルの違いによる情報処理への影響の検討という文脈でいくつかの研究が存在する。その中では，刺激強度が強い刺激として自己の名前が使用されている。例えば，Perrin et al.(1999) は，覚醒時と睡眠時の参加者自身の名前の処理について，事象関連電位を用いて検討している。彼らは特に注意資源の配分量と関連があるP3 成分に着目し，受動的リスニング課題において，聞きなれない名前が呈示された時と，自己の名前が呈示された時の注意資源の振る舞いについて検討した。その結果，覚醒時のみならず，ノンレム睡眠の段階 2（N2 睡眠時）においても聞き慣れない名前の呈示時に比べ，自己の名前の呈示時に，P3 振幅が増大したことを明らかにした。それと同時に，N2 睡眠時には，自己の名前が呈示された際に，K 複合波（K-complex）の初期部分の振幅の増大が認められたことを明らかにした。また，Blume et al.(2017) は同様の検討を，感情価を含んだ音声（怒り声と中立）を使用して行った。その結果，N2 睡眠時において感情価の有無にかかわらず，知らない名前が呈示されたときに比べ，自己の名前が呈示されたときに K 複合波の振幅が増大することを明らかにしている。

☾ 自己の名前の呈示が眠気に与える影響

　Kaida & Abe（2018）は，自己の名前の聴覚的な呈示が，主観的な眠気と単調な課題（単純反応時間課題）の成績に及ぼす影響を検討している。これは自己の名前を聞くことが眠気を低下させるかという試みであるが，結論から言えば，自己の名前を聞くことは主観的な眠気の変化を生じさせないものの，統制条件と比べ課題成績が向上することを示している。眠気を低下させる刺激に関する検討は，労働災害や交通事故を防ぐための観点から数多く検討されており，そういった文脈において自己関連刺激（特に自己の名前）が有用であることを示唆していると言えよう。

☾ 慢性不眠障害における自己意識の高まり

　慢性不眠障害の特徴として，自己意識の高まり（自己に対する注意の集中した状態）が認められることが報告されている。例えば，Wicklow & Espie（2000）は，不眠者を対象に就寝場面での思考内容をレコーダーに記録し内容の分析を行っている。その結果，不眠者の就寝場面での思考内容は，問題解決意図（例：どうすれば眠れるのだろう），自身の状態の観察（例：身体の状態が気になる），環境の状態の観察（例：外の騒音が気になる）の 3 カテゴリに分類されたことが報告されている。また，Watts et al.（1994）は，不眠時の思考内容に関する尺度を作成し，不眠者には自身の身体感覚についての内容の報告が多く認められること，就寝後に自分の眠りについての感覚や経過時間などに注意が向きやすいことを報告している。また，山本他（2007）は，入眠困難経験時の注意対象について自由記述で尋ねるアンケートを行い，KJ 法を用いて整理分類を行っている。その結果，入眠困難時には環境に対する注意と自己に対する注意がカテゴリとして抽出されたことが報告されている。さらに山本他（2007）は，これらの結果を基に入眠時選択的注意尺度を作成し，因子分析の結果，KJ 法のカテゴリに基づく 2 因子構造は支持されず 1 因子構造が確認され，入眠困難傾向者は入眠困難のない者と比較して尺度得点が高かったことを報告している。これらの結果から，慢性不眠の特徴として，就寝時に自己や不眠であるという自分に関連した刺激（睡眠関連刺激）に注意が集中しやすいと考えられる。

　また，これは就寝場面のみに認められる場面特異的な情報処理の特徴ではなく，日中においても認められる可能性が指摘されている。Harvey（2002）は，臨床的観察から慢性不眠障害患者において，睡眠不足のサインとして起床時の身体の感覚をモニタリングする傾向や疲労感，パフォーマンス，気分をモニタリングしている傾向が認められることを指摘している。この指摘は，様々な実験心理学研究によって支持されている。例えば，Akram et al.（2018b）は，不眠者と通常睡眠者に対して，倦怠感のある他者の顔刺激と中性的な顔刺激を左右同時に提示した際にどちらの顔のどの領域（疲労が反映される目とそれ以外の鼻や口の領域）に視線が持続するかを検討している。その結果，参加者に関わらず，倦怠感のある顔刺激に視線が向きやすいこと，さらに目領域に意識が向きやすかったが，不眠者は特に疲労感のある顔の目領域に視線が持続していたことが報告されている。また Akram et al.（2016）による自己顔をモーフィング画像により変化させた際の印象評定を検討した研究では，通常睡眠者と比較して慢性不眠障害者

は自分の顔にみる疲労感を過大に評価することが知られている。つまり，慢性不眠障害では，自己に関連した情報に注意が生じやすく，不眠に関連した自己の状態を拡大視しやすい特徴があると考えられる。

　このような自己意識の高まりが慢性不眠の病前性格として捉えられるかについては否定的なエビデンスも散見される。例えば，私的自己意識と公的自己意識と不眠の有無との関連を検討した研究では，いずれの自己意識も有意な関連性が認められなかったことが報告されている（Kim et al., 2021）。また，入眠潜時や中途覚醒回数と公的自己意識との間に有意な関連があったとする報告（西迫，2010）もあるが効果量は小さかった。

　これらの研究を総合すると，自己意識の高まりは，慢性不眠の発症に関連する特徴というよりも，繰り返される不眠によって生じてきた情報処理の歪みの結果であると考えられる。また，自己意識の高まりは，不眠の証拠を発見しやすくまた自分の不眠をより深刻なものであると解釈させやすくし，不眠の維持や増悪に寄与すると考えられる。こうした仮説から，高まった自己意識を慢性不眠障害の中核病理として捉え，注意バイアスを修正するトレーニングによって改善しようとする試みが注目されている（Akram et al., 2018a; Clarke et al., 2016; Lancee et al., 2017）。例えば，Lancee et al.(2017) は，ドットプローブ課題を応用した注意バイアス修正トレーニングを用いた介入を行っている。しかしながら，この介入では，注意バイアスに対して効果が有効でなく，不眠症状や関連する症状の改善も認められなかったことが報告されている（Lancee et al., 2017）。注意バイアス修正トレーニングについては，様々な対象の問題に対して様々な方法が提案されているものの，注意バイアスの修正と臨床症状に対する効果について結果が一貫していないことも報告されている（倉重・田中，2018）。慢性不眠障害における自己意識の研究は，不眠の理解や有効な心理学的支援の開発に新たな視点を提供するものとして，今後の発展が期待される。

（浅岡・西村・山本）

関　連　　第3章1節　睡眠とこころの健康との関連
　　　　　第1章3節　注意研究において睡眠変数を考慮することの重要性

2節 対人認知と睡眠

　本節では，対人認知に与える眠気の影響について，表情認知や共感性に与える
睡眠の乱れの影響を検討した実験的研究を紹介する。その上で，実生活における
対人関係上の問題と睡眠習慣との間の関連を検討した質問紙調査の結果を概観
し，この領域において今後必要とされるであろう研究について考察する。

☾ 断眠と表情認知

　対人認知の中でも表情認知は，他者とのコミュニケーションを図る上で重要な
機能であることは言うまでもない。我々にとって表情は強く注意を引き付ける刺
激であり（Vuilleumier & Schwartz, 2001），かなり早い段階で処理される性質を
持つ（Murphy & Zajonc, 1993）。その一方で，表情認知は社会的文脈や認知す
る側の感情状態と同じ方向に処理されやすい傾向がある（Aviezer et al., 2008;
Carroll & Russell, 1996; 加藤・赤松，1998）。それと同時に，睡眠不足が情動反
応に及ぼす影響も明らかにされており，その原因として，睡眠不足が扁桃体を過
活動状態に陥らせることが挙げられる（詳細については第3章1節を参照）。

　表情認知と扁桃体との関連については，1990年代後半から研究が進められて
いる。両側の扁桃体に損傷を持つ患者が恐怖の表情処理に障害を示すことが報告
されてから（Adolphs et al., 1994; Broks et al., 1998），恐怖の表情と扁桃体の関
連は数多く検討され，恐怖表情に対する扁桃体の活性は頑健に報告されている
（例えば，Pessoa et al., 2006）。しかし，その後の研究は，扁桃体が恐怖表情だけ
ではなく，ポジティブな表情にも反応することを示している（Somerville et al.,
2004; Yang et al., 2002）。

　以上の知見を考え合わせると，扁桃体が過活動状態に陥っている睡眠不足時に
表情を処理することは，表情の種類によっては，さらなる扁桃体の活性化を導く
可能性が予測されることや，その結果として表情認知自体が歪む可能性も考えら

れる。

　睡眠不足時にネガティブな表情を見ることによって扁桃体が睡眠充足時よりも
活性化することを報告した研究としては，Motomura らの研究が挙げられる
(Motomura et al., 2013, 2014)。彼らは日常的な睡眠不足状態を再現し（4 時間
睡眠を 5 日間），睡眠充足時（8 時間睡眠を 5 日間）と両条件における最終日に，
表情認知時（幸福，恐怖，中立）の脳血流量を fMRI によって計測した。この実
験から彼らは，睡眠不足時において扁桃体の活動が亢進すること，さらに，扁桃
体のブレーキとしての役割を持つ腹側前帯状皮質と扁桃体との機能的結合が低下
することを報告した。またその機能的結合の低下は，主観的な気分の落ち込みと
相関があることも報告された。これと同様の結果は，表情刺激を閾下レベルで呈
示した場合にも得られており，睡眠不足によるネガティブ表情認知時の脳機能の
変化は，有線外皮質経路（網膜から上丘を経由し扁桃体に情報が伝達される経
路）を介した情報経路であっても生じることを示している。

　睡眠不足による表情認知の変化については，van der Helm et al. (2010) が検討
している。彼らは 30 時間の断眠の後と，睡眠を十分とった後の参加者に表情認
知課題を行っている。使用された刺激は，中立表情と幸福，怒り，あるいは悲し
み表情をそれぞれ包含する割合を段階的に変化させながら合成した画像であっ
た。その結果，幸福と怒りを含む刺激の評価については，睡眠充足時に比べて睡
眠不足時において，いくつかの合成割合の刺激で，有意に主観的な情動評価値が
低下することを示した。他にも，久保他（2015）は，交代勤務に従事する介護
職員を対象に，日勤後と，夜勤後に表情認知課題（中立，疲労，活気，ストレ
ス，嫌悪）を行っている。その結果，嫌悪とストレスの表情に関しては，日勤後
に比べ夜勤後の表情評定において，刺激から感じ取る感情（「嫌悪感を抱いてい
る」，「イライラしている」）の強度が有意に低下したことを明らかにした。

　これらの研究は，断眠によって表情認知（評価）が睡眠充足時に比べ無表情方
向へ移行することを示しているが，ネガティブ表情が扁桃体をはじめとする情動
情報処理に関わる脳部位への影響とは結果が乖離しているように感じられる。
Motomura らが明らかにした通り，睡眠不足時に，ネガティブ表情が呈示される
ことによって扁桃体の活動亢進が認められる状況の一方で，その表情の評定が曖
昧になるという現象は，知覚レベルでの刺激処理能力の低下の反映，あるいは，
処理結果の評価レベルでの機能不全の反映など，睡眠不足がいくつかの処理段階
に影響を及ぼしている可能性が挙げられる。また，表情ではないものの，情動刺

激(International Affective Picture System: IAPS)を使用した実験では(Tempesta et al., 2010; Tempesta et al., 2020)，断眠によって情動刺激はより強い情動として評価されることも報告されていることから，睡眠不足が表情評定に与える影響は，その他の情動刺激とは異なる可能性も考えられ，注意深く検討していく必要があるだろう。

☾ 睡眠の乱れと共感性の低下

　上述のように，睡眠の乱れは他者の表情の読み取り能力にも影響する。表情認知が，共感性における認知的共感の主要な役割を果たしていることを考えれば，睡眠の乱れは認知的共感の低下を引き起こすとも言えよう。

　より現実的な場面を想定し，睡眠問題による共感性の変化を検討したものとしては，Gordon & Chen（2013）がある。この研究は研究ⅠとⅡから成り立っており，研究Ⅱでは，私生活におけるパートナー同士が二人組で実験に参加した。そして，実験ではパートナー間でお互いに葛藤の原因となっている問題に関して議論することが求められた。その結果，前日の睡眠の状態が両者ともに良い場合には，話し合いは解決に向かいやすいことが示されたが，参加者の前夜の睡眠の状態が悪いと，議論中の参加者の情動はネガティブになりがちで，第3者によって評価された議論の様子もネガティブなものとなりやすいことが示されている。さらに，この研究では議論中の自身の情動の報告とともに，パートナーの情動を推測することが参加者には求められたが，睡眠が十分ではない場合には，自身の報告とパートナーによって推測された情動状態の間に差が生じがちであることが報告されている。つまり，睡眠が乱れた状態での話し合いでは，お互いの情動状態を正しく理解し合えないことが示唆されたと言える。

　さらに Guadagni et al.(2014) は，共感の中でも，情動的共感に着目して断眠の影響を検討している。この研究では，参加者は一晩の断眠群，通常睡眠群，日中群の3群に分けられ，断眠群と通常睡眠群は断眠／通常睡眠の前後に1回ずつ，そして日中群では日中に2回，写真の中の人物がポジティブ，ニュートラル，ネガティブの状況にある計120枚の画像を見て，画像の状況がポジティブ，ニュートラル，ネガティブのいずれであるかを判断するとともに，その絵が自身の感情に与えた影響，つまり情動的共感の程度を回答することが求められた。そして，その結果から，断眠後の参加者では，画像への情動的共感の程度が弱くなることが示されている。この結果を解釈すれば，眠い状態にある際は他者の感情状態を共有することが難しくなると言えるだろう。

☾ 睡眠の乱れと対人関係上の問題

　このような睡眠問題による認知的および情動的共感の低下は，社会生活全般に影響をもたらすと考えられる。実際，上述の私生活におけるパートナーとの間における関係性だけでなく，親子も含めた家族内の関係性，そして職場における関係性など，我々の生活における対人関係と睡眠問題との間の関連については調査研究でも多く検討されている（Gordon et al., 2021）。例えば，大学生を対象として対人関係と睡眠との関連を縦断的調査により検討した Tavernier & Willoughby（2015）は社会的紐帯の弱い大学生はその後の睡眠問題が多くなることとともに，その睡眠問題の多さがその後の社会的紐帯の弱さを予測することを確認し，睡眠と社会的ネットワークとが相互に影響を与え合う関係性にあることを示唆している。また，職場の人間関係に着目した Guarana & Barnes（2017）は，調査の結果から上司と部下の関係性においても，睡眠の乱れが関係性の評価に影響していることを確認している。さらに Yorgason et al.（2018）は，高齢夫婦を対象とした場合でも，より良い睡眠状態が夫婦間の日々の相互作用に関連していることを報告している。このような研究結果から推測すれば，幅広い年齢において，そして様々な人間関係の形において，睡眠の乱れは良好な人間関係の構築と維持を難しくするようである。

　このように近年，社会心理学的テーマにおける睡眠の問題は注目を集めつつあり，研究の数も増加しているが，Gordon et al.（2021）の系統的レビューでも指摘されているように，それらの研究の多くは横断的な相関研究である。したがって，睡眠の乱れが対人関係上の問題に結びつくメカニズムについてはさらなる研究が必要である。しかし，いくつかの実験的手法を用いた研究は，上述のように睡眠の乱れが共感性の低下や気分の悪化（第 3 章 1 節参照），そして他者に与える自身の魅力も低下させること（Sundelin et al., 2017）を明らかにしており，これらが睡眠の乱れたヒトの良好な人間関係の構築・維持を困難にするメカニズムの一部であると思われる。今後，睡眠問題と対人関係上の問題との間の因果関係及びその背景メカニズムの解明についてはさらなる研究が期待される。

（浅岡・西村）

関　連　　第 3 章 1 節　睡眠とこころの健康との関連
　　　　　第 1 章 1 節　睡眠の乱れに起因する認知機能の変化

3節 集団と睡眠

本節では，睡眠の乱れが集団の中での我々の行動や態度に与える影響に関するいくつかの研究の知見を，反社会的行動，社会的手抜き，そして偏見と差別に着目して紹介する。前節で述べたように，社会心理学領域における睡眠研究は近年になるまで注目を集めて来なかったこともあって，集団における行動や態度に対する乱れた睡眠習慣の影響に関しても知見は十分ではない。しかし，本節で紹介する研究の結果は，この領域の研究が今後の睡眠研究や社会心理学的研究において注目を集めていく可能性を感じさせるものと言えよう。

☾ 睡眠の乱れと反社会的行動

睡眠の乱れが情動的不安定性に結びつくことは第3章1節でも述べたが，それが社会的に望まれない行動の誘因となりうる可能性を示唆する研究の知見も増えつつある。カードの選択やルーレットによるギャンブルを模した課題を用いて眠気が選択に与える影響を検討した実験的研究（Killgore et al., 2006）において，眠い状態にあるヒトは勝った際の獲得金は多いが勝つ確率の低い選択肢を選びやすくなることが示されている。このような行動上の変化が生じる脳内メカニズムとしては，眠い場合においては，リスクの高い選択肢を選んだ際の側坐核という脳部位の活動が活性化しやすくなる一方で，損失が生じた際の島や前頭眼窩野の活動が通常時と比較して弱くなることがある（Venkatraman et al., 2007）。つまり，眠い状態にあるヒトは，高いリスクへの期待が高く，それに賭けた際の高揚感を感じやすいが，うまくいかなかったことを受け止めて選択をより良いものに変容させていくことが難しくなっている可能性があると言えよう。このような睡眠の乱れがリスクテイキング行動につながる可能性は複数の研究で報告されており（レビューとして，Womack et al., 2013），そこには第3章1節でも述べた前頭葉内側部の機能低下も関連していると考えられている。

　刺激希求性に着目した研究も調査を中心として複数存在し，その1つである Tonetti et al.(2010) は生体リズムの傾向（朝型−夜型）が夜型である大学生の方が朝型傾向の大学生と比較して刺激希求性が高く，特にこの傾向は男性で明らかであったと報告している。また，Tonetti et al.(2009) の他，複数の研究において夜型の生体リズムを持つものは朝型の傾向を有するものと比較して性格検査における誠実性の得点が低いことも報告されている。

　さらに衝動性の高さと睡眠問題の存在との関連を指摘した研究や（Abe et al., 2010），睡眠の乱れが社会的なモラル意識を低下させることを示唆した研究も存在するなど，反社会的行動の生起と関わる変数と睡眠変数との間の関連は数多くの研究で指摘されている。ただし，実際に反社会的行動傾向と睡眠問題の存在との関連を直接的に検討した研究の知見は多くない。さらに，上述の反社会的行動の生起に影響しうる変数に与える睡眠の乱れの影響に関しても，Killgore（2007）では夜型傾向は自記式質問票によって測定されたリスクテイキングの傾向の高さとは関連を示すものの，認知課題によって測定された実際のリスクテイキング行動とは関連を示さず，それに対する断眠の効果も認められないと報告されているなど，必ずしも安定した結果が得られていないのも事実である。これらを総合して考えると睡眠の乱れが社会的に望ましいとされない行動の誘因となる可能性も高いが，このテーマについては今後さらなる研究が必要と言えよう。

☾ 断眠と社会的手抜き

　社会的手抜きは，個人で作業するときよりも集団で作業する場合に作業量が低下する現象（Latané et al., 1979）であり，特に自分の作業量が評価されない状況でのパフォーマンス低下として定義されている（Kerr & Bruun, 1983）。断眠によっては認知的パフォーマンスの自己評価などの低下も指摘されていることから（第1章6節），断眠が社会的手抜きに与える影響が十分に考えられる。実際，断眠と社会的手抜きについて実験的に検討している研究は少ないものの存在する。

　Hoeksema-van Orden et al.(1998) は，参加者に20時間の断眠を要求し，様々な課題（反応時間課題や記憶探索課題など）を，グループで取り組むように教示される群（グループ条件）と，個人で課題に取り組むように教示される群（個人条件）にランダムに参加者を振り分けた。グループ条件では，課題は個人で取り組むが成績はグループで合算して評価され，その評価に応じてボーナス（謝金の増額）が与えられることが教示され，一方個人条件では，ボーナスは個人の課題成績の評価に応じて与えられることが教示された。その結果，個人条件では，覚

社会

醒時間の延長に関わらず課題成績は低下しなかった一方で，グループ条件では，覚醒時間の延長に伴い，課題成績の低下が認められた。この結果は，覚醒時間の延長にしたがい，社会的手抜きが増加したことの反映であると考えられている。ただし，社会手抜きの増加が認められたグループ条件であっても，個人成績をフィードバック（グループ全員の個人成績を公開）されると覚醒時間の延長に関わらず課題成績が低下しなかったことも報告されており，個人へのフィードバックが，断眠時の社会的手抜きの効果を打ち消す可能性が指摘されている。

　また，Baranski et al.(2007) は，より集団的な意思決定が働く場面を実験室上に再現し，覚醒時間の長さと社会的手抜きの関連について検討している。彼らは，軍事場面を想定した船上監視課題を 4 名からなるチームで取り組むように参加者に要求している。課題では，監視レーダー様の画面上に呈示される様々な船の情報から，適切に敵船を見出すことが求められた。4 名のうち 1 名はリーダーとなり，リーダーは残り 3 名の構成員の他船の判断に基づき，敵船か否かの最終決定を行う。その結果として，このような場面設定においても連続覚醒時間が延長するにしたがって，敵船検出の成績が低下することが示され，集団で意思決定を行う場合，断眠が判断の正確性を低下させる可能性を示唆している。

☾ 睡眠と偏見・差別

　睡眠の乱れは，集団に対する偏見やそれに基づく判断，行為にも影響を与えることがいくつかの研究で報告されている。例えば，Ghumman & Barnes (2013) は，3 つの研究により眠気と偏見との関連を検討している。1 つ目の研究では，ヘッドスカーフをまとったイスラム教徒の女性の写真を見せたのちにこの女性に関する物語を作成するよう教示し，ステレオタイプな表現の数をコーディングしたところ眠気とステレオタイプな表現の数に関連があったことを報告している。2 つ目の研究では，黒人の名前の求職者と白人の名前の求職者の適格性の判断を求める課題を行い，眠気が高いものほど白人の名前の者をより的確であると判断することを報告している。3 つ目の研究では，黒人 - 白人潜在的連合テストの結果と眠気と modern racism scale との関連性を検討し，有意傾向ではあったものの潜在的連合テストによって測定される潜在的偏見と眠気の交互作用がレイシズムを予測することを見出している。これら一連の研究は，眠気が高い状態ではステレオタイプな判断や差別的行為に関連するとともに潜在的偏見を抑制することができない可能性を示唆しているものの，観察研究である。睡眠時間を独立変数として操作し，睡眠剥奪と偏見や差別的態度との関連を検討した研究として

Scullin et al.(2020) の研究がある。この研究では，4 日間の睡眠制限群（平均6.2 時間）と通常の睡眠群（平均 7.7 時間）に対して，警察官のジレンマ課題（銃を持っているもしくは持っていない白人と黒人の男性の刺激に対して射撃をするかを判断する課題）の結果の違いを検討している。この結果，睡眠制限群は通常の睡眠群と比較して黒人の標的に早く多くの射撃の判断を行うことが報告されている。また，通常睡眠条件（平均 8 時間）と睡眠制限条件（平均 4 時間）を比較した参加者内計画の研究（Alkozei et al., 2018）においても睡眠制限条件では差別的な判断が行われやすいことが報告されている。この研究では Karolinska airport task が使用されている。この課題は，複数の人物の写真を見て自然災害から人々を非難させている飛行機に旅客を搭乗させるかどうかを判断する課題である。ただし，この中にはテロリストが 1 名存在することが事前に伝えられており，人物の写真には予備調査によって性格特性がネガティブと評価された顔とポジティブと評価された顔が混在している。この研究の結果，睡眠制限条件の方がネガティブな性格特性を有すると判断された写真の者を拒否することが報告されている。

これらの研究から，睡眠不足の状態では，差別的な態度が顕著になりやすいと考えられる。そして，この背景には，睡眠不足により注意資源が失われることや脅威の知覚が促進されること，そして潜在的偏見を抑制することができず"近道"な判断が選択されやすくなることが関連していると考えられる。

また，いくつかの研究では，睡眠不足が偏見自体をも増大させる可能性が指摘されている。例えば，警察官を対象として複数回武器に対する潜在的連合テストを行った観察研究では，テスト前に睡眠時間が短かった場合，黒人アメリカ人と武器との間の潜在的連合スコアが高かった（両者の潜在的連合が強かった）ことが報告されている（James, 2018）。また，アラブイスラム教徒の名前に対する潜在的連合テストを用いた参加者内計画の研究では，睡眠不足条件（4 時間）では通常睡眠条件（8 時間）の時と比較してネガティブな単語とアラブイスラム教徒の名前に対する連合が強まったことが報告されている（Alkozei et al., 2017）。これらの研究で用いられている潜在的連合テストによって測定される概念間の連合強度自体が変化することをもって（本来安定的な構えである）偏見が増大したと考えることや潜在的連合テストの結果を民族や人種に対する偏見を反映する指標とできるか？については議論の余地がある（例えば，Oswald et al., 2015）が，興味深い結果であると考えられる。 （浅岡・西村・山本）

関　連　第 3 章 1 節　睡眠とこころの健康との関連
第 1 章 3 節　注意研究において睡眠変数を考慮することの重要性

4節 メディアと睡眠

　本節では，テレビ視聴の長さや SNS を含むインターネットの利用時間など，いわゆるスクリーンタイムが睡眠習慣に与える影響についての知見を概観する。その上で，スクリーンタイムの長さと睡眠の間の関連性についての極端な例としてゲーム障害を取り上げる。最後に，近年増えてきたメディアによる睡眠に関する情報発信において懸念される点としてデマを取り上げ，メディアと睡眠との関連性について多面的に検討してみたい。

☾ スクリーンタイムと睡眠

　インターネットの普及に伴って，睡眠に与えるその影響に関しても注目が集まり，時刻帯別のインターネット利用時間（Asaoka et al., 2010）や，寝床での利用の有無（Van den Bulck, 2007），そして，インターネット依存（Alimoradi et al., 2019）など幅広い観点でインターネットの利用状況が測定され，それらと睡眠問題との関連が多くの研究で検討されている。それらの研究の結果としては，特に夜間の過度なインターネット利用が就床時刻の後退を始めとする睡眠問題と関連しているとの報告が散見される（Hale & Guan, 2015）。

　夜間に光を浴びると睡眠と関連するホルモンの1つであるメラトニンの分泌が抑制されるとともに，生体リズムの位相後退が生じる（詳しくは，樋口，2011）。特に PC やスマートフォンのディスプレイで使用される青色 LED を用いたバックライトは，上述のメラトニン抑制や位相変化に強い影響を与える波長のブルーライトを多く含むことや，PC での作業やスマートフォン利用時には画面と目の距離が近く，画面自体の明るさ（輝度）が低くても目に入る光の照度が比較的高くなりがちであること，そして低照度の光であっても位相変化が生じることの知見の集積などもあり，夜間の過度なインターネット利用が睡眠の乱れにつながるメカニズムの1つにこの画面からの光暴露があると考えられている（Owens et al., 2014)。しかし，実際にブルーライト成分の強さの異なるスマートフォンを用いて生体リズムに与える影響の違いを検討した研究では，スマートフォンの画面から発せられる光成分の違いによるメラトニンレベルの有意な変化が認められないとの報告もある（Heo et al., 2017）。

インターネット利用と睡眠問題との関連を説明しうる光暴露以外のメカニズムとしては，インターネットを介した夜間のコミュニケーションがある。夜間の他者とのコミュニケーションは，特に若者においては就床時刻後退の要因となりがちである（Asaoka et al., 2010）。スマートフォンに代表される携帯端末は寝床でも利用可能なため，消灯後に他者との間でインターネットを介してメッセージのやり取りをする若年者の割合は高く（Van den Bulck, 2007），それが睡眠分断の要因にもなりうる危険性が以前より指摘されている（Van den Bulck, 2003）。

インターネットやスマートフォンが一般に普及する以前において，睡眠時間の短縮や睡眠相後退との関連が数多く指摘されていたメディアとしてはテレビがある（Owens et al., 1999）。インターネットと同様に，特に夜間の視聴時間の長さが睡眠相の後退や睡眠時間の短縮につながるとの指摘が多く（Hale & Guan, 2015），睡眠習慣に与える悪影響が懸念されている。しかし，インターネットと違い時刻情報を有するテレビでは，その利用が起床時刻の前進と関連することを示唆する知見もある。例えば，Thorleifsdottir et al. (2002) は，早朝のテレビ番組視聴が児童の週末の起床時刻の前進と関連することを示唆している。また，Asaoka et al. (2007) は，大学生と高齢者を対象に一日のテレビ視聴時間を 30 分以内に制限する介入を行い，テレビの存在が睡眠時間の短縮を引き起こしている可能性とともに，一人暮らしの大学生に対しては生活に時間的手がかりを与える役割を担っている可能性を指摘している。

このように，特に夜間のスクリーンタイムの長さは，睡眠問題の発生と関連していると思われるが，Hale & Guan (2015) がそのレビューの中で述べているように因果関係の検討は十分ではない。また，一概にスクリーンタイムといっても，視聴時間帯やコンテンツの違いなどによっても，睡眠への影響が異なる可能性は高く，今後も様々な切り口によるさらなる研究が必要とされるであろう。

☾ ゲーム障害と睡眠

コンピュータ・ゲームは大きな発展を遂げている。家庭用のテレビ受信機を媒介としたビデオゲームから，液晶付き携帯型ゲームが普及し，近年では据え置き型情報端末やスマートフォンを介したゲームなどその形態は様々である。特に

社会

2000 年代以降は，インターネット通信によるオンライン上での他のゲームユーザーとの相互交流を用いたインターネットゲームが普及している。インターネットゲームは，一般的にゲーム設定に終わりがなく，ゲーム上の報酬や，プレイヤー間での協力や競争があり，心理的依存が高まりやすいことが指摘されている（Paulus et al., 2018）。インターネットゲームに依存し日常生活に支障がある状態は，"インターネットゲーム障害（Internet Gaming Disorder: IGD）" としてDSM-5 において「今後研究が進められるべき精神疾患」として初めて定義された。また 2022 年に発効された ICD-11 においても疾病単位として「ゲーム障害」が追加されたことから注目を集めている。IGD の推定有病率は，アジアは特に有病率が高く，青年の男性で 8.4 ％，女性で 4.5 ％と推計されている（American Psychiatric Association, 2013）。

　IGD では，ゲームの過剰使用それ自体の影響に加え生活習慣の乱れを導くことによる心身の健康への悪影響が認められるが，特に睡眠への影響は大きい。ICD-11 では，ゲーム障害の臨床的特徴として，ゲーム使用期間の長さと睡眠が関連することや，睡眠覚醒障害を併存することが記述されている。ゲームと睡眠の関連を検討した系統的レビュー（Kristensen et al., 2021）によると問題のあるゲーム使用は，短時間睡眠，主観的睡眠の質の低下，日中の過剰な眠気，不眠などの睡眠問題愁訴と関連していたことが報告されている。また，睡眠問題への影響は，インターネットの過剰使用による問題それ自体もあるが，ゲームの内容や形態によっても影響力が異なる可能性が示唆されている。例えば，問題のあるインターネット使用と依存性のあるインターネットゲームを区別した系統的レビューでは，特にマルチプレイヤー・ロールプレイング・ゲームが最も睡眠の質の悪さに関連していたことが報告されている（Lam, 2014）。今後は，ゲームの内容やゲームとの付き合い方による睡眠への影響の違いの詳細を検討し，ゲームによる睡眠問題対策を検討することが期待される。

☾ 睡眠にまつわるデマ

　睡眠についての関心は非常に高く，メディアなどで取り上げられることも多い。しかしながら，提供されている情報の中にはデマと呼ばざるを得ないものも多い。しかも，その中のかなりの部分が一見すると科学的に見える説明がされているので多くの人が真実であると見做していることがほとんどである。以下に，よく知られている睡眠の「知識」について解説していこう。「ホットミルクを飲むとよく眠れる」という情報が多く出回っている。この根拠として，牛乳の中に

必須アミノ酸であるトリプトファンが含まれており，体内で眠りのホルモンであるメラトニンに変化するので，よく眠れるという説明がされている。しかしながら，牛乳の中に含まれているトリプトファンの量は少なく，必要とされるメラトニンを生み出すために飲まなければならない牛乳の量はだいたいドラム缶の半分くらいと試算されている。つまりカップ一杯の牛乳ではなんの意味もないのである。さらに言えば，メラトニンには，生体リズムの調整機能はあるらしいが，睡眠薬と同様な催眠作用があるかどうかについては，確かではない。「浅い睡眠であるレム睡眠は 90 分周期で出現するので，90 分の倍数の睡眠をとると，朝，スムーズに目覚めることができる」という説明もよく見かける。たしかに，レム睡眠は約 90 分の周期で繰り返し出現する。しかしながら，平均して 90 分というだけで，実際には 60 分から 120 分の間でその周期は変動する。したがって，90 分の倍数の睡眠をとったとしても，目覚まし時計がレム睡眠のタイミングで鳴ってくれるという保証はない。また，レム睡眠は脳の活動としては，夢を見られるくらい睡眠状態の中では活発に活動している状態ではあるが，レム睡眠時は，外界からの刺激が脳の段階でブロックされる機構が働いているため，目覚まし時計の音は脳まで届きにくく，仮に届いたとしても，夢の中に取り込まれて，例えば，「電話が鳴っている」という夢に変換してしまう可能性もある。したがって，目覚めやすい睡眠では全くない。さらに，夢は基本的に怖い内容のものが多く，夢を見ているタイミングで起こされると夢を 8 割方覚えていることになる。つまり，タイミングよく目覚まし時計がレム睡眠で鳴り，それが脳に到達し，目覚めさせられたとしても，その 1 日は，悪夢から始まるということになりかねない。90 分の倍数の睡眠をとることに熱心になるくらいなら早く眠る方が，目覚めにも健康にもずっと良い。「青色は鎮静色なので寝室の色に相応しい」という話もたまに遭遇することがある。壁紙の色が青いくらいであれば，消灯すれば見えなくなるので構わないが，照明を青にするのは，避けた方が良いだろう。我々の目から入る光は生体リズムや睡眠に強く影響し，夜に明るい部屋にいるだけで，夜更かしを強力に促すことになる。特にブルーライトは影響が強い。このため，寝室や寝る前に過ごすであろうリビングなどの照明を青やブルーライトを含む白い照明にすることは，良い睡眠には全くの逆効果である。

（浅岡・山本・福田）

関　連　第 2 章 6 節　概日リズム問題の心理学的支援
　　　　第 2 章 3 節　児童・思春期の心理学的支援の対象に併存する睡眠問題

5節 睡眠と文化
——眠りを左右する文化

　睡眠は生命現象であるので，文化によって直接影響を受けることは比較的少ない。しかし，文化的な習慣などが，物理化学的な現象を媒介として睡眠に影響を与えることが実際にありうる。本節では，特に，睡眠にとって無視できない“光”について，照明という側面から解説を行う。

☾ 照　明

　住宅の照明には，大きな文化差が存在する。欧米のドラマなどを見ると住宅の照明が日本と比べて非常に暗いのに気がつくだろう。日本では「昼光色」や「昼白色」の白くて明るい照明が好んで使われており，欧米の住宅ではこのようなことは皆無である。しかし，その理由は定かではない。アジア人の虹彩の色が濃く，欧米の白人よりも強い光に対する耐性が高いという可能性への言及もあり，実際，虹彩の色の薄い白人と比較して，虹彩の色の濃いアジア人は，光によるメラトニン抑制の程度が有意に低いという研究結果もある（Higuchi et al., 2007）。しかし，それだけでは，欧米にいるアジア系やアフリカ系といった白人以外の人達が，なぜ暗く赤系統の照明のもとで暮らしているのかについて説明することは難しいだろう。明るい蛍光灯は，日本の戦後復興とともに社会に浸透していった。日本での蛍光灯生産のパイオニアである東芝の「光る，光る東芝…」や松下電工の「明るいナショナル…」という当時のTVCMソングから想像されるように，室内が明るく照らされるということが日本の戦後復興や文明の高度化の象徴として感じられるという，いわば文化的な側面があったのではないだろうかと感じられる。

　夜の照明として1792年にガス灯が発明され，1870年代にはヨーロッパの都市の大通りにアーク灯が設置されるようになった。しかし，本格的な人工照明の登場は1879年のThomas Edisonによる白熱電球の発明ということになろう。その

後，蛍光灯の原型となった Geisler 管の発明を経て 1938 年に蛍光灯を General Electric 社が制作するようになった。日本では 1940 年に東芝が昼光色の蛍光灯の生産を開始した。その後，1960 年代に赤色 LED（Light Emitting Diode）が登場し，1980 年代に緑色の LED が登場し，1993 年に世界初の高輝度青色 LED が発明され，LED の発光に光の三原色（Red, Green, Blue）が揃った。1996 年には，白く光る白色 LED が発表されたが，現在，使用されている白色 LED 照明は，これらの光の三原色に対応した LED 素子を使用しているのではなく，青色 LED 素子と黄色の発光をする蛍光体の組み合わせにより白色光に見せている。このため，白く明るく見えてもほとんどの周波数帯域にほぼ一様なエネルギー分布を示す太陽光の分光分布とは全く異なり，青色光と黄色光に対応した 2 つのピークを持つ分光分布を示す。

☾ LED の実際

　図 5-5-1 に，よく示される昼光色の蛍光灯と LED 照明の分光分布を示した。この図を見ると，生体リズムに強い影響を与える 450nm 周辺にピークを持つブルーライトの強烈なピークが LED 照明に認められ，一見すると蛍光灯の方がブルーライトの照射がよりマイルドであるかのような印象を受けるが，こうした図は最大値を 1 とする相対値で示されることが多く，この図も相対値による表示

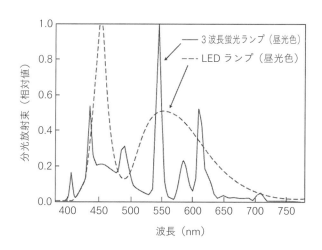

図 5-5-1　昼光色の蛍光灯と LED ランプの分光分布の比較
相対値による。時間学の構築Ⅲ第 5 章（福田，2019）より引用。照明学会（2014）を基に改変。

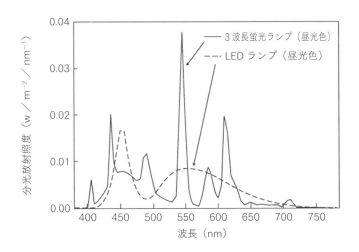

図 5-5-2　昼光色の蛍光灯と LED ランプの分光分布の比較
絶対値による。時間学の構築III第 5 章（福田, 2019）より引用。照明学会（2014）を基に改変。

である。これを絶対値に直したものが図 5-5-2 である。この図から分かるように，白色蛍光灯と白色 LED のブルーライトに該当する（450nm 周辺をピークとする帯域）部分の面積は蛍光灯も LED もさほど変わらない。ブルーライトの害を論じる際に，LED 照明が槍玉に挙げられることが多いが，実は，我々日本人は白い蛍光灯を室内照明としてずっと使い続けてきており，つまり，戦後からずっとブルーライトの影響を受け続けて来たというわけである。先に述べた日本人の夜更かし傾向や睡眠時間の極端な短さが，この夜の白く明るすぎる（ブルーライトを含む）照明と関係があるのではないかと筆者は考えている。実際に，暗くオレンジ色の住宅照明を導入することによって 1 週間で 1 時間ほど早寝早起きの生活になったり（Fukuda et al., 2021），大停電の夜に中学生が 1 時間半も早寝になったり（Fukuda et al., 2020）したという事実もある。

　最近では，夜の室内照明の色合い（色温度）について日本でも見直す動きもあるように思う。光と睡眠についての関連が非常に強いことが科学的に判明してきた以上，こうした「文化的」な生活様式についてももう少し真剣に見直しがされても良いだろう。

（福田・山本・浅岡）

関　連　　第 3 章 5 節　生活習慣と睡眠の関連
COLUMN　暗いところで本を読むと目が悪くなる？

暗いところで本を読むと
目が悪くなる？

　夜は，暗いところで過ごしましょう，という話を講演ですると，必ずと言ってよいほど「暗い所で本を読んだりすると目が悪くなりませんか」という質問を受ける。この「目が悪くなる」の意味は近視になるということだが，この「常識」は世界中で信じられているらしい。2007 年に British Medical Journal の 特 集 で，「Medical Myth: Sometimes even doctors are duped（医学の神話：ときには医者さえ騙される）」という記事が掲載された（Vreeman & Carroll, 2007）。この特集の中で「Reading in dim light ruins your eyesight（暗いところで本を読むと視力が悪くなる）」というトピックが取り上げられている。この記事では暗いところで本などを読むことが眼精疲労の原因とはなるが，それは長続きしないと述べられ，近視の原因とはならないと述べられている。近視の要因は完全に解明されたわけではないようだが，1 つ確実に分かっているのは，遺伝的な素因が存在するということである。双生児研究によって，近視や屈折異常に対する遺伝の影響があることが分かっている（Hammond et al., 2001; Teikari, 1991）。また，近視の親の子どもは近視になる前から眼軸長（眼球の前後の長さ）が長く，将来近視を発症しやすい素因を持っている（Zadnik, 1994）。また，近視の割合はアジアで非常に高く，特に日本で高いことが知られている（Takashima, 2001）。また，高学歴や外遊びの少なさや本を含めて近くで物を見ること（near-work）等と，近視の発症は関係のあることが知られており（Hsu, 2016; Myrowitz, 2012），素因のみではなく，このような環境要因が関与していることが分かる。夜間に常夜灯などを点けて眠ることが近視の一要因と言われたことがあるが（Quinn et al., 1999），現在では否定的な見解が多いようである（Guggenheim et al., 2003）。また，最近では電子機器の利用と子どもの近視との関係が問題となっている（Foreman et al., 2021）。　　　　（福田）

社会

6節 睡眠と文化
——眠りを取り巻く文化

　睡眠は生命現象の1つであり，基本的な構造や機能について，文化的な影響を受けるわけではないが，文化と関連がないというわけではなく，睡眠にまつわる文化的な習慣なども存在する。本節では，文化に対して睡眠が与えた影響について概観する。

☾ 睡眠時間の地域差

　睡眠（と覚醒）は生体リズムに制御される生命現象であり，文化によって修飾される部分はその表面的な表現の部分である。文化の影響や社会の制約によって夜型化したり，交代勤務に従事する人々はいるが，生物学的に夜行性の人間や24時間リズムから解放された人間は存在しない。ただし，国や地域により睡眠のパターンが影響を受けないわけではない。例えば，日本は年齢を問わず，世界で最も夜更かしで睡眠時間が短いことで知られている。睡眠時間の短さを国際比較した場合，多くの場合に日本が1位となることが多い。Steptoe et al.(2006)は大学生の睡眠時間の国際比較を行ったが，日本が最も，そして極端に短く（男性6時間12分，女性6時間5分），分析の対象からも除外された。3歳児までの乳幼児の睡眠を調べたMindell et al.(2010)のデータでも1日当たりの睡眠時間が対象となった17ヵ国中で最も短かったのは日本（11時間37分）であり，3－6歳の睡眠時間では対象となった13ヵ国中の1位をインドに譲ったものの，日本は2番目に睡眠時間が短かった（10時間44分）（Mindell et al., 2013）。経済協力開発機構（OECD, 2021）によると，15歳から64歳の睡眠時間を調べたところ，対象となった33ヵ国のうちで睡眠時間が最も短かったのは，日本であり，7時間半を切っていたのは日本のみだった（7時間22分）。睡眠時間の長さは地域によって異なるが，その差が生じる理由については明確ではない。

⁜ シエスタ

　午後の時刻に長い昼寝をとる習慣は，地中海地方や南米や東南アジアなど気温の高い地域で日中の高い気温を避けるためにとられるとされているが，こうした習慣のない地域からは，非効率や仕事へのやる気のなさの象徴と見做される傾向があり（Bursztyn, 2013），また，30 分以上の長い昼寝の習慣は，心臓血管系の疾病や死亡のリスクを高めることが多くの研究で明らかとなっている（Bursztyn et al., 2002; Jung et al., 2013）。また，シエスタの習慣には男女差もあり，特に高齢の男性でよく見られる習慣であるため（Bursztyn et al., 1999），単なる文化的背景に依るものとも言えないようである。さらに言えば，高い気温への適応としてのシエスタ様行動は，キイロショウジョウバエにも認められ（Chen, et al., 2007），さらにその行動には雌雄による差があるともされている（Isaac et al., 2010）。

⁜ 金縛り（睡眠麻痺）

　金縛り（睡眠麻痺）については，その生理学的機序について第 2 章 1 節で簡単に触れたが，ここでは金縛りと文化との関連について解説を行う。金縛りは生理学的にほぼ完全に説明できる現象ではあるが，その体験の異常さや，体験に伴う恐怖感から洋の東西を問わず，様々な不思議現象との関連を指摘する俗説は多い。日本では心霊現象としてとらえられることが多く，実際に，金縛りの最中に体験される幻覚体験では亡くなった親族が夢枕に立ったなど，「霊が見えた」などの体験が多いが，中華文化圏では，「鬼 壓 床^{グイヤーチュアン}」などと呼ばれ，日本と同じように身体が動かなくなり霊が見えたなどの体験が報告されている（Wing et al., 1994）。ちなみに，中国語で「鬼」は日本とは異なり第一義としては，幽霊という意味である。

　西洋では悪魔や魔女と関連付けられることが多く（Liddon, 1967），Witch Riding（魔女が乗る）とか Nightfiend, Nightmare などと呼ばれ，後者は，夜間に悪魔が眠っている人を襲うと信じられていたことに基づき，その悪魔の呼び名のことである。Nightmare は現在では悪夢を表すとされているが，原義は，夜間に眠っている人を襲い，様々な恐怖体験（睡眠麻痺・悪夢・子供の夜驚など）を引き起こす悪魔を表している。これらの悪魔は夜間に人を襲い性的に交接するとも考えられていたため，雄の悪魔を Incubus，雌の悪魔を Succubus と呼ぶ。

　日本では金縛りと聞いてほとんどの人が睡眠麻痺という現象を思い浮かべるが，西欧では，上述の俗説による説明が広く信じられているわけではないため，実際に自分の身にこの現象が起こると，理解できずに悩むか，悪夢の一種と考え

社会

る場合が多いようである（Fukuda et al., 1998; Hufford, 1982）。西欧では，例え
ば，カナダ・ニューファンドランドの Old Hag（Hag は鬼婆のような意味）やド
イツの Hexen Drücken（魔女が押す），フランスの Cauchemar（原義は，悪霊が
押す）などが地域によって用いられていることが知られている。現在，日本では
金縛りという言葉を知らない人はほとんどいないだろうが，昔からそうだったわ
けではない。「金縛り」という言葉の元々の意味は，不動明王の法力を使って敵
対する相手を無動化する不動金縛りの法という力を修行僧が使ったと言われてお
り，そのことを指す場合と，借金などで身動きができない状態を「かねしばり」
と呼ぶ場合があり，この 2 つが元々の意味である。1960 年代頃からテレビの心霊
現象を扱う番組の中で心霊研究家と称する人々がこの呼び名を広げていったらし
く，当時は睡眠関連現象である睡眠麻痺を金縛りと呼ぶことは一般的ではなかっ
た（中岡，1985）。つまり，テレビ放送というマスメディアを通してこの表現が
市民権を得たことになる。それより前は，日本でも睡眠麻痺体験は，アイヌでは
「アイヌカイセイ（亡霊の意味）」，東北から関東にかけてはザシキワラシ（座敷
童）という妖怪，沖縄では，キジムナーもしくはアカガンターと呼ばれるガジュ
マルの木の精によって起こされたというような地域ごとの俗説が信じられていた。
　これと比較的似た事例としてアメリカにおける「宇宙人による誘拐（Alien
Abduction）」が挙げられるかもしれない。宇宙人による誘拐体験の典型的な体験
談とは，「夜中に目が醒めると身体が動かず，恐怖を感じると，部屋に人影が見
えて，それが宇宙人だった」というものである。見えた人影が幽霊だったか宇宙
人だったかの違いはあるものの，全体的な体験内容は睡眠麻痺と入眠時幻覚その
ものである。この内容自体には，「誘拐」のストーリーは含まれない。このよう
な体験をした人の一部が，その後の記憶が宇宙人によって消去されたと考え，そ
の記憶を「再生」するために催眠による記憶の「回復」をしてもらうと，UFO
から光が放射され，UFO に吸い上げられて行き，UFO の中で「身体検査」が行
われたという「記憶」が蘇るというのである。催眠による記憶の再生は，実際の
記憶の再現ではなく，偽の記憶が植えつけられるというメカニズムで起きている
と言われている（Loftus & Ketcham, 1994）。このように，前半が睡眠麻痺体験，
そして後半部分が催眠によって作られた偽の記憶という形で「宇宙人による誘拐
体験」が作られるのである（Blackmore, 1998）。そして，これら，宇宙人によっ
て誘拐されたと信じる人々がテレビの番組（例えば the Oprah Winfrey Show な
ど；Dean, 1996）で体験談を披露するようになった。睡眠麻痺の経験がある人は

人口の４割近くいるので，かなりの視聴者が自分も宇宙人によって誘拐された
のではないかと思い込むわけである。このようにして北アメリカ大陸にのみ宇宙
人によって誘拐されたという人々が増えていったと考えられる。

　睡眠は生理学的に規定されている生命現象なので，現象そのものが文化に依っ
て影響を受けることは多くないが，この睡眠麻痺の例のように，現象の解釈など
については，それぞれの文化を大いに反映している。認知心理学や社会心理学の
テーマとしても興味深いのではないだろうか。

☾✦ その他の睡眠に関わる文化（Dream Catcher と Monster Spray）

　北アメリカ先住民（Native American, First Nation）の文化においては，夢を
霊的な現象を理解するための重要な情報源であると考え，また，別の世界への入
り口でもあると考えられていた。Dream Catcher は，乳児の頭に入る夢のうち悪
いものを避け，良いものだけを通すために乳児の揺りかごの上部に設置する，言
わば「装置」ではあるが，現在では民芸品やお守りという扱いである（Tedlock,
2004）。

　実は悪夢は子どもで多い（Floress et al., 2016; Salzarulo & Chevalier, 1983）。
欧米では，Monster Spray とか Magic Spray などという，「怪物撃退ができる」
スプレーを実際に部屋に撒いて，子どもを安心させたりすることもある（Owens
& Mindell, 2005）。スプレーの中身は単なる水や，香料を含ませた水であり，実
際には，なんの効果も無いものだが，子どもにとっては安心して眠るきっかけと
して有効であるようである。しかし，こうした「おまじない」を使うことは，子
どもによっては，怪物が本当にいる証拠としてとらえる場合も有るので注意が必
要である。

☾✦ さいごに

　前節から述べてきたように，睡眠そのもののパターンに影響を与えるような文
化的特徴（光環境が睡眠を夜型化するなど）もあれば，睡眠の生物学的側面には
文化間では差がないものの，それをどのように解釈するか（睡眠麻痺に伴う幻覚
を悪魔や霊の仕業と考えるか宇宙人と考えるか）に文化的な影響を認められる場
合と，睡眠そのものとは直接関係しないものの，睡眠，特に夢に関わって生まれ
てくる文化的な習慣や解釈など，睡眠や夢の神秘的特性故に文化との関わりが生
まれてくる場合がある。このような現象には，様々な心理学的アプローチが可能
であるように思う。このような現象について今後心理学分野の研究が行われるこ
とを期待したい。

（福田・山本・浅岡）

関　連　　COLUMN　添い寝（Co-sleeping）
　　　　　第3章4節　睡眠健康の現状

━━━ COLUMN ━━━

添い寝（Co-sleeping）

　子どもと保護者の睡眠のとり方は文化によって影響を受けるが，その 1 つ
が Co-sleeping と言えよう。日本では乳幼児など幼い子どもは両親と寝室を
ともにしたり（Room Sharing）さらに寝床をともに（Co-sleeping,
Bed-sharing）することも珍しくないが西洋文化圏で Co-sleeping はむしろ
例外的である（Latz et al., 1999; Owens, 2004）。Latz et al.(1999) による
と，生後 6 ヵ月から 4 歳の乳幼児を対象に日本とアメリカ合衆国で比較し
たところ，日常的に Co-sleeping をしていたのは，日本の子どもの 59 ％に
対してアメリカの子どもは 15 ％のみであり，また，日本はそのうちの全員
が一晩中一緒に眠っていたのに対して，アメリカでは一晩中一緒に眠ってい
たのはこの 15 ％のうちの 11 ％のみだった。ただし，Latz et al.(1999) が
対象としたアメリカ人は，中産階級以上の白人であったが，西洋文化圏でも
Co-sleeping が全くないわけではなく，アメリカ合衆国内でもアフリカ系，
東南アジア系，ヒスパニック系では Co-sleeping の率は高い（Lozoff et al.,
1996; Schachter et al., 1989）。

　西洋文化圏では古くから寝床をともにすることで，子どもの窒息死のリス
クを高めると信じられ，13 世紀のドイツでは 3 歳以下の子どもを親のベッ
ドに入れることが禁じられていた。20 世紀になってからも，乳児突然死
（Sudden Infant Death Syndrome: SIDS）が Co-sleeping と関係すると考えら
れ，ベビーベッドやベビールームで寝かせることが広まった。SIDS の定義
は，1 歳以下の乳児が明らかな原因がないにも関わらず突然死することとい
う，排除的な定義によるものであり原因は明確ではなく，また，Co-sleep-
ing を行っていない場合でも起きる現象であり，両者の間の関係は明確では
ないものの，西洋文化圏では Co-sleeping の少ない状態が続いている
（Thoman, 2006）。しかし，最近ではアメリカ合衆国で Co-sleeping に増加

の傾向があるという報告もある（Sullivan, 2013）。また，Co-sleeping によって子どもの睡眠や母親の睡眠にどのような影響があるかについて，様々な矛盾する知見が報告されている。Volkovich et al.(2015) は Co-sleeping をしている場合，子どもの中途覚醒が多く報告されるが，客観的な指標では，一人で寝ている子どもとの間に差は認められなかった。その一方で，母親の睡眠は Co-sleeping の場合に主観的にも客観的にも障害されていたと報告している。

　Co-sleeping と心理学的側面との関連については，子どもを安心させるなど，その肯定的な側面と，親子の不適切な性的刺激を誘発するなど否定的な側面とが指摘されているが，必ずしも明確なデータを基に議論されているわけではないようである（Rath & Okum, 1995）。Teti et al.(2016) は，アメリカ合衆国の 139 の家族を対象にして Co-sleeping と親子の睡眠や家庭内の機能との関係を調査した。その結果 Co-sleeping は，母親の睡眠を阻害するが，子どもの睡眠には大きな影響がなかったこと，また Co-sleeping をしている家族に関しては家族の機能に問題があることなどを報告しているが，因果関係については不明であることも報告している。Miller & Commons (2010) は，Co-sleeping や母乳による養育などアタッチメント行動を伴う養育が子どものストレスを低減させ，子どもの情動的な発達に良い影響を持つと主張している。

　このように Co-sleeping が親子の睡眠に及ぼす影響も明確ではない部分があるが，心理的な影響についてはさらに不明確であるように思われる。また，Co-sleeping が文化的に許容されている日本などの場合と，Co-sleeping が社会的に肯定的にとらえられていない西洋文化圏とでは Co-sleeping を行っている親子の関係自体ももとから異なっている可能性もあり，西洋の研究がそのまま日本に当てはまるわけではないだろう。Co-sleeping についての研究については，日本で行う意義のある研究であり，また，心理学的にも明確にするべき問題が残っているテーマであると考えられる。

（福田・山本・浅岡）

社会

―― COLUMN ――

睡眠問題に対する専門家への援助希求

睡眠問題に対する専門家への援助希求の少なさ

　第 2 章や第 3 章で取り上げられているように，不眠や概日リズムの乱れといった睡眠問題は睡眠の質を低下させるだけではなく，様々な心身の健康問題の発生・維持・増悪因子になる。このことから，睡眠健康の保持・増進とともに，睡眠障害を早期に発見し，専門的な治療と支援を行うことは重要である。しかしながら，睡眠問題を主訴として医師などの専門家に援助を希求する者は非常に少なく，不適切な自己対処に頼り睡眠問題を遷延化させてしまう者も多いことが知られている。

　例えば，オーストラリアの 18 歳以上の成人を対象とした調査（Bartlett et al., 2008）では，支援が必要な水準の不眠は全体の 33.0 ％であった一方で，全体の 11 ％しか受診をしていなかったことが報告されている。また，同じくオーストラリアでの研究（Brown et al., 2022）では，交代制勤務従事者のうち 10.5 ％に交代制勤務障害が認められ，かつ交代制勤務睡眠障害のある者はない者と比較して，睡眠問題の相談が少ないことが報告されている。この研究ではさらに，交代制勤務障害の者では，睡眠や眠気のアルコール（31.7 ％）やカフェイン（76.9 ％）の使用といった不適切な自己対処が多かったとされている。また，日本の大学生を対象とした調査（Yamamoto et al., 2012）でも，睡眠問題を抱える者は 44.1 ％であり，そのうち睡眠問題への改善を希求している者は 95.7 ％であったものの，専門家への相談は 1.6 ％に過ぎず，自己対処を行っている者は 19.2 ％であり，自己対処を行っている者は何も対処をしていない者よりも睡眠問題の重症度が高かったことが報告されている。国際比較調査（Soldatos et al., 2005）では，日本は対象となった 10 ヵ国で，睡眠補助のために寝酒をする者が 30.3 ％と最も多く，医師への相談が少なかったことが報告されている。

なぜ専門家への援助を希求しないのか？

　このような睡眠問題に対して専門家に援助を希求せずに自己対処に頼ることが多いことの背景については未だ不明な点が多い。

　いくつかの研究では，睡眠問題の重症度の知覚や日中の機能低下といった生活支障の程度が受診と関連していることが指摘されている（Aikens & Rouse, 2005; Bartlett et al., 2008; Shocat et al., 1999）。不眠や眠気それ自体は，非常にありふれた症状であり，どの程度の状態が援助希求を求める必要の状態であるかが分かりにくいことが援助希求を遅らせる要因となっているかもしれない。また，睡眠薬について不安がある者が多いことが知られており（Cheung et al., 2014; 西田他, 1989; 和田, 2018），こうした治療に対する不安感が援助希求の生起を妨げている可能性もある。さらに，睡眠問題をどの診療科に援助を希求すればよいか分かりにくいことも一因かもしれない。それを裏付けるように，睡眠問題での援助希求先としては，かかりつけの総合診療医がほとんどであったとされている（Torrens Darder et al., 2021）。不眠はこれまで ICD-10 において精神・行動の障害と神経系の疾患に分類されていた（第2章2節参照）ことから，精神疾患に対する偏見やスティグマなどが援助要請に関係している可能性もある。

　今後の研究では，睡眠問題に対する専門家への援助希求の促進要因や障壁を整理し，睡眠問題による損失を防ぐために重篤になる前に援助を希求できるような啓発が必要であると考えられる。

（山本）

社会

研究法

睡眠心理学研究法

　本書は，様々な心理学領域の研究主題が，睡眠という生命現象と密接に関連していることを紹介し，睡眠に関わる変数を諸領域の心理学研究者が自らの研究に取り込んで，新しい研究につなげてくださることを企図して書かれたものである。

　世界的に見ると，睡眠を研究している研究者は，おそらく医学の次に多いと思うが，日本では，心理学領域の研究者で睡眠を研究対象にしたり，睡眠に関わる変数を研究の中に取り入れていたりする研究者はかなり少数であると思われ，外から見ると心理学とは無縁の領域であるかのように思われる方々も多いに違いない。また，本書を手に取ってもらい，心理学領域の研究に睡眠の知識や睡眠に関わる変数を活かすことができることに開眼した方であっても，実際に睡眠に関わる研究を行おうとしたときに，その具体的な研究方法を知るすべは乏しく，乗り越える障壁も高いに違いない。本章では，これから睡眠研究や睡眠に関わる変数を計測するためにはどうするのかについて初学者にもなるべく分かりやすく，また，なるべく具体的に始めやすい方法を心がけて解説を行った。睡眠研究は生理学的なデータをとること以外にも様々な手法があり，予算が無くても始められる方法から，予算を確保することが前提の場合もある。1節では，睡眠習慣の計測方法について，標準的な質問紙による方法や睡眠日誌（睡眠票）を用いる「紙と鉛筆」があればできる方法から，活動量を計測する機器や脳波計等を使用する方法にまでわたり解説している。2節では生体リズム計測について紙と鉛筆から機器を利用する方法までを解説している。3節では，眠気の計測について同じように質問紙による方法と客観的な眠気の計測方法について記しているが，主観的眠気と客観的眠気には乖離があることに気を付けるべきだろう。4節では，不眠症や過眠症，またそれ以外の睡眠障害についての計測方法について詳述している。5節では，脳波計を用いた睡眠研究について，実際の脳波の波形を提示し，また，手始めにある程度の予算があれば導入可能な，安価ではあるが安心して使える脳波計について，具体的な情報を記述した。最後に睡眠実験室を作る際の方法について，主に我々の経験を基に具体的に記述した。本書の読者が睡眠研究に興味を持ち，それが具体的な研究につながってくれることを大いに期待したい。

（福田・浅岡）

1節 睡眠習慣の測り方

　睡眠時間の長短や，睡眠をとっている時間帯（睡眠相）の前後といった睡眠習慣上の特徴と他の変数（抑うつ症状，Quality of Life: QoL など）との関連を検討する調査においてはもちろんのこと，実験的研究においても参加者が普段どのような睡眠習慣を有しているかはしばしば測定される。本節では，睡眠習慣を測定する方法をいくつか紹介し，それぞれの方法を用いる際の注意点についても述べていく。

☾ 自記式の調査票

　参加者の普段の睡眠習慣を測定する際に最も幅広く使われている尺度の1つにピッツバーグ睡眠質問票（Pittsburgh Sleep Quality Index: PSQI）がある（Buysse et al., 1989）。PSQI は過去1ヵ月における通常の睡眠の習慣や状態を尋ねるものであり，睡眠障害のスクリーニングを目的にしばしば使用される（第6章4節参照）。この質問項目の中には，通常の就床時刻，入眠潜時（布団に入ってから寝付くまでにかかる時間），起床時刻，睡眠時間を具体的に尋ねる項目があるため，回答結果から基本的な睡眠習慣の指標を算出することも可能となっている。この PSQI は睡眠研究において定番とも言える尺度であり，日本語版も作成され，国内でも広く使用されている（土井他，1998; Doi et al., 2000）。しかし，睡眠習慣を測定する目的で用いる場合には注意点も存在する。主な注意点としては，就床時刻や起床時刻，睡眠時間等の睡眠習慣に関して，過去1ヵ月間の通常の時刻や長さを尋ねているために，平日と休日の睡眠習慣の違いや睡眠をとる時間帯の不規則性については計測できない点である。

　平日と休日の睡眠習慣を別々に測定できる尺度としては，ミュンヘンクロノタイプ質問紙（Munich ChronoType Questionnaire: MCTQ）がある（Roenneberg et al., 2003）。MCTQ は第6章2節でも詳しく紹介されているように，仕事の無

い日の睡眠中央時刻を指標とした生体リズムの傾向の測定を主たる目的としているが，それ以外にも仕事（や学校）のある日（平日）と無い日（休日）のそれぞれの寝床に入った時刻や消灯時刻，離床時刻，入眠時刻，床上時間など，基本的な睡眠習慣のパラメータをその回答から算出することができる。また，平日と比較した際の休日の睡眠時間延長は平日の睡眠不足の指標として用いられたり，平日と比較した際の休日における睡眠中央時刻の後退はソーシャルジェットラグの指標として用いられたりするが，MCTQ への回答を基にすれば，これらの指標の算出も可能である。日本語版の妥当性検証も行われており（Kitamura et al., 2014），近年では短縮版も開発されるなど，基本的な生活習慣を簡便に測る尺度として有用なものとなっている（Ghotbi et al., 2020）。なお，オリジナルのMCTQ は通常の時間帯に働いている人を想定して開発されているが，交代勤務従事者向けの MCTQ も開発されている（Juda et al., 2013）。

　ここで紹介した PSQI や MCTQ に限らず，就床・起床時刻に関して「○時○分」の○に当てはまる数字を回答させる形の質問には，しばしば回答ミスと思われる回答が存在する点には注意が必要である。特に深夜 0 時と昼の正午 0 時（12時）とを間違えて回答するなど，午前・午後の区別に関する間違いと思われる回答は実際に調査を行うとしばしば認められる。日中に仕事等をしていることが確実である対象者であれば，就床時刻が日中となった回答は回答間違いと判断し，解析対象外とすることが妥当かもしれない。しかし，昼夜逆転の生活をしている可能性が必ずしも否定できないサンプルでは，その判断は難しいものとなる。いずれにしても，回答間違いか否かを研究者側で判断することは研究の信頼性に大きく関わる問題になりうるため，事前に回答間違いと判断する妥当な基準を決めておき，結果の公表の際にはその基準を明示して再現性の確保に配慮することも必要とされるだろう。

　心理学の領域において用いられることの多い評定法を用いて，睡眠習慣を測定する尺度としては 3 次元型睡眠尺度（3 Dimensional Sleep Scale: 3DSS; 松本他，2014）がある。この尺度は 15 項目からなる質問への回答を 4 件法で求めるものである。具体的な就床・起床時刻や睡眠時間を数値として尋ねるわけではないために，他の方法で測定された先行研究の就床時刻等と直接的に値を比較することはできないものの，その回答から睡眠の位相，質，量に関する得点をそれぞれ得ることができ，複数の側面から睡眠習慣の望ましさを評価できるようになっている。

　日々の変動も含めて具体的な睡眠パターンを詳細に調べる目的では，睡眠日誌が使われることも多い。これは，Sleep Log や睡眠票などともしばしば呼ばれ，毎日の布団の上にいた時間と眠っていた時間を記録していくものである[注]。記録から平均就床・起床時刻や，睡眠時間を個人内で算出することができ，それらの変動も算出可能である。また，睡眠をとっている時間帯を「1」，覚醒している時間帯を「0」などとして一定の時間間隔（例えば 15 分毎）でデータ化することで，時系列データとして取り扱い，周波数解析等を行う場合もある（例えば，Asaoka et al., 2004; Fukuda & Hozumi, 1987）。睡眠日誌では，例えば 1 ヵ月（つまり約 30 夜）の睡眠を概観した上で，そこから「普段の」睡眠習慣がどのようなものかを考えるという認知的処理に伴う回答の歪みを避けることができる点も利点であろう（ただし睡眠日誌を用いても自己評価上の歪みは発生しうる。この点については第 1 章 6 節参照）。したがって，実験的睡眠研究への参加前にしばしば参加者に求められる睡眠習慣の統制（第 1 章 2 節参照）のチェックにも睡眠日誌が多く用いられる。また，日々の睡眠パターンが固定化していない交代勤務従事者や大学生のような昼夜逆転もありうる参加者を対象に，その睡眠習慣の実態をとらえるための調査にも睡眠日誌は適している。ただし，上述のような尺度と比較して回答者の負担が大きいことは否めず，睡眠日誌配布から一定期間後に回収しなくてはいけないなど，一般的な調査票を用いた調査に比べると調査実施にかかるコストは大きくなる。また，その記録対象区間に睡眠習慣に大きく影響するイベントなど（合宿や出張等）がある場合には，得られたデータが必ずしも調査対象者の普段の睡眠習慣を反映しないため，調査実施タイミングには十分に配慮する必要があるだろう。

　この他にも，徹夜の有無や，昼寝の取得に関するものなど，睡眠習慣の多様な側面を測定できる質問が多数用意され，そこから調査に必要な項目を選択して用いることができる都神研式生活習慣調査表（宮下，1994）など多数の自記式質問票が存在する。さらに，子どもの睡眠習慣を養育者に尋ねる形で測定する Children's Sleep Habits Questionnaire（CSHQ; Owens et al., 2000）なども開発され日本語版も作成されている（土井他，2007）。いずれの調査票もその開発目的がそれぞれで異なることもあり長所と短所が存在するため，調査対象と調査目

[注]　睡眠日誌の例は江戸川大学睡眠研究所 Web サイトよりダウンロード可能（https://www.edogawa-u.ac.jp/facility/sleep/suimin.html）

的に合わせた使い分けが必要とされるであろう。

☾ 客観的測定法

　睡眠 - 覚醒の判定に関してのゴールドスタンダードは睡眠ポリグラフ（Poly-somnography: PSG）計測である。携帯可能な小型の脳波計（第 6 章 6 節参照）が存在しているとは言え，長期間にわたって睡眠 - 覚醒を測定するために日常生活の中で連続的に PSG 計測を行うことは現実的ではない。そこで，1990 年代より睡眠パターンの客観的計測には腕時計型の活動量計（Actigraphy）が用いられるようになってきた。PSG を用いた判定とは完全一致するわけではないものの，Actigraphy では，睡眠 - 覚醒の推定が一定程度の精度で可能となっており，研究だけでなく睡眠障害を有する患者の睡眠パターンの把握にも広く用いられている（Ancoli-Israel et al., 2003）。代表的な製品としては，Philips 社の Actiwatch のシリーズや，AMI 社の Actigraph などがあり，最近では比較的安価ではあるものの一定の妥当性と信頼性が確保されている製品も存在する。近年では一般向けのスマートウォッチやスマートフォンアプリケーションの中にも，睡眠状態の測定が可能とうたわれているものも多くなってきている。しかしながら，睡眠 - 覚醒判定のアルゴリズムが公開されていないことや，妥当性の検証が十分に行われていないと思われる製品も多いため（Behar et al., 2013），客観的な睡眠習慣を調査する目的で活動量計を用いる際には，妥当性や信頼性を検証した論文が存在するか否かを確認するなど，使用目的に応じた慎重な機器選択が必要とされる。

　身体に装着する活動量計以外で，睡眠習慣を機械的に測定できるものとしては，シート型のセンサーがある。このセンサーはマットレスの下に設置され，そこから得られる体動，呼吸，心拍などのデータから睡眠 - 覚醒状態を推定するものとなっている。PSG や腕時計型活動量計との同時計測による妥当性検証が行われている製品もあり（例えば，Kogure et al., 2011），しばしば研究用途でも使われている。活動量計を用いた測定とは異なり，このセンサーでは当然ながら床上での参加者の睡眠状態推定しかできず，床の上以外での居眠りや仮眠などを検出することはできない。しかしながら，就床・離床が確実に測定できるという利点や，参加者に機器を装着することなく睡眠習慣を客観的に測定できるという利点がある。近年このタイプのセンサーは，介護施設等に導入されることも多く，入居者の睡眠習慣および睡眠状態の継続的な確認を可能としている。

（浅岡）

　関　連　　第 6 章 4 節　睡眠問題の測り方
　　　　　　第 1 章 6 節　睡眠研究におけるメタ認知

2節 生体リズムの測り方

　睡眠と覚醒は，背景にある生体リズムの影響を強く受けている。その背景にある生体リズムは目に見えないために，非常に分かりにくい現象である。この生体リズムを計測するための手法には様々な手法がある。本節ではこれらの計測手法について解説を行う。

☾ 生体リズムという「考え方」

　生体リズムというのは，睡眠と覚醒の繰り返しを含めた生体現象の背景にあり，それらを制御しているリズムのことであるが，生体リズムを「計測」するためには，リズムそのものというよりも，実際には，それを反映した生体現象を計測して，その背景にある生体リズムを推測するということになる。このように書くと，生体リズムは実体のない構成概念であるかのように感じられるかもしれないが，生体リズム，特に約24時間の周期を持つ概日リズムについては，その発生のメカニズムについて明確にされている。概日リズムの時計機構（主時計）は，視床下部にある視交叉上核であり，その神経活動を計測すれば，生体リズムそのものを計測することになり，実際，動物を対象としては，そのようなことも行われている。また，さらにほとんどの細胞には時計遺伝子と呼ばれる，その発現によって24時間のリズムを形作っている遺伝子の存在も知られており，動物実験などでは遺伝子発現の様子をリアルタイムで計測する技術なども用いられて研究が行われている。しかし，ヒトを対象としては，このようなことは行われておらず，先に述べた，生体リズムを反映した現象を計測することから生体リズムを推測するということが中心となっているのである。現象によっては，生体リズムを強く反映しているものもあれば，生体リズムとは別の要因によって変化させられているものもあり，実際の生体リズムとそれを反映した現象との関係は一様ではないため，こうしたことを考慮する必要がある。例えば，深部体温は，体内

時計の強い制御を受けており，非常に強固な 24 時間周期の周期性を示すので，体内時計の状態を比較的忠実に反映していると考えて良いが，一方で，睡眠 – 覚醒のリズムは，必ずしも強い体内時計の支配下にあるわけではなく，意思の力で変更することも可能である。意思の力とは無関係に夜の時間帯には，体温が低下し，日中は高くなるが，眠気に逆らって徹夜をし，日中に仮眠をとるということも可能だということは，このようなことを表している。

　また，このことは，体内時計の強い支配下にあるリズム現象と，そうではない現象とが乖離する（内的脱同調）場合があることも示しており，それが様々な心身の不調と関連することを考えれば心理学的にも生体リズムの計測は興味深い研究手段であろう。

☾ 質問紙による生体リズムの計測

　生体リズムを計測する質問紙は，表面上のリズム現象を計測するのではなく，前節で述べたように，その背景にある生体リズムを計測することを目的としている。そのヒトの概日リズムの位相（クロノタイプ）が朝型なのか夜型なのかを推定する朝型夜型質問紙と呼ばれる質問紙が複数あるが，その中でよく知られているのが，Horn & Östberg（1976）の朝型 – 夜型質問紙である。石原らによって日本語版が作られている（石原他，1986）。朝型・夜型について最近よく用いられているのが MCTQ（Munich ChronoType Questionnaire）である。MCTQ は個人のクロノタイプが，自由なスケジュールでとることができる休日の睡眠のタイミングによってよく反映されているという考えに基づいている。しかし，平日に睡眠不足がある場合には，休日に睡眠不足を補おうとするため，休日の睡眠パターンは平日の寝不足の影響も受けると考えられる。MCTQ ではそのための補正も行っている。休日の睡眠中央時刻（Midpoint of sleep in free days: MSF）と，寝不足による影響を補正した睡眠調整 MSF（sleep-corrected MSF: MSFsc）が計算される。日本語版 MCTQ（Kitamura et al., 2014）は，国立精神・神経医療研究センターによってウェブサイト（https://mctq.jp/）上で公開されており，無料で使用できる。

☾ 生体計測による生体リズム計測

　前述したように，生体現象のうち，深部体温は生体リズムをよく反映していると考えられるので，深部体温を計測することによって生体リズムの位相を推測する場合がある。皮膚表面から計測される皮膚温は環境温の影響を受け，生体の機能のみを反映しているわけではないこともあるが，そもそも，皮膚温と身体内部

の深部体温とは全く異なる挙動を示す。図 6-2 に示すように，皮膚温（末梢皮膚温もしくは DPG）と深部体温とは，逆のパターンを示し，睡眠前に皮膚温は上昇し，深部体温は低下する。深部体温として具体的に計測されるのは，食道温や直腸温が対象となることが多い。

　概日リズム位相の指標としてよく利用されるのは，DLMO（Dim Light Melatonin Onset, メラトニンの分泌開始時刻）である。メラトニンは，脳の中の松果体で合成され，日中には抑制され，夜間に分泌されるが，これが概日リズムの位相を反映しているとされ，メラトニンの分泌開始の時刻を概日リズム位相の指標として利用するのである。しかし，光に敏感であり容易に抑制されるため，強い光を避けて（薄明下で）測定する。心理学領域で DLMO が測定されることは多いとは言えないが，生体リズム研究では非常によく利用される指標の１つである。

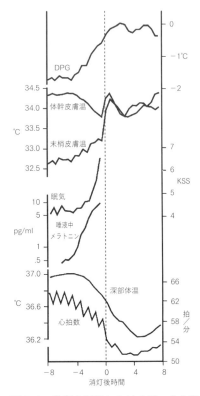

図 6-2　覚醒と睡眠における様々な生理指標の変化

DPG（Distal-proximal temperature gradient）は，末梢皮膚温と体幹皮膚温の差分を表している。KSS（Kwansei-gakuin sleepiness scale）は主観的眠気の尺度（Kryger et al., 2017. p. 222 より引用）。

☾ 活動量による生体リズム計測

　「第 6 章 6 節　脳波計の導入と脳波計以外の機器」の中で「振動を基に計測する機器について」と題して，睡眠を計測する可能性について記述した。振動を基にして，睡眠段階を推定することはほとんど不可能と言ってよいが，睡眠の開始と終了の時刻を推定することはある程度可能であり，研究でもよく用いられている。研究用の計測機器としては，AMI 社の Actigraph や Philips 社の Actiwatch などがよく用いられている。脳波計測を基にした睡眠開始終了時刻との比較を行った研究もあり，脳波計測による結果と完全に一致するわけではないが，睡眠と覚醒のリズムを全体として把握するためには非常に有用な研究方法と考えられ

る。

　また，最近は fitbit などの市販品も研究に流用されることがあるが，最終的に研究成果を投稿する際にその精度などが問題になることがあり，それぞれの機器の精度については，あらかじめ慎重に検討するべきだろう（Stone et al., 2020）。

　さらに，これまで述べてきたように，睡眠と覚醒のリズムは概日リズムを示すものの，背景にある生体リズムを忠実に反映しているものではないことに注意をするべきである。深部体温リズムや DLMO が示すものから推定される生体リズムと睡眠と覚醒のリズムは一致するとは限らないし，また，それらが不一致である場合は，いわゆる「内的脱同調」の状態を表している可能性もあり，そうした乖離状態自体が研究の興味の対象となる場合がある。活動量などを基にした睡眠 – 覚醒リズムの測定は，背景の生体リズムを測定しているというよりも，表面にある睡眠 – 覚醒リズムという現象自体を計測していると考えるべきである。

☾ 睡眠表による生体リズム計測

　睡眠表，もしくは睡眠日誌は，毎日の睡眠と覚醒（や食事の時刻など）を記録するものである。ほとんどの場合，研究対象者本人が自分の睡眠の記録をつけるものであり，特に睡眠開始時刻は正確に自覚できるわけではないので，正確性には欠けるものの，特に機器などを必要としないので，研究者にとっても研究対象者本人にとっても負担の少ない方法であり，睡眠と覚醒のリズムを把握するための最も簡便な方法である。特に睡眠と覚醒のリズムに問題がある個別事例の睡眠のパターンを比較する必要がある場合や，実験室での睡眠実験を行う前の準備段階として実験参加者の睡眠 – 覚醒習慣の規則性を確認したい場合などには，非常によく用いられる。この場合も，前節の活動量計によるものと同様に，生体リズムの測定というよりも睡眠 – 覚醒リズム（パターン）を測定していると考えた方が良い。

（福田・浅岡）

関　連　第6章1節　睡眠習慣の測り方
　　　　第6章4節　睡眠問題の測り方

3節 眠気の測り方

 睡眠研究においては，調査対象者や実験参加者の眠気を測定することがしばしば必要とされる。その眠気の測定法については，自記式質問票への回答によるものや，刺激への行動的反応（ボタン押し等）を求めるもの，そして，脳波等の精神生理学的指標を用いたものなどが存在する。本節では，眠気を測定方法に基づいて自記式質問票による主観的眠気と，行動的・精神生理学的測定法による客観的眠気に大別し，それぞれについて説明した上で，両者の間の乖離についても言及する。

☾ 自記式質問票

 多くの研究で用いられている眠気に関する自記式の尺度として，エプワース眠気尺度（Epworth Sleepiness Scale: ESS）がある（Johns, 1991）。この尺度では，あらかじめ想定された8つの場面（「すわってテレビを見ているとき」など）において，うとうとする可能性がどの程度あるかに関して最近の日常生活を振り返り自己評価するものとなっている。したがって，この ESS は回答時点での眠気を反映するものではなく，日常生活における眠気の個人差（特性眠気）を測定していると言える。この ESS では，得点は 0-24 点の間をとりうるが，11 点以上となった際に過度な眠気があると判断されることが多い。この ESS は閉塞型睡眠時無呼吸症候群をはじめとする過眠症（日中の過度な眠気を主訴とする睡眠障害）のスクリーニングを目的として特に医療場面や労働安全が重要となるフィールドにおいて頻繁に用いられている。なお Takegami et al.(2009) によって，この尺度は日本語化され，信頼性・妥当性が確認されている。この日本語版は Qualitest の Web ページ（https://www.qualitest.jp/）よりダウンロードが可能となっている（2022 年 5 月現在）。

 眠気の個人差を測定する ESS とは異なり，回答時点での主観的眠気の強さ，

つまり状態眠気を測定するための代表的な尺度の 1 つに，カロリンスカ眠気尺度（Karolinska Sleepiness Scale: KSS; Åkerstedt & Gillberg, 1990）がある（日本語版は Kaida et al., 2006）。KSS は 1 項目の尺度で，「1．非常にはっきり目覚めている」から「9．とても眠い（眠気と戦っている）」までの 9 つの選択肢の中から，現在の自分の状態に最もよくあてはまるものを選択するという簡便なものである。

また，KSS と同様にスタンフォード眠気尺度（Stanford Sleepiness Scale: SSS; Hoddes et al., 1973）も，状態眠気を測定する 1 項目の尺度として，よく用いられる。こちらの尺度における選択肢は，「1．元気で活動的。機敏である。はっきりと目が覚めている。」から「7．ほとんど夢見状態である。直ぐに眠ってしまいそう。起きていられない。」までの 7 段階となっているが，KSS と比較すると眠気の程度が多様な表現で示されている点が特徴的と言える。

その他にも，水平にひかれた 100mm の直線上の左右に意味的に対となる語（例：「全く眠くない」，「とても眠い」）を提示し，回答時の状態に合わせて縦線を引くことを参加者に求める Visual Analogue Scale（VAS）も，状態眠気を尋ねる際に用いられる。Monk（1989）は，覚醒，悲しさ，緊張，幸福などに関して回答させる 8 項目の回答から「global values of vigor（GV）」と「global values of affective state（GA）」という合成得点を算出する VAS を用いた尺度を発表している。実験時などでは，参加者に対して状態眠気を測定する尺度に繰り返し回答することを求め，複数の睡眠条件間（例：断眠条件 vs 通常睡眠条件）でその回答が比較されることが多い。KSS や SSS では，回答者が以前の自身による回答を覚えていることが容易なために，それがバイアスとなりうるが，VAS は縦線を引いた正確な位置を覚えていることは困難であるため，回答時点の眠気の回答が以前の回答内容からの影響を受けづらいとも考えられている。また VAS では縦線がひかれた位置を mm 単位で点数化するため 101 段階で眠気を測定することになる。したがって，9 件法である KSS や 7 件法の SSS と比較して，微細な覚醒水準の変化を検出できる可能性が高い尺度とも言えよう。

☾ 行動的・精神生理学的測定法

上記の自記式質問票への回答が，しばしば主観的眠気とされる一方で，何らかの認知課題の成績や精神生理学的指標を基に推測された眠気は客観的眠気と呼ばれることも多い。

行動的指標を用いた眠気の測定方法として，頻繁に用いられるものは第 1 章 1

節や第 1 章 3 節でも説明している精神運動ヴィジランス課題（Psychomotor Vigilance Task: PVT; Dinges & Powell, 1985）である。これは厳密に言えば持続的注意を測定する認知課題であるが，この単純反応課題から算出される各種指標（平均反応時間や無反応数）は，他の眠気の指標との相関も高く，参加者の眠気を推測する有効な指標と考えられている。

　眠気の客観的測定として最も信頼性が高いと考えられているものは反復睡眠潜時検査（Multiple Sleep Latency Test: MSLT）であり，いわゆるゴールドスタンダードとなっている（第 1 章 6 節も参照）。この検査では，日中に複数回（4，5回），最大 20 分の仮眠（就床）機会が設けられ，入眠を指示されてから実際に脳波上（PSG 上）の入眠が認められるまでの時間の長さ（入眠潜時）が測定される。つまり，この MSLT では，日中にどれだけ早く眠ることができるかを客観的な眠気の指標としている。研究目的で参加者の日中の眠気の程度を測定する場合とともに，臨床場面における過眠症の診断にも MSLT は用いられる。1986年のガイドライン（Carskadon et al., 1986）では，病的な眠気があるとの判断基準は MSLT における平均入眠潜時が 5 分未満であり，それが 5 分から 10 分までの場合はグレーゾーンであると記載されている。しかし，2005 年の ICSD-2 では，入眠潜時が 8 分未満であることが，ナルコレプシーや特発性過眠症など，日中の過度な眠気を主訴とする睡眠障害の診断基準の 1 つとして記載されている。

　また，覚醒維持能力を測るための方法として，覚醒維持検査（Maintenance of Wakefulness Test: MWT）がある。検査方法としては，上述の MSLT とほぼ同様であるが，MSLT において参加者は暗い防音室の中でベッドに横になり「眠るように」指示されるのに対して，MWT では参加者は（背もたれに上体を預ける形で）ベッド上に座り「起きているように」指示される。また，検査時間は最大40 分間とされる場合が多い（20 分間で行われる場合もある）。参加者の眠気が強く，MSLT では床効果が懸念される際や，運転業務中など覚醒維持へのモチベーションが高い状態での覚醒維持能力の推定に検査の目的がある場合には，MSLT よりも MWT の使用が望ましいと言える（Sullivan & Kushida, 2008）。なお，MSLT および MWT の詳しい手順については笹井・井上（2011）などを参照されたい。

　MSLT や MWT は，PSG（脳波）上での入眠を指標としていたが，脳波の周波数帯域別のパワー値の変化を指標として眠気を測定する方法としてアルファ波減

衰テスト（Alpha Attenuation Test: AAT; Stampi et al., 1995）が存在する。一般的に，開眼時の脳波は 14 Hz 以上の周波数を有する β 波が中心であるが，閉眼時には 8 − 13Hz の α 波が中心となる。しかし，眠気が強い状態となると開眼時における α 帯域の脳波が多く認められるようになり，閉眼時では α 帯域よりもさらに遅い θ 帯域の脳波が多く認められる。つまり眠気が増大していくにしたがって，開眼時の α 帯域の脳波は顕著となり，閉眼時の α 帯域の脳波は認められなくなっていく。AAT では，開眼安静時および閉眼安静時の脳波を繰り返し測定する（例：開眼 2 分と閉眼 2 分を 3 回繰り返すなど）。そして，解析では 2 分間ごとの脳波における α 帯域のパワースペクトルを求め，その閉眼時のパワー値の平均を開眼時のパワー値の平均で除した値を求め，この値が高いほど覚醒が高い（眠気が弱い）と判断する。

　一方，MSLT や MWT と同様に，入眠までにかかる時間の長さを基準として眠気を測定する方法に，OSLER テスト（Oxford Sleep Resistance Test; Bennett et al., 1997）がある。このテストは基本的に MWT と同様に行われるが，脳波の測定はせず，参加者には LED が点灯したら（画面上に点が呈示されたら）手元のボタンを押すように指示する。点灯の間隔は 3 秒に設定され，ボタン押しが連続して 7 回行われなかった時点を入眠とみなして，この入眠までにかかる時間を眠気の指標とする。

☾ 測定指標間の乖離

　第 1 章 6 節でも述べたように，眠気の行動的・精神生理学的指標と眠気の主観的報告の結果は必ずしも一致しない。「眠気」をどのように定義するかという問題でもあるため，主観的報告が当てにならないとも一概には言い切れない。しかし，運転場面など危険を伴う作業における安全管理上の問題において眠気を測定する場合には，自記式質問票を用いて測定された主観的眠気が，必ずしも作業中の覚醒維持能力を反映するわけではないことに注意すべきであろう。それぞれの測定方法で測られる眠気の違いを踏まえた上で，研究目的に応じた測定方法を選択することが研究者には求められる。また，測定指標間の乖離を生み出す心理・環境的要因を明らかにしていくことも，心理学領域の研究者に与えられた課題であろう。

（浅岡）

関　連　　第 1 章 6 節　睡眠研究におけるメタ認知
　　　　　第 1 章 3 節　注意研究において睡眠変数を考慮することの重要性

4節 睡眠問題の測り方

睡眠問題に併せてその重症度や支障度を評価する方法が様々開発されている。本節では，臨床現場での査定や効果評価，臨床研究などで世界的に使用されている評価法のうち日本において利用可能なもののみに焦点を当てて紹介する。

☾ 不眠の評価

不眠の評価には，主に終夜睡眠ポリグラフ検査やアクチグラフィから推定される各睡眠パラメータ（入眠潜時の長さや中途覚醒回数の多さなど）を用いた客観的な評価法と，自記式質問票に基づく主観的な評価法が用いられる。特に，自記式質問票による評価方法では，ピッツバーグ睡眠質問票（Pittsburgh Sleep Quality Index: PSQI），不眠重症度質問票（Insomnia Severity Index: ISI），アテネ不眠尺度（Athen Insomnia Scale: AIS）が用いられている。

PSQI は，Buysse et al.(1989) により開発された過去 1 ヵ月間の睡眠に関する質問票であり，日本語版は土井他（1998）により作成されている。PSQI は，18 項目から構成される質問票であり，7 つのコンポーネント（C1：主観的睡眠の質，C2：入眠潜時，C3：睡眠時間，C4：有効睡眠時間，C5：睡眠障害，C6：睡眠剤の使用，C7：日常生活における障害）から睡眠を評価することが可能である。また，各コンポーネント得点は 0−3 点で評価され，その合計点である Global PSQI Score により総合的な睡眠の障害の程度が評価される。この Global PSQI Score は，不眠のみを評価しているものではないが，不眠症状ならびに不眠と関連する睡眠の障害や生活支障の程度を反映している総合的な指標として臨床研究や介入の効果指標に広く利用されている。また，原典（Buysse et al., 1989）では，入眠困難や中途覚醒を訴える者と健康対照群との比較，日本版（Doi et al., 2000）では，原発性不眠症と健康対照群との比較により，カットオフ得点が設定されており，6 点以上の者は睡眠の質が悪いと判断される。

　ISI は，Bastien et al.（2001）により開発された不眠の重症度に関する質問票であり，日本語版は宗澤他（2009）により作成されている。ISI は過去 2 週間の不眠症状について尋ねるものであり，入眠障害，中途覚醒，睡眠への満足度，日中への障害，他者からの気付き，心配／不快の程度をそれぞれ評価する全 7 項目により構成されている。各項目は 0－4 の 5 段階の Likert 尺度により評価され，合計得点（0－28 点）が高いほど不眠の重症度が高いと判断される。ISI のカットオフ得点は原典・日本語版のいずれも 10 点とされ，0－7 点は不眠でない，8 点－14 点は境界域の不眠，15－21 点は中等度の不眠，22 点以上は重度の不眠であると判断される（Bastien et al., 2001; Morin et al., 2011; 宗澤他，2009）。また，治療・介入前後での 8.4 点（95 ％信頼区間：7.1 点－9.4 点）の減少が臨床的に意味のある改善と関連していると報告されている（Morin et al., 2011）。

　AIS は，ICD-10 の不眠症の診断基準に基づき作成された不眠の重症度を評価するための質問票である。AIS は，Soldatos et al.（2000）により標準化され，Soldatos et al.（2003）により不眠症のスクリーニングツールとしての診断精度が検討されている。日本語版は，Okajima et al.（2013）により作成，標準化されている。AIS は，夜間の睡眠問題に関する 5 項目，日中の機能障害に関する 3 項目の計 8 項目から構成され，過去 1 ヵ月間に少なくとも週 3 回以上経験したそれぞれの症状について，0－3 の 4 段階の Likert 尺度により評価される。合計得点（0－24 点）が高いほど不眠の重症度が高いと判断され，原典・日本語版のいずれにおいても不眠症患者と健康対照群との比較により，カットオフ得点が設定されており，6 点以上のものは不眠症と判断される（Okajima et al., 2013; Soldatos et al., 2003）。

　上記の 3 つの評価法の診断精度に関するメタ分析研究（Chiu et al., 2016）では，いずれの評価法の感度，特異度，診断オッズ比も高く，各評価法間で診断精度指標の有意な差は確認されなかったと報告されている。

　その他，自記式質問票による不眠評価法として，入院患者の過去 24 時間の睡眠状況や不眠を評価するセントマリー病院睡眠質問票（Ellis et al., 1981; 内山他，1999）や集中治療室での意識が清明な入室患者の不眠を評価する The Richards-Campbell Sleep Questionnaire（Murata et al., 2019; Richards et al., 2000）なども対象者や状況に合わせて用いられている。

☪ 不眠関連変数の評価

　不眠の発症・維持・悪化に関連する睡眠衛生や認知行動的特徴，個人差要因を

171

評価する自記式質問票なども開発されている。

　不眠に影響する睡眠衛生を評価する尺度として Sleep Hygiene Practice Scale（SHPS）が挙げられる（Hara et al., 2021; Yang et al., 2010）。SHPS は，覚醒関連行動，睡眠スケジュールとタイミング，飲食行動，睡眠環境の 4 つのドメインから構成されている。不眠に特有な認知行動的特徴を評価する質問票として，睡眠に対する非機能的な信念と態度質問票（Dysfunctional Beliefs and Attitudes about Sleep Scale: DBAS）が挙げられる。DBAS は Morin et al.（1993）により開発された尺度であり，項目の改定や選定を経ていくつかのバージョンが作成されている。現在では 16 項目版（Morin et al., 2007）がよく用いられており，日本語版は宗澤他（2009）により作成されている。DBAS は，不眠障害に対する認知行動療法の効果指標としてよく用いられている。不眠の生じやすさの個人差を評価する質問票として，Ford Insomnia Response to Stress Test（FIRST; Drake & Roth, 2006; Nakajima et al., 2014）が挙げられる。FIRST の得点は，不眠障害患者における不眠重症度とは関連が認められないが，健康成人においては関連性が示されている（Nakajima et al., 2014）ことから，不眠の維持ではなくストレスによる不眠の発症の個人差を反映していると考えられている。

☾⋆ 過眠や睡眠覚醒リズム障害の評価

　過眠症の診断には，日中の過剰な眠気の客観的な証拠として主に反復睡眠潜時検査（Multiple Sleep Latency Test: MSLT）による評価が行われる。MSLT による平均入眠潜時が 8 分を下回る場合，過眠であると判断される。また，入眠時レム睡眠の出現状況や髄液オレキシン測定など他の情報を統合し，過眠の鑑別診断が行われる。過眠症状を簡易に評価する方法としてエプワース眠気尺度（Epworth Sleepiness Scale: ESS; Johns, 1991; Takegami et al., 2009）がよく用いられている。ナルコレプシーに対する ESS のカットオフ得点は 11 点である（Johns, 2000）とされ，一般的にこの得点が臨床的関与の対象となる過眠と正常な眠気を峻別する得点として用いられている。

　睡眠覚醒リズム障害の程度の評価には，アクチグラフィによる睡眠 - 覚醒の記録や睡眠日誌が用いられる。これらのデータについて，定式化された解釈法は存在しないが，睡眠パラメータの日間変動や一貫性がアセスメントに利用される。また，睡眠 - 覚醒リズムの個人差であるクロノタイプを評価する方法として，朝型 - 夜型質問紙（Morningness-Eveningness Questionnaire: Horne & Ostberg, 1976; 石原他，1986）やミュンヘンクロノタイプ質問紙（Munich ChronoType

Questionnaire: Kitamura et al., 2014; Roenneberg et al., 2003）が用いられている。
眠気や生体リズムの評価法の詳細については本章の他節を確認いただきたい。

☾＊ その他の睡眠問題の評価

睡眠関連呼吸障害群，中枢性過眠症，睡眠時随伴症，睡眠関連運動障害といった睡眠障害の診断や評価については，終夜睡眠ポリグラフ検査（同時のビデオ録画による行動観察も含む）や反復睡眠潜時検査，各種生化学検査が必要である。しかし，不眠，過眠，睡眠覚醒リズム障害以外の睡眠問題についても，簡易スクリーニングや症状重症度評価のための自記式質問票も様々開発されている。例えば，レム睡眠行動障害の有無を評価するためのレム睡眠行動障害スクリーニング質問票（Miyamoto et al., 2009; Stiasny-Kolster et al., 2007），むずむず脚症候群の重症度を評価するための International Restless Legs Syndrome Rating Scale（Inoue et al., 2013; Walters et al., 2003）などが開発されている。

（山本・原）

研究法

関　連　　第 2 章 1 節　心理的支援の場における睡眠問題
　　　　　第 2 章 4 節　成人期以降の心理学的支援の対象に併存する睡眠問題

睡眠脳波の測定の仕方

　脳波計などを使わない睡眠研究も最近では多くなっては来たが，睡眠脳波記録は睡眠研究の基本である。本節ではその実際と問題点などについて簡単に説明を行う。

☾＊ 睡眠脳波記録（Polysomnogram: PSG）の基礎と睡眠段階判定

　睡眠と一言で言っても，実際には複数の異なる生理学的状態で構成される複合的な状態である。また，「睡眠脳波記録」と呼ばれることもあるが，実際には脳波はその状態を規定する1つの指標に過ぎず，少なくとも①脳波，②眼球運動，③抗重力筋の筋電図の3つの指標の記録が不可欠である。睡眠段階は，覚醒，睡眠段階1，2，3，4（3と4を合わせて徐波睡眠や深睡眠，もしくは米国睡眠医学会の定義では，N1, N2, N3（N1とN2は睡眠段階1と2とほぼ同義，N3は徐波睡眠と同義と考えてよい））とレム睡眠に分類される。覚醒および睡眠段階1，2，3，4は，脳波で定義されるが，レム睡眠は睡眠段階1と脳波の特徴が類似しており，眼球運動と筋電図を見なければ定義できないため，これらの記録が必要となる。覚醒，睡眠段階1，2，3，4およびレム睡眠の脳波などの概略については，図6-5-1を参照してほしい。睡眠段階についてのより詳しい解説については，Rechtschaffen & Kales（1968）や日本睡眠学会の学習用PSGチャートを参照してほしい。日本睡眠学会の学習用PSGチャートについては，日本睡眠学会のウェブサイトから誰でも無料でダウンロードすることが可能である（http://www.jssr.jp/download）。

　ここでは，各睡眠段階の簡単な説明に留める。睡眠段階1は主に入眠期に認められる睡眠状態で脳波像はθ波（4－7Hz）を中心とした様々な周波数の低振幅の脳波で構成される。覚醒から睡眠段階1への移行期にゆっくりした振子様の眼球運動（緩徐眼球運動（Slow Eye Movements: SEMs））が出現する。睡眠段

階 1 に特徴的な脳波として瘤波（hump wave）もしくは頭頂部鋭波（vertex sharp wave）と呼ばれる脳波も知られるが，これらの現象は睡眠段階 1 の定義には含まれない。閉眼安静状態での覚醒中には，頭頂部から後頭部にかけて α 波（8 - 13Hz）の律動的な脳波活動が観察されるが，判定区間（20 秒区間か 30 秒区間）の 50 ％以上を α 波律動が占めている場合に覚醒と判定され，50 ％未満となった場合に睡眠段階 1 と判定される。睡眠段階 2 は，この段階に特徴的な 2 種類の脳波（睡眠紡錘波（sleep spindle），K 複合波（K-complex））の出現によって定義される。睡眠紡錘波とは 12 - 14Hz の周波数の脳波が連続して 6 - 7 回（0.5 秒間以上）続く背景脳波から区別できる脳波活動を指す。また，K 複合波は振幅の大きい陰性波に陽性波が連続する陰性波と陽性波の複合波である。これらの特徴的な脳波のいずれかが出現し，次に述べる高振幅徐波が睡眠段階 3 や 4 の定義を満たすほど出現していない場合に睡眠段階 2 と判定される。睡眠段階 3 と 4 は，高振幅徐波（75 μ V 以上，2Hz 以下）の量によって定義される。睡眠段階 3 は高振幅徐波が判定区間の 20 ％以上を占めている場合，睡眠段階 4 は 50 ％以上を占めている場合に判定される。レム睡眠は，睡眠段階 1 に類似した低振幅で様々な周波数の脳波と散発的な急速眼球運動に加えて抗重力筋（ヒトの場合はオトガイ筋）筋電図が最低レベルを示すことによって示される。脳波像に関しては睡眠段階 1 に類似する低振幅な脳波から構成されるが，睡眠段階 1 で認められたような瘤波は出現せず，必ずとは言えないがレム睡眠に特徴的な鋸歯状波（saw toothed wave）が出現することがある。ただし，これらの脳波は睡眠段階の判定に必須ではない。最近では主に臨床睡眠医学分野を中心に米国睡眠医学会（American Academy of Sleep Medicine: AASM）の定める新しい睡眠脳波記録法や睡眠段階判定を使用することが多くなっているが（Berry et al., 2018），AASM の睡眠段階 N1 と N2 は睡眠段階 1 と 2 に，AASM の睡眠段階 N3 は睡眠段階 3 と 4 を合わせたものと考えてほぼ間違いない。

☾ 睡眠脳波記録の実際

　先に述べたように睡眠段階判定のためには，最低限，中心部の脳波（C3 もしくは C4），眼球運動，オトガイ筋の筋電図の記録が必須である。脳波電極の配置には規則があり国際式 10/20 法という電極配置法に従うが，ここでは，必要最低限の記述に留める。図 6-5-2 のように，鼻の付け根（鼻根，Nasion）から後頭部の頭蓋骨の出っ張り（後頭結節，Inion）までを縦方向の 100 ％，左の耳の穴から右の耳の穴までを横方向の 100 ％として頭皮上を 10 ％と 20 ％のグリッド

研究法

に分割し，その交点に電極を配置する方法であり，この図の C3 か C4 に電極を配置するが，それは最低限度の配置であり，通常はより多くの電極を利用し，α波の有無を確認しやすいように特に後頭部（O1，O2）の脳波は記録する場合がほとんどである。脳波は耳朶（A1, A2）を基準電極として単極導出する。眼球運動の記録は左右の眼窩（眼球の入っている頭蓋骨のくぼみ）の外側縁から 1cm 程度外側の部位に配置し，これらも耳朶を基準電極として単極導出する。また，水平方向の眼球運動に加え，垂直方向の眼球運動も記録するために，左右の電極は縦方向に上下 1cm 程度装着位置をずらす。オトガイ筋の筋電図は下顎の唇の下に 2, 3cm ずらして 2 つの電極を装着し，これらを双極導出する。

　以上，本節では紙幅の都合上概略を示すに留まるが，学習用 PSG チャートといった無料で学習できる環境も整っている。脳波記録はこれまで関わったことのない人にとっては難解な印象があるかもしれないが，睡眠研究に必ずしも脳波記録が必要ではないものの，会得することで研究の幅が広がることが期待できるだろう。

（福田・浅岡）

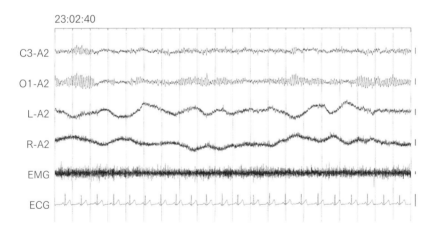

Stage W　　　C3 では α 波は低振幅で連続性に乏しいが，段階 1 を特徴づける脳波の混入が認められず，O1 で α 波の出現量が 50％ 以上である。

図 6-5-1　睡眠段階ごとの脳波・眼球運動・筋電図など
一番上から，中心部脳波（C3-A2），後頭部脳波（O1-A2），左眼球運動（L-A2），右眼球運動（R-A2），オトガイ筋筋電図（EMG），心電図（ECG）。A2 は右耳朶の基準電極を指す。順番に，「覚醒状態」「睡眠段階 1」「睡眠段階 2」「睡眠段階 3」「睡眠段階 4」「レム睡眠」の記録を示している（日本睡眠学会コンピュータ委員会（1999）より引用）。

　　関　連　　第 6 章 6 節　脳波計の導入と脳波計以外の機器
　　　　　　　　第 6 章 7 節　睡眠実験室の作り方

23:04:20

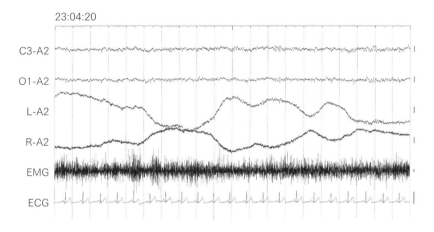

Stage 1　段階 1 を特徴づける脳波が出現し，緩徐な眼球運動が認められる。

23:15:00

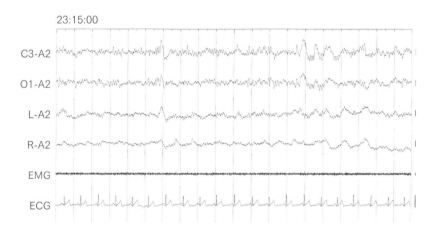

Stage 2　睡眠紡錘波ならびに K 複合が出現している。

23:43:00

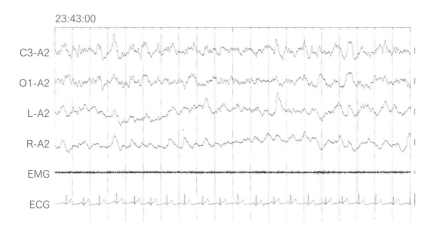

Stage 3　高振幅徐波の出現量が 20% 以上，50% 未満である。

23:44:20

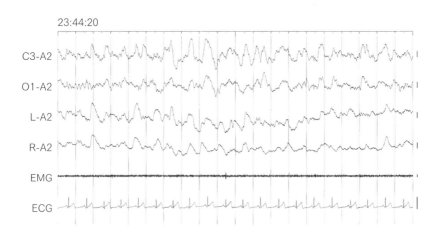

Stage 4　高振幅徐波の出現量が 50% より多く出現している。

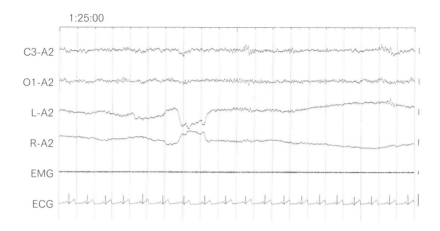

1:25:00

Stage REM　　REMs の出現が認められ，筋電位も低レベルである。

研究法

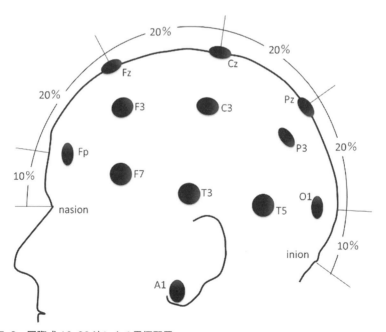

図 6-5-2　国際式 10-20 法による電極配置
本図では本文中に述べた C4 および O2 の位置が示されていないが，これは反対側つまり右側の頭部に存在する。C3 と O1 に対応するように，C4 および O2 が反対側にある。A2 についても同様で，右耳の耳たぶが A2 である。

6節 脳波計の導入と脳波計以外の機器

　睡眠脳波記録を研究に取り入れる場合，当然ながら脳波計や関連する設備が必要になる。本節では研究者がその設備導入を実現する方法や脳波計以外の機器の紹介，そしてその長短を解説する。

☾ 脳波計をどうするか

　人文科学系の研究者である心理学系の研究者が，睡眠脳波の記録をしようと考えた場合，脳波計や脳波計測のための睡眠実験室（ベッドが入る電磁シールドルーム）などの購入が大きな障害となるだろう。脳波計がデジタル化し，かつてよりも手に入りやすくなったと言っても，300万円から500万円程度はするだろうし，電磁シールドルームを実験室の中に作る際も500万円程度はかかるだろう。合計約1千万円の予算を人文系の研究者が確保するのはなかなか難しい。しかし，睡眠脳波記録のみを考えた場合，中心部脳波，後頭部脳波，眼球運動，オトガイ筋筋電図の記録ができれば良い。つまり，①中心部脳波電極，②後頭部電極，③左眼球運動用電極，④右眼球運動用電極，⑤オトガイ筋筋電図用電極1，⑥オトガイ筋筋電図用電極2，⑦左耳朶基準電極，⑧右耳朶基準電極という8チャンネルの電極入力ができれば良いので，現時点で手に入る脳波計としては，例えばミユキ技研のポリメイトポケット（MP208，図6-6-1）という非常に小さな機種があり，これは，収録・再生用のソフトウェアやアクティブ電極などが付属して，定価で135万円＋税で手に入る。決して安いとは言えないが，科学研究費など外部資金を獲得できれば，手の届く金額だと思う。もちろん，これに加えてBluetooth内蔵のWindows PCが必要となってくるが，これは，手元にない方が少ないだろう。

　また，かつては非常に微弱な生体電気活動（脳波など）を記録するためには，電気的なノイズ対策として，電磁シールドルームが必要だったが，現在のデジタ

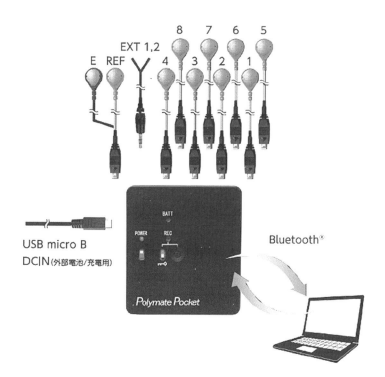

図6-6-1　ミユキ技研のポリメイトポケット（MP208）の接続例
ミユキ技研パンフレットより

研究法

ルアンプを基礎とする脳波計の場合には，特にこのような特殊な施設ではなく，通常の寝室などでも脳波記録をすることが可能である。

　脳波計自体が非常に小さく，無線でPCに記録できるため，実験参加者は，電極に拘束されることが比較的少なく，睡眠脳波記録以外にも日中の活動中の脳波記録などにも応用が可能である。

　また，もっと安価な「脳波計」と称する機器も販売されているが，いくらノイズ対策がかつてよりも容易になったとは言え，皮膚に装着する電極に電極ペーストを使用しないものは（ドライ電極など特殊なものを使用する場合を除いて）脳波自体が計測できているのか非常に疑問である。

☾ 振動を基に計測する機器について

　最近，腕時計型で内部に組み込まれた加速度計などの値を基にして装着者の動

きを推定し，睡眠を計測する機器が一般向けに健康機器や運動計測機器として販売されている。また，スマートフォンのアプリケーションでも，睡眠を計測できると謳っているものも多く販売されている。こうした一般向けの機器の中には，眠りの「深さ」が計測できるとして，その結果をグラフ表示したりする機能を持つものもある。そのように「視覚化」されると，それなりの説得力があるように見えるが，振動のみで睡眠の「深さ」を計測するのは，原理的に絶対に不可能である。睡眠によって身体活動量は低下するので，睡眠と覚醒を判別することは（ある程度）可能である。しかしながら，脳波上で区別できる睡眠段階によって身体活動が極端に変化するわけではないので，身体活動量が低下したからといって，それが「深い」睡眠であるとは限らない。筋電図が最も低下するのは，深睡眠ではなくレム睡眠である。では，レム睡眠が活動量で判別できるかというとそうではない。筋電図が低下することと，身体活動量が低下することは同義ではないからである。いずれにしろ，上記のような一般用の機器は，研究用として使うことは避けた方が無難だろう。一般用の機器を使った研究もあるが，あくまでも限定的である。

　また，一般用の健康機器ではなく，睡眠と覚醒を判定するための専門の腕時計型の機器も多数存在し，実際に研究に多く活用されている。こうした機器のデファクトスタンダードとしては，Actigraph（米国 AMI 社製）が知られているが，それ以外にも Philips 社製の Actiwatch もよく使われている。これらを使用した論文も多く出版されており，研究用として使うのに何の問題もないが，脳波計測による睡眠 - 覚醒と 100 ％一致するわけではないことにも注意する必要がある。

　さらに，マットレス下に配置する振動計測を基にした機器が存在する。例えば，パラマウントベッド株式会社の眠り SCAN が挙げられるが，こうした機器は，計測対象者と非接触で，心拍や呼吸曲線を記録することが可能であり，こうした自律神経系のデータから，自律神経系が亢進し，いわゆる自律系の嵐と呼ばれる状態を示すレム睡眠をある程度推定することが可能と言われている（Kogure et al., 2011）。しかし，いわゆる徐波睡眠の推定は不可能と考えられる。また，マットレス下に設置するため，ベッド以外で取られた睡眠についてはもちろん記録できないため, その点に関しては腕時計型の機器と比較してデメリットとなる。

☽ 眠りの「深さ」や「質」という言葉への注意

　ここで注意喚起を行っておきたい。脳波を計測することで睡眠段階についての

詳細な情報を得ることができ，眠りの「深さ」を知ることができる。この場合の「深さ」とは覚醒閾値の高さに基づくものである。「深い」睡眠が「質」の良い睡眠であり，量の少なさを「質」の良さが補完するかのような議論も見られるが，「深い」すなわち覚醒させにくいことと「質」の良い睡眠かどうかということは同じことではない。「深い」眠りが健康的な良い眠りであるかどうかについての議論は慎重にするべきである。

☾ 第 1 夜効果について

1966 年に睡眠研究者にとっては非常に衝撃的な論文が発表された（Agnew et al., 1966）。The first night effect（第一夜効果）と題するこの論文は，実験室において 4 夜連続で睡眠脳波を記録したが，その結果，実験室で記録された第一夜の睡眠は，その後の睡眠と比較して，入眠後の覚醒や睡眠段階 1 が多く，レム睡眠が少なく，入眠からレム睡眠が出現するまでの時間（レム睡眠潜時）が長くなっているなど，おそらく通常とは異なる不安定な睡眠となっていることが明らかとなったという内容であった。つまり，通常と同様な睡眠のデータを実験室で得るためには，第 1 夜目のデータは利用できないということであり，終夜の睡眠の構造などをデータとして利用するためには，最低 2 夜以上の実験室での睡眠記録が必要であることを意味した。研究の目的にも依るが，電極を装着され，慣れない実験室で初めて眠るという状況が，睡眠状態に与える状況について配慮することが必要となることは必ず知っている必要があろう。

☾ 最後に

睡眠に関する研究は，脳波計測を行わないでも可能であり，それは，他の章での睡眠研究の実例を見ていただけば理解していただけるだろう。しかし，いざ睡眠段階を知ることが研究目的として必要となった場合，そのための施設や設備への経済的負担は，一般の心理学分野の研究者，特に若手の研究者にとっては，睡眠研究を始めるためには非常に大きな障壁となっていたと思う。しかしながら，上述したように，技術の発達によって，Windows PC が 1 台と，150 万円程度の研究予算があれば，睡眠段階を判定するための脳波記録が可能になっている。このように，かつての状況と比べると，経済的な障壁は大分低くなっているのである。ぜひ，睡眠研究に興味を持っていただき，睡眠研究者の一員となってくれる研究者が増えることを切に希望したい。

（福田・浅岡）

関　連　第 6 章 5 節　睡眠脳波の測定の仕方
　　　　　第 6 章 7 節　睡眠実験室の作り方

7節 睡眠実験室の作り方

　本節では，本格的な実験的睡眠研究をスタートさせたいと考えている読者向けに，筆者らが所属する江戸川大学睡眠研究所の施設を紹介しながら，睡眠実験室に必要な設備について説明する。どのような研究を行うかにもよって必要な設備も異なるため，あくまで1つの例としての紹介である点は，あらかじめご了承いただきたい。ここで紹介する施設については，本学睡眠研究所の Web ページでも参照可能である（https://www.edogawa-u.ac.jp/facility/sleep）。

☾✴ 睡眠実験室の配置場所

　本学睡眠研究所の実験施設は，江戸川大学社会学部人間心理学科の演習室や各種実験室とともに位置し，同学科との共有スペースとなっている。このスペースは7階建ての建物の5階フロアに位置し，一般的な座学の授業が行われる通常教室のエリアとは明確に区切られている。睡眠研究関連の実験施設の図面を図6-7 に示した。図6-7 の右側はゼミナール等の少人数の学生を対象とした講義が実施可能な演習室となっている。左側の睡眠実験に使用されることの多い睡眠心理学実験室および認知心理学実験室のエリアは，中央の通路を隔ててカウンセリング演習室および発達心理学実験室と向かい合っている。さらに右側の演習室からの通路は防音扉で仕切られており，実験エリアの静穏環境の確保に配慮がされている。

　睡眠心理学実験室1・2および認知心理学実験室1・2は，下述の水回りのエリアとともに（中央の通路を介さず直接的に）内扉でつながっており，各実験室を個別に使うだけではなく，横につなげて使用することもでき，複数の参加者を対象として実験を同時並行的に行うことが可能となっている。

☾✴ 防音室（シールドルーム）

　睡眠心理学実験室1・2および認知心理学実験室1・2にはそれぞれ，空調機

能（エアコン）付き防音室が設置されている。睡眠心理学実験室1・2の防音室は空調・防音だけでなく電磁シールドも備えた実験用ユニットとなっており，脳波の高周波成分に着目した研究（事象関連電位を用いた研究など）にも対応可能となっている。また，これらのユニット内には，脳波計とともに睡眠実験用のベッドが設置され，睡眠ポリグラフ（Polysomnography: PSG）の計測にも用いられている。また，認知心理学実験室1には，電磁シールドを備えない点を除けば，睡眠心理学実験室1や2の防音室と同様のものが設置され，アクティブ電極等を用いたノイズに強い脳波計を用いることによりPSG計測にも対応できるようになっている（ただし，アース線を確実に設置するなど，最低限のノイズ対策は行っている）。一方，認知心理学実験室2の防音室は3つに分割されており，3名の参加者が個別に認知実験に参加できるようになっている。いずれの防音室内にも刺激呈示用のモニターが設置され，それらは，それぞれの防音室のすぐ外（実験室内）に設置されたPCにセカンドモニターとして接続されることで，防音室外からの刺激の制御を可能としている。さらに，これらのモニターは，認知心理学実験室2におかれた集中管理用PC（図6-7内，認知心理学実験室2の右下）にもHDMI分配器を介して接続することが可能となっており，計6つの防音室に1つのPCから同時に同じ刺激を呈示することも可能となっている。なお，このエリアはOAフロアとなっており，この集中管理用PCへの配線は，床下を通るようになっている。

以上のような設備により，PSG計測に関しては通常2名（認知心理学実験室内に簡易ベッドを入れれば最大3名），認知課題に関しては最大6名の参加者を対象として実施することが可能となっている。このように複数の参加者からの同時データ取得が可能であることは，参加者の都合に合わせた柔軟な実験スケジュールを実現するだけでなく，夜間のPSG計測や，断眠実験実施に伴う実験実施者側の負担を少なくすることにも大きく貢献している。

☾ カメラとネットワーク

睡眠実験では参加者が防音室内にいる時間が長くなりがちであるため，防音室内の様子が分かるカメラが必要となる場合が多い。近年ではUSB等でPCと接続するWebカメラだけでなく，ネットワーク（LAN）を介して接続する汎用的なIPカメラ（乳幼児やペットの見守り用として一般家庭向けに売られていることが多い）も機能が充実しており，防音室内の参加者の様子を確認するという用途には十分耐えうるものとなっている（そして何より安価である）。製品数は必

ずしも多くないものの赤外線対応のカメラもあり，それらを用いれば PSG 計測時の消灯後にも防音室内をモニターすることが可能である。本学の実験施設では，各防音室内の天井に LAN コンセントと AC コンセントを設置した上で赤外線対応の IP カメラを取り付けている。そして，その LAN コンセントは外部ネットワークから完全に切り離された実験エリア専用のイントラネットに接続されており，そのネットワークを介して IP カメラからの映像は各防音室の外の制御用 PC および認知心理学実験室 2 に設置された集中管理用 PC モニターに最大 6 部屋分の映像をまとめて表示できるようになっている。なお，このイントラネットはカメラのネットワーク構築だけでなく，NAS（Network Attached Storage）を設置するなどすることで，データのバックアップ等にも利用可能となっている。

☾ 光環境

　光は生体リズムに影響するとともに覚醒水準にも影響するため，睡眠実験を行う際には光環境への配慮がしばしば必要となる。一般的に，PSG 計測中は消灯状態とされるが，断眠実験における認知課題中や休憩中でも一定の照度以下となるよう光環境を統制する必要が生じる。そのため，防音室内のみならず，実験開始から終了までに参加者が過ごす場所においては，生体リズムおよび覚醒度への影響が比較的弱い暖色系の照明を設置するとともに，照度コントロール（調光）も必要となってくる。それらに加えて，断眠研究などでは，日の出後の時刻まで実験が続くことも多いため，光環境のコントロールの上でも実験エリアには外光が一切入らない，つまり窓がないという点も重要となってくる。

　一方，PSG 計測中は防音室内を基本的に完全消灯の状態とするが，参加者の中には完全な暗闇では就寝時に不安を感じる者もいる。その際は，照明を薄明りとするわけだが，その際に問題となってくるのが，防音室内の照明をどの程度まで暗くできるかという点である。最近では一般家庭用のシーリングライトであっても調光・調色の機能を備えるものも多く，これらは睡眠研究にも利用可能であると思われる。しかし，最低照度とした際に十分に照度が低くならない製品も中には存在するため，照明の選択時には，その点にも注意が必要だろう。

☾ 水回りの施設

　PSG 計測では，頭皮および顔周りに電極を装着する。電極脱着時には，電極ペーストをアルコール綿等でふき取るものの完全に除去することは難しく，ペーストが乾燥すると頭皮上で白く目立つ場合もある。これは PSG 計測終了後に公共交通機関を用いて帰宅する参加者や，そのまま授業等に出席する学生において

は，しばしば問題となりうるため，本学の施設では実験エリア内にシャワールームを設け，実験終了後の洗髪等を可能としている。このシャワールームの存在は，参加者が授業への出席後に，一旦帰宅することなく，そのまま大学で夜間実験に参加するということも可能とするため，実験スケジュールの組みやすさにもつながっている。

　また，実験が長時間にわたることも多い睡眠実験では，しばしば参加者がお手洗いに行くこととなる。特に断眠実験中や PSG 計測時の中途覚醒時にお手洗いに行く場合などは，覚醒水準が低い状態に参加者があることが想定されるため，（実験者が途中まで付き添うにしても）安全管理上もお手洗いが実験室の近くにあることが望ましいと言えよう。

☪ 睡眠実験室整備の実際

　本学には睡眠心理学を専門とする複数の教員が在籍していることに加え，人間心理学科の他の実験演習施設と同時に睡眠関連の実験室もリニューアルされたこともあり，睡眠実験の実施を前提とした設備が整えられている。しかし，必ずしも上述のような環境がないと睡眠実験ができないというわけではない。実際，上記の施設リニューアルが行われる前には，本学においてもゼミ等が行われるような小さめの演習教室の窓に遮光カーテンを設置するなど光環境を工夫した上で，防音室を設置し睡眠実験を行ってきた。

　断眠研究であれば（本学においてもそうであるように）認知心理学領域で用いられる防音室を睡眠研究に流用することも可能である。また，ベッドが設置できる静穏な部屋を確保し，窓をふさぐ，あるいは遮光カーテンを設置するなどして照度コントロールができる状況を整えれば，必ずしも電磁シールドルームがなくても脳波計の進化により PSG 計測も可能となってきている。さらに上述のように，カメラや照明等についても一般向けに売られているものの中で睡眠実験に利用可能なものも多くなっており，研究計画も含めた工夫次第で一定程度の実験は可能になるだろう。実際に睡眠実験を行っている心理学系の研究機関でも，睡眠実験室の設計は異なっており，それぞれの研究機関に所属する研究者が研究目的等に応じて工夫しながら実験環境を整えている。正解や定番と言える設計があるわけではないものの，ここでの本学の施設紹介が実験的睡眠研究を始めようとする皆さんの参考になれば幸いである。

（浅岡・西村・福田）

関　連　第1章5節　睡眠研究において用いられる認知課題
　　　　第6章5節　睡眠脳波の測定の仕方

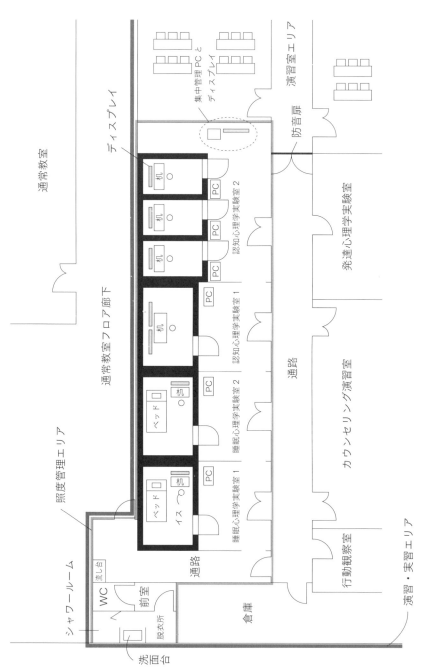

図 6-7　江戸川大学睡眠研究所における睡眠実験用施設の模式図

---- COLUMN ----

「何時に寝たのか」は実は難しい

　何時に「起きたか」と聞かれれば比較的正確な時刻を答えられるだろう
が，何時に「眠ったのか」を正確に答えることはできないだろう。睡眠に
入った時点では自分で時刻を確かめることができないからである。これは，
主観的な入眠時刻と覚醒時刻の問題だが，では，脳波などの客観的な指標を
用いれば入眠時刻の特定が簡単にできるのかというと事はそう簡単ではな
い。教科書的には，覚醒から睡眠段階1，睡眠段階1から睡眠段階2へと順
番に進んでいくように記述されるが，実際には，最初の睡眠段階1の出現
後，覚醒と睡眠を行ったり来たりするので，どの時点を「入眠（sleep on-
set）」とするかは，実はかなり難しい。入眠の定義としては，最初に睡眠段
階1が出現した時点とするもの（Czeisler et al., 1980）や，入眠時レム睡眠
の場合はレム睡眠から入眠とする場合もあるので，いずれかの睡眠段階が現
れた時点とするもの（American Academy of Sleep Medicine, 2018）が多い
が，この定義を厳密に採用すると，最初の睡眠段階が短い時間出現した後
に，長い覚醒が続いた場合には，どうするのが妥当かなどの問題が生じる。
したがって，睡眠の状態が一定の時間持続した時点とする定義や，睡眠段階
1の出現ではなく，比較的，睡眠の安定する睡眠段階2の出現をもって入眠
と定義する場合もある（日本睡眠学会コンピュータ委員会，1999）。また，
不眠など臨床上で重要となる入眠潜時（睡眠が開始するまでの時間）の定義
についても，入眠時点の定義を定めたとしても，「どの時点から」とするの
かという問題が残る。実験室実験などでは，実験者が実験参加者に眠ること
を許可した時点からとする場合や，消灯のタイミングからとするものなどが
あるが，実験室以外の例えば実験参加者の自宅等で計測する場合などには，
より曖昧となる。このように，入眠（いつから眠ったのか）を定義すること
は意外に困難なのである。　　　　　　　　　　　　　　　　　（福田）

研究法

189

引用文献

第 1 章

Adolescent Sleep Working Group, Committee on Adolescence, & Council on School Health. (2014). School start times for adolescents. *Pediatrics, 134*(3), 642-649. https://doi. org/10.1542/peds.2014-1697

有竹 清夏（2010）．睡眠中の時間認知機能メカニズム——主観的睡眠時間と客観的睡眠時間の乖離はなぜ起こるのか？—— 臨床脳波, *52*(12), 712-718.

浅岡 章一（2017）．大学生活への適応と睡眠習慣——乱れた睡眠習慣が退学・留年リスクに与える影響—— *Modern Physician, 37*, 853-855.

Asaoka, S., Aritake, S., Komada, Y., Ozaki, A., Odagiri, Y., Inoue, S., ... Inoue, Y. (2013). Factors associated with shift work disorder in nurses working with rapid-rotation schedules in Japan: The nurses' sleep health project. *Chronobiology International, 30*(4), 628-636.

Asaoka, S., Fukuda, K., Murphy, T. I., Abe, T., & Inoue, Y. (2012). The effects of a nighttime nap on the error-monitoring functions during extended wakefulness. *Sleep, 35*(6), 871-878. https://doi.org/10.5665/sleep.1892

Asaoka, S., Namba, K., Tsuiki, S., Komada, Y., & Inoue, Y. (2010). Excessive daytime sleepiness among Japanese public transportation drivers engaged in shiftwork. *Journal of Occupational and Environmental Medicine, 52*(8), 813-818. https://doi.org/10.1097/JOM. 0b013e3181ea5a67

Aschoff, J. (1998). Human perception of short and long time intervals: Its correlation with body temperature and the duration of wake time. *Journal of Biological Rhythms, 13*(5), 437-442. https://doi.org/10.1177/074873098129000264

Basner, M., & Dinges, D. F. (2011). Maximizing sensitivity of the psychomotor vigilance test (PVT) to sleep loss. *Sleep, 34*(5), 581-591.

Beaulieu-Prévost, D., & Zadra, A. (2015). When people remember dreams they never experienced: A study of the malleability of dream recall over time. *Dreaming, 25*(1), 18-31. https://doi.org/10.1037/a0038788

Belenky, G., Wesensten, N. J., Thorne, D. R., Thomas, M. L., Sing, H. C., Redmond, D. P., Russo, M. B., & Balkin, T. J. (2003). Patterns of performance degradation and restoration during sleep restriction and subsequent recovery: A sleep dose-response study. *Journal of Sleep Research, 12*, 1-12.

Bian, Y., Wang, Z. X., Han, X. L., Chen, L., Zhu, Y., & Wu, C. J. (2016). Sleep state misperception in schizophrenia: Are negative symptoms at work? *Comprehensive Psychiatry, 67*, 33-38. https://doi.org/10.1016/j.comppsych.2016.02.008

Binks, P. G., Waters, W. F., & Hurry, M. (1999). Short-term total sleep deprivations does not selectively impair higher cortical functioning. *Sleep, 22*(3), 328-334. https://doi.

org/10.1093/sleep/22.3.328

Block, R. A., & Zakay, D.（1997）. Prospective and retrospective duration judgments: A meta-analytic review. *Psychonomic Bulletin & Review, 4*(2), 184-197. https://doi.org/10.3758/BF03209393

Boardman, J. M., Porcheret, K., Clark, J. W., Andrillon, T., Cai, A. W. T., Anderson, C., & Drummond, S. P. A.（2021）. The impact of sleep loss on performance monitoring and error-monitoring: A systematic review and meta-analysis. *Sleep Medicine Review, 58,* 101490. https://doi.org/10.1016/j.smrv.2021.101490

Broughton, R., & Mullington, J.（1992）. Circasemidian sleep propensity and the phase-amplitude. maintenance model of human sleep/wake regulation. *Journal of Sleep Research, 1*(2), 93-98.

Buhusi, C. V., & Meck, W. H.（2005）. What makes us tick? Functional and neural mechanisms of interval timing. *Nature Reviews Neuroscience, 6*(10), 755-765. https://doi.org/10.1038/nrn1764

Bulkeley, K., & Schredl, M.（2019）. Attitudes towards dreaming: Effects of socio- demographic and religious variables in an American sample. *International Journal of Dream Research, 12* (1), 7.

Cain, S. W., Silva, E. J., Chang, A. M., Ronda, J. M., & Duffy, J. F.（2011）. One night of sleep deprivation affects reaction time, but not interference or facilitation in a Stroop task. *Brain and Cognition, 76*(1), 37-42.

Carr, M., Haar, A., Amores, J., Lopes, P., Bernal, G., Vega, T., ... Maes, P.（2020）. Dream engineering: Simulating worlds through sensory stimulation. *Consciousness and Cognition, 83,* 102955. https://doi.org/10.1016/j.concog.2020.102955

Cellini, N., Goodbourn, P. T., McDevitt, E. A., Martini, P., Holcombe, A. O., & Mednick, S. C.（2015）. Sleep after practice reduces the attentional blink. *Attention, Perception, & Psychophysics, 77*(6), 1945-1954.

Chatburn, A., Kohler, M. J., Payne, J. D., & Drummond, S. P. A.（2017）. The effects of sleep restriction and sleep deprivation in producing false memories. *Neurobiology of Learning and Memory, 137,* 107-113. https://doi.org/10.1016/j.nlm.2016.11.017

Chatburn, A., Lushington, K., & Kohler, M. J.（2014）. Complex associative memory processing and sleep: A systematic review and meta-analysis of behavioural evidence and underlying EEG mechanisms. *Neuroscience & Biobehavioral Reviews, 47,* 646-655.

Chua, E. C., Fang, E., & Gooley, J. J.（2017）. Effects of total sleep deprivation on divided attention performance. *PloS ONE, 12*(11), e0187098.

Cordi, M. J., & Rasch, B.（2021）. How robust are sleep-mediated memory benefits? *Current. Opinion. in Neurobiology, 67,* 1-7. https://doi.org/10.1016/j.conb.2020.06.002

Curcio, G., Ferrara, M., & De Gennaro, L.（2006）. Sleep loss, learning capacity and academic performance. *Sleep Medicine Reviews, 10*(5), 323-337.

De Gennaro, L., Ferrara, M., Curcio, G., & Bertini, M.（2001）. Visual search performance across

40 h of continuous wakefulness: Measures of speed and accuracy and relation with oculomotor performance. *Physiology & Behavior, 74*(1-2), 197-204. https://doi.org/10.1016/s0031-9384(01)00551-0

Diekelmann, S., & Born, J. (2010). The memory function of sleep. *Nature Reviews Neuroscience, 11*(2), 114-126. https://doi.org/10.1038/nrn2762

Diekelmann, S., Born, J., & Wagner, U. (2010). Sleep enhances false memories depending on general memory performance. *Behavioural Brain Research, 208*(2), 425-429. https://doi.org/10.1016/j.bbr.2009.12.021

Diekelmann, S., Landolt, H.-P., Lahl, O., Born, J., & Wagner, U. (2008). Sleep loss produces false memories. *PloS ONE, 3*(10), e3512.

Dinges, D. F., & Powell, J. W. (1985). Microcomputer analyses of performance on a portable, simple visual RT task during sustained operations. *Behavior Research Methods, Instruments, & Computers, 17*(6), 652-655.

Doran, S. M., Van Dongen, H. P., & Dinges, D. F. (2001). Sustained attention performance during sleep deprivation: Evidence of state instability. *Archives Italiennes de Biologie, 139*(3), 253-267.

Drummond, S. P., Gillin, J. C., & Brown, G. G. (2001). Increased cerebral response during a divided attention task following sleep deprivation. *Journal of Sleep Research, 10*(2), 85-92.

Durmer, J. S., & Dinges, D. F. (2005). Neurocognitive consequences of sleep deprivation. *Seminars in Neurology, 25*(1), 117-129.

Durrant, S. J., & Johnson, J. M. (2021). Sleep's role in schema learning and creative insights. *Current Sleep Medicine Reports, 7*(1), 19-29. https://doi.org/10.1007/s40675-021-00202-5

Ebbinghaus, H. (1964). *Memory: A contribution to experimental psychology.* (H. A. Ruger, C. E. Bussenius, & E. R. Hilgard, Trans.) New York: Dover. (Original work published in 1885) (エビングハウス, H. 宇津木 保 (訳)(1978). 記憶について——実験心理学への貢献——誠信書房)

Ellenbogen, J. M., Hu, P. T., Payne, J. D., Titone, D., & Walker, M. P. (2007). Human relational memory requires time and sleep. *Proceedings of the National Academy of Sciences, 104*(18), 7723-7728. https://doi.org/10.1073/pnas.0700094104

Ellenbogen, J. M., Hulbert, J. C., Stickgold, R., Dinges, D. F., & Thompson-Schill, S. L. (2006). Interfering with theories of sleep and memory: Sleep, declarative memory, and associative interference. *Current Biology, 16*(13), 1290-1294.

Engle-Friedman, M., Riela, S., Golan, R., Ventuneac, A. M., Davis, C. M., Jefferson, A. D., & Major, D. (2003). The effect of sleep loss on next day effort. *Journal of Sleep Research, 12*(2), 113-124.

Eriksen, B. A., & Eriksen, C. W. (1974). Effects of noise letters upon the identification of a target letter in a nonsearch task. *Perception & Psychophysics, 16*, 143-149.

Espie, C. A., Broomfield, N. M., MacMahon, K. M. A., Macphee, L. M., & Taylor, L. M. (2006). The attention-intention-effort pathway in the development of psychophysiologic insomnia:

A theoretical review. *Sleep Medicine Reviews, 10*(4), 215-245. https://doi.org/10.1016/ j.smrv.2006.03.002

Fosse, R., Stickgold, R., & Hobson, J. A. (2001). The mind in REM sleep: Reports of emotional experience. *Sleep, 24*(8), 1-9. https://doi.org/10.1093/sleep/24.8.1

Gallegos, C., García, A., Ramírez, C., Borrani, J., Azevedo, C. V., & Valdez, P. (2019). Circadian and homeostatic modulation of the attentional blink. *Chronobiology International, 36*(3), 343-352.

Gallo, D. (2006). *Associative illusions of memory: Research on false memory for related events.* New York: Psychology Press.

Gordon, A. M., & Chen, S. (2013). The role of sleep in interpersonal conflict. *Social Psychological and Personality Science, 5*(2), 168-175.

Graw, P., Krauchi, K., Knoblauch, V., Wirz-Justice, A., & Cajochen, C. (2004). Circadian and wake-dependent modulation of fastest and slowest reaction times during the psychomotor vigilance task. *Physiology and Behavior, 80*(5), 695-701.

Grenier, J., Cappeliez, P., St-Onge, M., Vachon, J., Vinette, S., Roussy, F., ... De Koninck, J. (2005). Temporal references in dreams and autobiographical memory. *Memory & Cognition, 33*(2), 280-288. https://doi.org/10.3758/BF03195317

Harris, K., Spiegelhalder, K., Espie, C. A., MacMahon, K. M. A., Woods, H. C., & Kyle, S. D. (2015). Sleep-related attentional bias in insomnia: A state-of-the-science review. *Clinical Psychology Review, 42*, 16-27. https://doi.org/10.1016/j.cpr.2015.08.001

Harrison, Y., & Horne, J. A. (1997). Sleep deprivation affects speech. *Sleep, 20*(10), 871-877. https://doi.org/10.1093/sleep/20.10.871

Harrison, Y., & Horne, J. A. (2000). The impact of sleep deprivation on decision making: A review. *Journal of Experimental Psychology: Applied, 6*(3), 236-249.

Harvey, A. G. (2002). A cognitive model of insomnia. *Behaviour Research and Therapy, 40*(8), 869-893. https://doi.org/10.1016/s0005-7967(01)00061-4

Harvey, A. G., Tang, N. K. Y., & Browning, L. (2005). Cognitive approaches to insomnia. *Clinical Psychology Review, 25*(5), 593-611. https://doi.org/10.1016/j.cpr.2005.04.005

林 光緒・堀 忠雄 (2007). 午後の眠気対策としての短時間仮眠　生理心理学と精神生理学, *25*, 45-59.

Herrmann, U. S., Hess, C. W., Guggisberg, A. G., Roth, C., Gugger, M., & Mathis, J. (2010). Sleepiness is not always perceived before falling asleep in healthy, sleep-deprived subjects. *Sleep Medicine, 11*, 747-751.

Holding, B. C., Sundelin, T., Lekander, M., & Axelsson, J. (2019). Sleep deprivation and its effects on communication during individual and collaborative tasks. *Scientific Reports, 9*(1), 3131. https://doi.org/10.1038/s41598-019-39271-6

Horne, J. A. (1988). Sleep loss and 'divergent' thinking ability. *Sleep, 11*(6), 528-536. https:// doi.org/10.1093/sleep/11.6.528

Horowitz, T. S., Cade, B. E., Wolfe, J. M., & Czeisler, C. A. (2003). Searching night and day: A dissociation of effects of circadian phase and time awake on visual selective attention and vigilance. *Psychological Science, 14*(6), 549-557.

Horowitz, A. H., Cunningham, T. J., Maes, P., & Stickgold, R. (2020). Dormio: A targeted dream incubation device. *Consciousness and Cognition, 83*, 102938. https://doi.org/10.1016/j.concog.2020.102938

Horton, C. L., & Conway, M. A. (2009). The Memory Experiences and Dreams Questionnaire (MED-Q): A validated measure of dream remembering. *Imagination, Cognition and Personality, 29*(1), 3-29. https://doi.org/10.2190/IC.29.1.b

Hsieh, S., Li, T. H., & Tsai, L. L. (2010). Impact of monetary incentives on cognitive performance and error monitoring following sleep deprivation. *Sleep, 33*(4), 499-507. https://doi.org/10.1093/sleep/33.4.499

Iber, C., Ancoli-Israel, S., Chesson, A., & Quan, S. F. (2007). *The AASM manual for the scoring of sleep and associated events: Rules, terminology and technical specifications*. Westchester, IL: American Academy of Sleep Medicine.
（米国睡眠医学会　日本睡眠学会（監訳）(2018). AASM による睡眠および随伴イベントの判定マニュアル――ルール，用語，技術仕様の詳細―― ライフ・サイエンス）

Jackson, M. L., Croft, R. J., Kennedy, G. A., Owens, K., & Howard, M. E. (2013). Cognitive components of simulated driving performance: Sleep loss effects and predictors. *Accident Analysis and Prevention, 50*, 438-444.

Jackson, M. L., Hughes, M. E., Croft, R. J., Howard, M. E., Crewther, D., Kennedy, G. A., ... Johnston, P. (2011). The effect of sleep deprivation on BOLD activity elicited by a divided attention task. *Brain Imaging Behavior, 5*(2), 97-108.

Johnson, M. K., Foley, M. A., Suengas, A. G., & Raye, C. L. (1988). Phenomenal characteristics of memories for perceived and imagined autobiographical events. *Journal of Experimental Psychology: General, 117*(4), 371.

Johnson, M. K., Kahan, T. L., & Raye, C. L. (1984). Dreams and reality monitoring. *Journal of Experimental Psychology: General, 113*(3), 329.

Juniper, M., Hack, M. A., George, C. F., Davies, R. J., & Stradling, J. R. (2000). Steering simulation performance in patients with obstructive sleep apnoea and matched control subjects. *European Respiratory Journal, 15*(3), 590-595.

Kahneman, D. (1973). *Attention and effort*. Englewood Cliffs, NJ: Prentice-Hall.

Klinzing, J. G., Niethard, N., & Born, J. (2019). Mechanisms of systems memory consolidation during sleep. *Nature Neuroscience, 22*(10), 1598-1610.

Konkoly, K. R., Appel, K., Chabani, E., Mangiaruga, A., Gott, J., Mallett, R., ... Paller, K. A. (2021). Real-time dialogue between experimenters and dreamers during REM sleep. *Current Biology, 31*(7), 1417-1427.e6. https://doi.org/10.1016/j.cub.2021.01.026

Kusztor, A., Raud, L., Juel, B. E., Nilsen, A. S., Storm, J. F., & Huster, R. J. (2019). Sleep deprivation differentially affects subcomponents of cognitive control. *Sleep, 42*(4), zsz016. https://doi.org/10.1093/sleep/zsz016

Lalonde, R., & Hannequin, D.（1999）. The neurobiological basis of time estimation and temporal order. *Reviews in the Neurosciences, 10*(2), 151-173. https://doi.org/10.1515/revneuro.1999.10.2.151

Lee, H. J., Kim, L., & Suh, K. Y.（2003）. Cognitive deterioration and changes of P300 during total sleep deprivation. *Psychiatry and Clinical Neurosciences, 57*(5), 490-496. https://doi.org/10.1046/j.1440-1819.2003.01153.x

Leng, Y., McEvoy, C. T., Allen, I. E., & Yaffe, K.（2017）. Association of sleep-disordered breathing with cognitive function and risk of cognitive impairment: A systematic review and meta-analysis. *JAMA Neurology, 74*(10), 1237-1245.

Lewis, P. A., Knoblich, G., & Poe, G.（2018）. How memory replay in sleep boosts creative problem-solving. *Trends in Cognitive Sciences, 22*(6), 491-503. https://doi.org/10.1016/j.tics.2018.03.009

MacMahon, K. M. A., Broomfield, N. M., & Espie, C. A.（2006）. Attention bias for sleep-related stimuli in primary insomnia and delayed sleep phase syndrome using the dot-probe task. *Sleep, 29*(11), 1420-1427. https://doi.org/10.1093/sleep/29.11.1420

Mackworth, N. H.（1948）. The breakdown of vigilance during prolonged visual search. *Quarterly Journal of Experimental Psychology, 1*, 6-21.

Magee, M., Sletten, T. L., Ferguson, S. A., Grunstein, R. R., Anderson, C., Kennaway, D. J., ... Rajaratnam, S. M.（2016）. Associations between number of consecutive night shifts and impairment of neurobehavioral performance during a subsequent simulated night shift. *Scandinavian Journal of Work, Environment and Health, 42*(3), 217-227.

Malinowski, J. E., & Horton, C. L.（2014）. Memory sources of dreams: The incorporation of autobiographical rather than episodic experiences. *Journal of Sleep Research, 23*(4), 441-447. https://doi.org/10.1111/jsr.12134

Mander, B. A., Santhanam, S., Saletin, J. M., & Walker, M. P.（2011）. Wake deterioration and sleep restoration of human learning. *Current Biology, 21*(5), R183-R184. https://doi.org/10.1016/j.cub.2011.01.019

Martella, D., Marotta, A., Fuentes, L. J., & Casagrande, M.（2014）. Inhibition of return, but not facilitation, disappears under vigilance decrease due to sleep deprivation. *Experimental Psychology, 61*(2), 99-109.

松田 文子（1996）. 序章：現在のアウグスティヌス 第3節：心理的時間の研究法　松田 文子・甲村 和三・山崎 勝之・調枝 孝治・神宮 英夫・平 伸二（編著）心理的時間――その広くて深いなぞ――（pp. 14-20）北大路書房

Milner, C. E., & Cote, K. A.（2009）. Benefits of napping in healthy adults: Impact of nap length, time of day, age, and experience with napping. *Journal of Sleep Research, 18*(2), 272-281.

Miró, E., Cano, M. C., Espinosa-Fernández, L., & Buela-Casal, G.（2003）. Time estimation during prolonged sleep deprivation and its relation to activation measures. *Humman Factors, 45*(1), 148-159. https://doi.org/10.1518/hfes.45.1.148.27227

Motomura, Y., Katsunuma, R., Yoshimura, M., & Mishima, K.（2017）. Two days' sleep debt causes mood decline during resting state via diminished amygdala-prefrontal connectivity. *Sleep, 40*(10), zsx133.

Motomura, Y., Kitamura, S., Oba, K., Terasawa, Y., Enomoto, M., Katayose, Y., ... Mishima, K. (2013). Sleep debt elicits negative emotional reaction through diminished amygdala-anterior cingulate functional connectivity. *PloS ONE, 8*(2), e56578.

Murphy, T. I., Richard, M., Masaki, H., & Segalowitz, S. J. (2006). The effect of sleepiness on performance monitoring: I know what I am doing, but do I care? *Journal of Sleep Research, 15*(1), 15-21. https://doi.org/10.1111/j.1365-2869.2006.00503.x

Newbury, C. R., & Monaghan, P. (2019). When does sleep affect veridical and false memory consolidation? A meta-analysis. *Psychonomic Bulletin & Review, 26*(2), 387-400.

Nielsen, T. A. (1993). Changes in the kinesthetic content of dreams following somatosensory stimulatipn of leg muscles during REM sleep. *Dreaming, 3*(2), 99-113.

Nielsen, T. A., & Powell, R. A. (1992). The day-residue and dream-lag effects: A literature review and limited replication of two temporal effects in dream formation. *Dreaming, 2*(2), 67.

小川 景子・入戸野 宏・堀 忠雄（2007）. レム睡眠中の夢――視覚心像の生成過程―― 生理心理学と精神生理学, *25*(1), 5-15. https://doi.org/10.5674/jjppp1983.25.5

Okabe, S., Fukuda, K., Mochizuki-Kawai, H., & Yamada, K. (2018). Favorite odor induces negative dream emotion during rapid eye movement sleep. *Sleep Medicine, 47*, 72-76.

Payne, D. G., Elie, C. J., Blackwell, J. M., & Neuschatz, J. S. (1996). Memory illusions: Recalling, recognizing, and recollecting events that never occurred. *Journal of Memory and Language, 35*(2), 261-285.

Perrin, F., García-Larrea, L., Mauguière, F., & Bastuji, H. (1999). A differential brain response to the subject's own name persists during sleep. *Clinical Neurophysiology, 110*(12), 2153-2164.

Philip, P., Sagaspe, P., Taillard, J., Valtat, C., Moore, N., Akerstedt, T., ... Bioulac, B. (2005). Fatigue, sleepiness, and performance in simulated versus real driving conditions. *Sleep, 28*(12), 1511-1516.

Philip, P., Taillard, J., Klein, E., Sagaspe, P., Charles, A., Davies, W. L., ... Bioulac, B. (2003). Effect of fatigue on performance measured by a driving simulator in automobile drivers. *Journal of Psychosomatic Research, 55*(3), 197-200.

Pilcher, J. J., & Walters, A. S. (1997). How sleep deprivation affects psychological variables related to college students' cognitive performance. *Journal of American College Health, 46*(3), 121-126.

Posner, M. I. (1980). Orienting of attention. *Quarterly Journal of Experimental Psychology, 32*, 3-25.

Posner, M. I., Snyder, C. R., & Davidson, B. J. (1980). Attention and the detection of signals. *Journal of Experimental Psychology: General, 109*, 160-174.

Poynter, W. D., & Homa, D. (1983). Duration judgment and the experience of change.

Perception & Psychophysics, 33(6), 548–560. https://doi.org/10.3758/BF03202936

Pöppel, E., & Giedke, H. (1970). Diunal variation of time perception. *Psychologische Forschung, 34*(2),182–198. https://doi.org/10.1007/BF00424544

Raggi, A., Plazzi, G., Pennisi, G., Tasca, D., & Ferri, R. (2011). Cognitive evoked potentials in narcolepsy: A review of the literature. *Neuroscience and Biobehavioral Reviews, 35*(5), 1144–1153. https://doi.org/10.1016/j.neubiorev.2010.12.001

Ramírez, C., García, A., & Valdez, P. (2012). Identification of circadian rhythms in cognitive inhibition and flexibility using a Stroop task. *Sleep and Biological Rhythms, 10*(2), 136–144.

Rechtschaffen, A., & Kales, A. (1968). *A manual of standardized terminology, techniques and scoring system for sleep stages of human subjects.* Washington, DC: Public Health Service, U. S. Government Printing Office.

Reed, D. L., & Sacco, W. P. (2016). Measuring sleep efficiency: What should the denominator be? *Journal of Clinical Sleep Medicine , 12*(2), 263–266. https://doi.org/10.5664/jcsm.5498

Reynolds, A. C., & Banks, S. (2010). Total sleep deprivation, chronic sleep restriction and sleep disruption. *Progress in Brain Research, 185*, 91–103.

Rosen, M. G. (2013). What I make up when I wake up: Anti-experience views and narrative fabrication of dreams. *Frontiers in Psychology, 4*, 514 https://doi.org/10.3389/fpsyg.2013.00514

Sagaspe, P., Sanchez-Ortuno, M., Charles, A., Taillard, J., Valtat, C., Bioulac, B., & Philip, P. (2006). Effects of sleep deprivation on Color-Word, Emotional, and Specific Stroop interference and on self-reported anxiety. *Brain and Cognition, 60*(1), 76–87. https://doi.org/10.1016/j.bandc.2005.10.001

Saletin, J. M., & Walker, M. P. (2012). Nocturnal mnemonics: Sleep and hippocampal memory processing. *Frontiers in Neurology, 3*, 59 https://doi.org/10.3389/fneur.2012.00059

Santhi, N., Horowitz, T. S., Duffy, J. F., & Czeisler, C. A. (2007). Acute sleep deprivation and circadian misalignment associated with transition onto the first night of work impairs visual selective attention. *PloS ONE, 2*(11), e1233.

Schäfer, S. K., Wirth, B. E., Staginnus, M., Becker, N., Michael, T., & Sopp, M. R. (2020). Sleep's impact on emotional recognition memory: A meta-analysis of whole-night, nap, and REM sleep effects. *Sleep Medicine Reviews, 51*, 101280. https://doi.org/10.1016/j.smrv.2020.101280

Scheffers, M. K., Humphrey, D. G., Stanny, R. R., Kramer, A. F., & Coles, M. G. (1999). Error-related processing during a period of extended wakefulness. *Psychophysiology, 36*(2), 149–157.

Schredl, M. (2003). Continuity between waking and dreaming: A proposal for a mathematical model. *Sleep and Hypnosis, 5*, 38–52.

Schredl, M., Atanasova, D., Hörmann, K., Maurer, J. T., Hummel, T., & Stuck, B. A. (2009). Information processing during sleep: The effect of olfactory stimuli on dream content and dream emotions. *Journal of Sleep Research, 18*(3), 285–290.

Seki, Y., & Yamazaki, Y. (2006). Effects of working conditions on intravenous medication errors in a Japanese hospital. *Journal of Nursing Management, 14*(2), 128-139.

Shenfield, L., Beanland, V., Filtness, A., & Apthorp, D. (2020). The impact of sleep loss on sustained and transient attention: An EEG study. *PeerJ, 8*, e8960. https://doi.org/10.7717/peerj.8960

Soshi, T., Kuriyama, K., Aritake, S., Enomoto, M., Hida, A., Tamura, M., Kim, Y., & Mishima, K. (2010). Sleep deprivation influences diurnal variation of human time perception with prefrontal activity change: A functional near-infrared spectroscopy study. *PLoS ONE, 5*(1), e8395. https://doi.org/10.1371/journal.pone.0008395

de Souza, L., Benedito-Silva, A. A., Pires, M. L. N., Poyares, D., Tufik, S., & Calil, H. M. (2003). Further validation of actigraphy for sleep studies. *Sleep, 26*(1), 81-85. https://doi.org/10.1093/sleep/26.1.81

Stickgold, R. (2005). Sleep-dependent memory consolidation. *Nature, 437*(7063), 1272-1278. https://doi.org/10.1038/nature04286

Stickgold, R., & Walker, M. P. (2013). Sleep-dependent memory triage: Evolving generalization through selective processing. *Nature Neuroscience, 16*(2), 139-145. https://doi.org/10.1038/nn.3303

Stroop, J. R. (1935). Studies of interference in serial verbal reactions. *Journal of Experimental Psychology, 18*, 643-662.

鈴木 博之 (2007). 睡眠中の情報処理　生理心理学と精神生理学, *25*(1), 17-34.

高原 円 (2008). 睡眠中の情報処理過程　堀 忠雄 (編) 睡眠心理学 (pp. 158-169) 北大路書房

Takahashi, M., Fukuda, H., & Arito, H. (1998). Brief naps during post-lunch rest: Effects on alertness, performance, and autonomic balance. *European Journal Applied Physiology and Occupational Physiology, 78*(2), 93-98. https://doi.org/10.1007/s004210050392

Tamaki, M., Nittono, H., & Hori, T. (2007). Efficacy of overnight sleep for a newly acquired visuomotor skill. *Sleep and Biological Rhythms, 5*(2), 111-116.

田村 了以 (2013). 睡眠と記憶固定——海馬と皮質のダイアログ——　心理学評論, *56*(2), 216-236.

Tassi, P., & Muzet, A. (2000). Sleep inertia. *Sleep Medicine Reviews, 4*(4), 341-353.

Thomas, E. A. C., & Cantor, N. E. (1976). Simultaneous time and size perception. *Perception & Psychophysics, 19*(4), 353-360. https://doi.org/10.3758/BF03204243

Thomas, M., Sing, H., Belenky, G., Holcomb, H., Mayberg, H., Dannals, R., ... Redmond, D. (2000). Neural basis of alertness and cognitive performance impairments during sleepiness. I. Effects of 24 h of sleep deprivation on waking human regional brain activity. *Journal of Sleep Research, 9*(4), 335-352.

Trujillo, L, T., Kornguth, S., & Schnyer, D. M. (2009). An ERP examination of the different effects of sleep deprivation on exogenously cued and endogenously cued attention. *Sleep, 32*(10), 1285-1297. https://doi.org/10.1093/sleep/32.10.1285

Tsai, L. L., Young, H. Y., Hsieh, S., & Lee, C. S. (2005). Impairment of error monitoring following sleep deprivation. *Sleep, 28*(6), 707-713. https://doi.org/10.1093/sleep/28.6.707

Tucker, A. M., Whitney, P., Belenky, G., Hinson, J. M., & Van Dongen, H. P. A. (2010). Effects of sleep deprivation on dissociated components of executive functioning. *Sleep, 33,* 47-57.

Valko, P. O., Hunziker, S., Graf, K., Werth, E., & Baumann, C. R. (2021). Sleep-wake misperception. A comprehensive analysis of a large sleep lab cohort. *Sleep Medicine, 88,* 96-103. https://doi.org/10.1016/j.sleep.2021.10.023

Van Dongen, H. P., Maislin, G., Mullington, J. M., & Dinges, D. F. (2003). The cumulative cost of additional wakefulness: Dose-response effects on neurobehavioral functions and sleep physiology from chronic sleep restriction and total sleep deprivation. *Sleep, 26*(2), 117-126. https://doi.org/10.1093/sleep/26.2.117

Versace, F., Cavallero, C., De Min Tona, G., Mozzato, M., & Stegagno, L. (2005). Effects of sleep reduction on spatial attention. *Biological Psychology, 71*(3), 248-255. https://doi.org/10.1016/j.biopsycho.2005.04.003

Volk, S., Dyroff, J., Georgi, K., & Pflug, B. (1994). Subjective sleepiness and physiological sleep tendency in healthy young morning and evening subjects. *Journal of Sleep Research, 3*(3), 138-143.

Wagner, U., Gais, S., Haider, H., Verleger, R., & Born, J. (2004). Sleep inspires insight. *Nature, 427*(6972), 352-355.

Wicklow, A., & Espie, C. A. (2000). Intrusive thoughts and their relationship to actigraphic measurement of sleep: Towards a cognitive model of insomnia. *Behaviour Research and Therapy, 38*(7), 679-693. https://doi.org/10.1016/s0005-7967(99)00136-9

山本 隆一郎（2014）．入眠潜時評価の歪みのメカニズムに関する一考察――眠れなかったという体験はどのように形成されるのか？―― 上越教育大学心理教育相談研究，*13*(1), 45-54.

山本 隆一郎・成松 宏太・野添 健太（2021）．不眠に特有な注意バイアスを評価する認知課題の特徴――近年の報告のレビュー―― 日本睡眠学会第46回定期学術集会プログラム・抄録集，233

Yamamoto, R., Nozoe, K., Nishimura, R., & Asaoka, S. (2021). Stimulus word selection for developing Japanese version of cognitive tasks to assess sleep-related attentional bias. https://doi.org/10.17605/OSF.IO/PZ69R

吉村 貴子・前島 伸一郎・大沢 愛子・苧阪 満里子（2016）．言語流暢性課題に現れた認知症のワーキングメモリの特徴――言語流暢性課題にはワーキングメモリの中央実行系が関連する可能性がある―― 高次脳機能研究（旧 失語症研究），*36*(4), 484-491.

Zadra, A., & Domhoff, G. W. (2011). Dream content: Quantitative findings. *Principles and Practice of Sleep Medicine, 5,* 585-594.

Zadra, A., & Donderi, D. C. (2000). Nightmares and bad dreams: Their prevalence and relationship to well-being. *Journal of Abnormal Psychology, 109*(2), 273-281.

Zadra, A., & Robert, G. (2012). Dream recall frequency: Impact of prospective measures and motivational factors. *Consciousness and Cognition, 21*(4), 1695-1702.

199

第 2 章

Adolescent Sleep Working Group, Committee on Adolescence, & Council on School Health. (2014). School start times for adolescents. *Pediatrics, 134*(3), 642-649. https://doi. org/10.1542/peds.2014-1697

American Academy of Sleep Medicine (2005). *International classification of sleep disorders: Diagnostic & coding manual* (2nd ed.). New York: American Academy of Sleep Medicine.
(米国睡眠医学会　日本睡眠学会診断分類委員会（監訳）(2010)．睡眠障害国際分類 第 2 版——診断とコードの手引—— 医学書院）

American Academy of Sleep Medicine (2014). *International classification of sleep disorders* (3rd ed.). Illinois: American Academy of Sleep Medicine.
(米国睡眠医学会　日本睡眠学会診断分類委員会（監訳）(2018)．睡眠障害国際分類 第 3 版　ライフ・サイエンス）

American Psychiatric Association (2000). *Diagnostic and statistical manual of mental disorders* (4th ed.)., text revision., DSM-IV-TR. Washington, DC: American Psychiatric Association.
(米国精神医学会　高橋 三郎・大野 裕・染矢 俊幸（訳）(2002)．DSM-IV-TR 精神疾患の診断・統計 マニュアル 新訂版　医学書院）

American Psychiatric Association (2013). *Diagnostic and statistical manual of mental disorders* (5th ed.). Washington, DC: American Psychiatric Association.
(米国精神医学会　髙橋 三郎・大野 裕（監訳）(2014)．DSM-5 精神疾患の診断・統計マニュアル　医学書院）

浅岡 章一 (2017). 大学生活への適応と睡眠習慣——乱れた睡眠習慣が退学・留年リスクに与える影響—— *Modern Physician, 37*(8), 853-855.

浅岡 章一・福田 一彦・山崎 勝男 (2007). 子供と青年における睡眠パターンと睡眠問題　生理心理学と精神生理学, *25*(1), 35-43. https://doi.org/10.5674/jjppp1983.25.35

Aserinsky, E., & Kleitman, N. (1953). Regularly occurring periods of eye motility, and concomitant phenomena, during sleep. *Science, 118*, 273-274.

Aurora, R. N., Zak, R. S., Auerbach, S. H., Casey, K. R., Chowdhuri, S., Karippot, A., ... American Academy of Sleep Medicine (2010). Best practice guide for the treatment of nightmare disorder in adults. *Journal of clinical sleep medicine, 6*(4), 389-401.

Baird, A. L., Coogan, A. N., Siddiqui, A., Donev, R. M., & Thome, J. (2012). Adult attention-deficit hyperactivity disorder is associated with alterations in circadian rhythms at the behavioural, endocrine and molecular levels. *Molecular Psychiatry, 17*(10), 988-995. https://doi.org/10.1038/mp.2011.149

Belleville, G., & Potočnik, A. (2019). A meta-analysis of sleep disturbances in panic disorder. In R. Woolfolk, L. Allen, F. Durbano, & F. Irtelli (Eds.), *Psychopathology: An International and Interdisciplinary Perspective*. London: IntechOpen. https://doi.org/10.5772/intechopen.86306

Birchwood, M., & Spencer, E. (2001). Early intervention in psychotic relapse. *Clinical Psychology Review, 21*(8), 1211-1226. https://doi.org/10.1016/s0272-7358(01)00105-2

Bombois, S., Derambure, P., Pasquier, F., & Monaca, C. (2010). Sleep disorders in aging and dementia. *The journal of nutrition, health & aging, 14*(3), 212-217. https://doi.org/10.1007/s12603-010-0052-7

Bootzin, R. R. (1972). A stimulus control treatment for insomnia. *80th Proceedings of the American Psychological Association, 1972*, 395-396.

Borbély, A. A. (1982). A two process model of sleep regulation. *Human Neurobiology, 1*(3), 195-204.

Borbély, A. A., Daan, S., Wirz-Justice, A., & Deboer, T. (2016). The two-process model of sleep regulation: A reappraisal. *Journal of Sleep Research, 25*(2), 131-143. https://doi.org/10.1111/jsr.12371

Broadwin, I. T. (1932). A contribution to the study of truancy. *American Journal of Orthopsychiatry, 2*, 253-259. https://psycnet.apa.org/doi/10.1111/j.1939-0025.1932.tb05183.x

Broomfield, N. M., & Espie, C. A. (2005). Towards a valid, reliable measure of sleep effort. *Journal of Sleep Research, 14*(4), 401-407. https://doi.org/10.1111/j.1365-2869.2005.00481.x

Brzecka, A., Leszek, J., Ashraf, G. M., Ejma, M., Ávila-Rodriguez, M. F., Yarla, N. S., ... Aliev, G. (2018). Sleep disorders associated with alzheimer's disease: A perspective. *Frontiers in Neuroscience, 12*, 330. https://doi.org/10.3389/fnins.2018.00330

Buysse, D. J., Angst, J., Gamma, A., Ajdacic, V., Eich, D., & Rössler, W. (2008). Prevalence, course, and comorbidity of insomnia and depression in young adults. *Sleep, 31*(4), 473-480. https://doi.org/10.1093/sleep/31.4.473

Carmassi, C., Palagini, L., Caruso, D., Masci, I., Nobili, L., Vita, A., & Dell'Osso, L. (2019). Systematic review of sleep disturbances and circadian sleep desynchronization in autism spectrum disorder: Toward an integrative model of a self-reinforcing loop. *Frontiers in Psychiatry, 10*, 366. https://doi.org/10.3389/fpsyt.2019.00366

Carskadon, M. A., Wolfson, A. R., Acebo, C., Tzischinsky, O., & Seifer, R. (1998). Adolescent sleep patterns, circadian timing, and sleepiness at a transition to early school days. *Sleep, 21*(8), 871-881. https://doi.org/10.1093/sleep/21.8.871

Chiba, Y. (1984). A school refuser: His rest-activity rhythm involved multiple circadian components. *Chronobiologia, 11*, 21-27.

Coogan, A. N., & McGowan, N. M. (2017). A systematic review of circadian function, chronotype and chronotherapy in attention deficit hyperactivity disorder. *Attention Deficit and Hyperactivity Disorders, 9*(3), 129-147. https://doi.org/10.1007/s12402-016-0214-5

Cranston, C. C., Davis, J. L., Rhudy, J. L., & Favorite, T. K. (2011). Replication and expansion of "Best Practice Guide for the Treatment of Nightmare Disorder in Adults". *Journal of Clinical Sleep Medicine, 7*(5), 549-556. https://doi.org/10.5664/JCSM.1330

Crick, F., & Mitchison, G. (1983). The function of dream sleep. *Nature, 304*, 111-114.

Crowley, S. J., Van Reen, E., LeBourgeois, M. K., Acebo, C., Tarokh, L., Seifer, R., Barker, D. H.,

& Carskadon, M. A. (2014). A longitudinal assessment of sleep timing, circadian phase, and phase angle of entrainment across human adolescence. *PloS ONE, 9*(11), e112199. https://doi.org/10.1371/journal.pone.0112199

Curcio, G., Ferrara, M., & De Gennaro, L. (2006). Sleep loss, learning capacity and academic performance. *Sleep Medicine Reviews, 10*, 323-337. https://doi.org/10.1016/j.smrv.2005.11.001

Edinger, J. D., Arnedt, J. T., Bertisch, S. M., Carney, C. E., Harrington, J. J., Lichstein, K. L., ... Martin, J. L. (2021). Behavioral and psychological treatments for chronic insomnia disorder in adults: An American Academy of Sleep Medicine systematic review, meta-analysis, and GRADE assessment. *Journal of Clinical Sleep Medicine, 17*(2), 263-298. https://doi.org/10.5664/jcsm.8988

Eliasson, A. H., Lettieri, C. J., & Eliasson, A. H. (2010). Early to bed, early to rise! Sleep habits and academic performance in college students. *Sleep Breath, 14*(1), 71-75. https://doi.org/10.1007/s11325-009-0282-2

Erman, M. K. (1990). An overview of sleep and insomnia. *Hosp. Pract., 23 Suppl 2*, 11.

Espie, C. A. (2007). Understanding insomnia through cognitive modelling. *Sleep Medicine, 8 Suppl 4*, S3-8. https://doi.org/10.1016/S1389-9457(08)70002-9

Espie, C. A., Broomfield, N. M., MacMahon, K. M. A., Macphee, L. M., & Taylor, L. M. (2006). The attention-intention-effort pathway in the development of psychophysiologic insomnia: A theoretical review. *Sleep Medicine Reviews, 10*(4), 215-245. https://doi.org/10.1016/j.smrv.2006.03.002

Foulkes, W. D. (1962). Dream reports from different stages of sleep. *Journal of Abnormal Psychology, 65*, 14-25.

Frank, E. (2007). Interpersonal and social rhythm therapy: A means of improving depression and preventing relapse in bipolar disorder. *Journal of clinical psychology, 63*(5), 463-473. https://doi.org/10.1002/jclp.20371

Frank, E., Kupfer, D. J., Ehlers, C. L., Monk, T. H., Cornes, C., Carter, S., & Frankel, D. (1994). Interpersonal and social rhythm therapy for bipolar disorder: Integrating interpersonal and behavioral approaches. *The Behavior Therapist, 17*, 143-149.

Freud, S. (1900). *Die Traumdeutung*. Leipzig & Vienna: Franz Deuticke.

藤城 弘樹 (2018). 認知症の不眠治療の現状と課題　精神神経学雑誌, *120* (7), 584-591.

福田 一彦 (2014). 「金縛り」の謎を解く――夢魔・幽体離脱・宇宙人による誘拐――　PHP研究所

福田 一彦・浅岡 章一 (2011). 不登校と生体リズム　情報と社会, *21*, 89-96.

Fukuda, K., & Hozumi, N. (1987). A case of mild school refusal: Rest-activity cycle and filial violence. *Psychological Reports, 60*, 683-689. https://doi.org/10.2466/pr0.1987.60.3.683

Gaugler, J. E., Edwards, A. B., Femia, E. E., Zarit, S. H., Stephens, M. A., Townsend, A., & Greene, R. (2000). Predictors of institutionalization of cognitively impaired elders: Family help and the timing of placement. *The journals of gerontology. Series B, Psychological sciences and social sciences, 55*(4), P247–P255. https://doi.org/10.1093/geronb/55.4.p247

Geiger-Brown, J. M., Rogers, V. E., Liu, W., Ludeman, E. M., Downton, K. D., & Diaz-Abad, M. (2015). Cognitive behavioral therapy in persons with comorbid insomnia: A meta-analysis. *Sleep medicine reviews, 23*, 54–67. https://doi.org/10.1016/j.smrv.2014.11.007

Gieselmann, A., Ait Aoudia, M., Carr, M., Germain, A., Gorzka, R., Holzinger, B., … Pietrowsky, R. (2019). Aetiology and treatment of nightmare disorder: State of the art and future perspectives. *Journal of sleep research, 28*(4), e12820. https://doi.org/10.1111/jsr.12820

Gonzalez, R. (2014). The relationship between bipolar disorder and biological rhythms. *The Journal of Clinical Psychiatry, 75*(4), e323–e331. https://doi.org/10.4088/JCP.13r08507

Gradisar, M., Dohnt, H., Gardner, G., Paine, S., Starkey, K., Menne, A., … Trenowden, S. (2011). A randomized controlled trial of cognitive-behavior therapy plus bright light therapy for adolescent delayed sleep phase disorder. *Sleep, 34*(12), 1671–1680. https://doi.org/10.5665/sleep.1432

Harris, J., Lack, L., Wright, H., Gradisar, M., & Brooks, A. (2007). Intensive sleep retraining treatment for chronic primary insomnia: A preliminary investigation. *Journal of Sleep Research, 16*(3), 276–284. https://doi.org/10.1111/j.1365-2869.2007.00595.x

Harvey, A. G. (2002). A cognitive model of insomnia. *Behaviour Research and Therapy, 40*(8), 869–893. https://doi.org/10.1016/s0005-7967(01)00061-4

Harvey, A. G., Dong, L., Hein, K., Yu, S. H., Martinez, A. J., Gumport, N. B., … Buysse, D. J. (2021). A randomized controlled trial of the Transdiagnostic Intervention for Sleep and Circadian Dysfunction (TranS-C) to improve serious mental illness outcomes in a community setting. *Journal of Consulting and Clinical Psychology, 89*(6), 537–550. https://doi.org/10.1037/ccp0000650

Harvey, A. G., Talbot, L. S., & Gershon, A. (2009). Sleep disturbance in bipolar disorder across the lifespan. *Clinical Psychology: A Publication of the Division of Clinical Psychology of the American Psychological Association, 16*(2), 256–277. https://doi.org/10.1111/j.1468-2850.2009.01164.x

Harvey, A. G., Tang, N. K. Y., & Browning, L. (2005). Cognitive approaches to insomnia. *Clinical Psychology Review, 25*(5), 593–611. https://doi.org/10.1016/j.cpr.2005.04.005

Hauri, P. J., Friedman, M., & Ravaris, C. L. (1989). Sleep in patients with spontaneous panic attacks. *Sleep, 12*(4), 323–337. https://doi.org/10.1093/sleep/12.4.323

Hobson, J. A. (2004). Freud Returns? Like a Bad Dream. *Scientific American, 290*, 89. (ホブソン，J. A. (2004). フロイト再来の悪夢　日経サイエンス，105.)

Hobson, J. A., & McCarley, R. W. (1977). The brain as a dream state generator: An activation-synthesis hypothesis of the dream process. *The American journal of psychiatry, 134*, 1335–1348.

本多 真 (2020). 睡眠障害の国際分類 (ICD-11 と ICSD-3) 日本臨床，*78*, 14–20.

Horenstein, A., Morrison, A. S., Goldin, P., Ten Brink, M., Gross, J. J., & Heimberg, R. G. (2019). Sleep quality and treatment of social anxiety disorder. *Anxiety, Stress, and Coping*,

32(4), 387-398. https://doi.org/10.1080/10615806.2019.1617854

Inada, K., Enomoto, M., Yamato, K., Marumoto, T., Takeshima, M., & Mishima, K. (2021). Effect of residual insomnia and use of hypnotics on relapse of depression: A retrospective cohort study using a health insurance claims database. *Journal of Affective Disorders, 281*, 539-546. https://doi.org/10.1016/j.jad.2020.12.040

Iovieno, N., van Nieuwenhuizen, A., Clain, A., Baer, L., & Nierenberg, A. A. (2011). Residual symptoms after remission of major depressive disorder with fluoxetine and risk of relapse. *Depression and anxiety, 28*(2), 137-144. https://doi.org/10.1002/da.20768

Iranzo, A., Tolosa, E., Gelpi, E., Molinuevo, J. L., Valldeoriola, F., Serradell, M., ... Santamaria, J. (2013). Neurodegenerative disease status and post-mortem pathology in idiopathic rapid-eye-movement sleep behaviour disorder: An observational cohort study. *The Lancet. Neurology, 12*(5), 443-453. https://doi.org/10.1016/S1474-4422(13)70056-5

Johnson, A. M., Falstein, E. I., Szurek, M. D., & Svendsen, M. (1941). School phobia. *American Journal of Orthopsychiatry, 11*, 702-711.

Jouvet, M. (1978). [Is paradoxical sleep responsible for a genetic programming of the brain?]. Le sommeilparadoxal est-il responsable d'une programmation génétique du cerveau? *Comptesrendus des Seances de la Societe de Biologie et de ses Filiales, 172*, 9-32.

神山 潤（2008）. ノンレム睡眠からの覚醒障害——錯乱性覚醒，睡眠時遊行症，睡眠時驚愕症—— 日本臨床，66(0), 345-349.

Kaneita, Y., Munezawa, T., Suzuki, H., Ohtsu, T., Osaki, Y., Kanda, H., ... Ohida, T. (2010). Excessive daytime sleepiness and sleep behavior among Japanese adolescents: A nationwide representative survey. *Sleep and Biological Rhythms, 8*, 282-294. https://doi.org/10.1111/j.1479-8425.2010.00474.x

Karasek, M. (2004). Melatonin, human aging, and age-related diseases. *Experimental Gerontology, 39*(11-12), 1723-1729. https://doi.org/10.1016/j.exger.2004.04.012

Kaskie, R. E., Graziano, B., & Ferrarelli, F. (2017). Schizophrenia and sleep disorders: Links, risks, and management challenges. *Nature and Science of Sleep, 9*, 227-239. https://doi.org/10.2147/NSS.S121076

Khalsa, S. B., Jewett, M. E., Cajochen, C., & Czeisler, C. A. (2003). A phase response curve to single bright light pulses in human subjects. *The Journal of Physiology, 549*(Pt 3), 945-952. https://doi.org/10.1113/jphysiol.2003.040477

Khurshid, K. A. (2018). Comorbid insomnia and psychiatric disorders: An update. *Innovations in Clinical Neuroscience, 15*(3-4), 28-32.

北島 剛司（2020）. 成人の神経発達症に合併する睡眠・覚醒リズム障害とその病態　睡眠医療，14, 405-411.

Kitamura, S., Hida, A., Enomoto, M., Watanabe, M., Katayose, Y., Nozaki, K., ... Mishima, K. (2013). Intrinsic circadian period of sighted patients with circadian rhythm sleep disorder, free-running type. *Biological Psychiatry, 73*(1), 63-69. https://doi.org/10.1016/j.biopsych.2012.06.027

Konofal, E., Cortese, S., Marchand, M., Mouren, M. C., Arnulf, I., & Lecendreux, M.（2007）. Impact of restless legs syndrome and iron deficiency on attention-deficit/hyperactivity disorder in children. *Sleep Medicine, 8*(7-8), 711-715. https://doi.org/10.1016/j.sleep.2007.04.022

厚生労働科学研究班・日本睡眠学会ワーキンググループ（2013）．睡眠薬の適正な使用と休薬のための診療ガイドライン Retrieved from http://jssr.jp/files/guideline/suiminyaku-guideline.pdf（2022年5月20日）

Kushnir, J., Marom, S., Mazar, M., Sadeh, A., & Hermesh, H.（2014）. The link between social anxiety disorder, treatment outcome, and sleep difficulties among patients receiving cognitive behavioral group therapy. *Sleep Medicine, 15*(5), 515-521. https://doi.org/10.1016/j.sleep.2014.01.012

Lee, H. J., Son, G. H., & Geum, D.（2013）. Circadian rhythm hypotheses of mixed features, antidepressant treatment resistance, and manic switching in bipolar disorder. *Psychiatry Investigation, 10*(3), 225-232. https://doi.org/10.4306/pi.2013.10.3.225

Li, L., Wu, C., Gan, Y., Qu, X., & Lu, Z.（2016）. Insomnia and the risk of depression: A meta-analysis of prospective cohort studies. *BMC Psychiatry, 16*(1), 375. https://doi.org/10.1186/s12888-016-1075-3

Marino, C., Andrade, B., Campisi, S. C., Wong, M., Zhao, H., Jing, X., ... Szatmari, P.（2021）. Association between disturbed sleep and depression in children and youths: A systematic review and meta-analysis of cohort studies. *JAMA Network Open, 4*(3), e212373. https://doi.org/10.1001/jamanetworkopen.2021.2373

Maski, K., Trotti, L. M., Kotagal, S., Robert Auger, R., Rowley, J. A., Hashmi, S. D., & Watson, N. F.（2021）. Treatment of central disorders of hypersomnolence: An American Academy of Sleep Medicine clinical practice guideline. *Journal of Clinical Sleep Medicine, 17*(9), 1881-1893. https://doi.org/10.5664/jcsm.9328

McKeith, I. G., Boeve, B. F., Dickson, D. W., Halliday, G., Taylor, J. P., Weintraub, D., ... Kosaka, K.（2017）. Diagnosis and management of dementia with Lewy bodies: Fourth consensus report of the DLB Consortium. *Neurology, 89*(1), 88-100. https://doi.org/10.1212/WNL.0000000000004058

Milan, M. A., Berger, M. I., & Pierson, D. F.（1982）. Positive routines: A rapid alternative to extension for elimination of bedtime tantrum behavior. *Child Behavior Therapy, 3*(1), 13-25. https://doi.org/10.1300/J473V03N01_02

三島 和夫（2019）．睡眠-覚醒障害——ICD-11, DSM-5, ICSD-3との対比から—— 分子精神医学, *19*, 231-238.

Momoi, M., Fukuda, K., Okano, T., & Hoshino, Y.（1992）. Sleep rhythm disturbances in school refusers. *Japanese Journal of Psychiatry and Neurology, 46*, 207-208. https://doi.org/10.1111/j.1440-1819.1992.tb00835.x

Monti, J. M., BaHammam, A. S., Pandi-Perumal, S. R., Bromundt, V., Spence, D. W., Cardinali, D. P., & Brown, G. M.（2013）. Sleep and circadian rhythm dysregulation in schizophrenia.

Progress in Neuro-Psychopharmacology & Biological Psychiatry, 43, 209-216. https://doi. org/10.1016/j.pnpbp.2012.12.021

Morgenthaler, T. I., Auerbach, S., Casey, K. R., Kristo, D., Maganti, R., Ramar, K., Zak, R., & Kartje, R. (2018). Position paper for the treatment of nightmare disorder in adults: An American Academy of Sleep Medicine position paper. *Journal of clinical sleep Medicine, 14* (6), 1041-1055. https://doi.org/10.5664/jcsm.7178

Morgenthaler, T. I., Kapur, V. K., Brown, T., Swick, T. J., Alessi, C., Aurora, R. N., ... Standards of Practice Committee of the American Academy of Sleep Medicine. (2007). Practice parameters for the treatment of narcolepsy and other hypersomnias of central origin. *Sleep, 30*(12), 1705-1711. https://doi.org/10.1093/sleep/30.12.1705

Morgenthaler, T., Kramer, M., Alessi, C., Friedman, L., Boehlecke, B., Brown, T., ... American Academy of Sleep Medicine. (2006). Practice parameters for the psychological and behavioral treatment of insomnia: An update. An American Academy of Sleep Medicine report. *Sleep, 29*(11), 1415-1419.

Morgenthaler, T. I., Owens, J., Alessi, C., Boehlecke, B., Brown, T. M., Coleman, J., ... American Academy of Sleep Medicine. (2006). Practice parameters for behavioral treatment of bedtime problems and night wakings in infants and young children. *Sleep, 29*(10), 1277-1281.

Morin, C. M. (1993). *Insomnia: Psychological assessment and management.* New York: Guilford Press.

Morin, C. M., Hauri, P. J., Espie, C. A., Spielman, A. J., Buysse, D. J., & Bootzin, R. R. (1999). Nonpharmacologic treatment of chronic insomnia. An American Academy of Sleep Medicine review. *Sleep, 22*(8), 1134-1156. https://doi.org/10.1093/sleep/22.8.1134

Mullington, J., & Broughton, R. (1993). Scheduled naps in the management of daytime sleepiness in narcolepsy-cataplexy. *Sleep, 16*(5), 444-456. https://doi.org/10.1093/ sleep/16.5.444

Musiek, E. S., Xiong, D. D., & Holtzman, D. M. (2015). Sleep, circadian rhythms, and the pathogenesis of Alzheimer disease. *Experimental & Molecular Medicine, 47*(3), e148. https://doi.org/10.1038/emm.2014.121

Nielsen, T. A. (2000). A review of mentation in REM and NREM sleep: 'Covert' REM sleep as a possible reconciliation of two opposing models. *Behavioral Brain Science, 23,* 851-866.

Nielsen, T. A., Deslauriers, D., & Baylor, G. W. (1991). Emotions in dreaming and waking event reports. *Dreaming, 1,* 287-300. https://psycnet.apa.org/doi/10.1037/h0094340

Nielsen, T., & Germain, A. (1998). Publication patterns in dream research: Trends in the medical and psychological literatures. *Dreaming, 8,* 47-58.

Nofzinger, E. A., Buysse, D. J., Germain, A., Price, J. C., Miewald, J. M., & Kupfer, D. J. (2004). Functional neuroimaging evidence for hyperarousal in insomnia. *The American Journal of Psychiatry, 161*(11), 2126-2128. https://doi.org/10.1176/appi.ajp.161.11.2126

Ohayon, M. M. (2002). Epidemiology of insomnia: What we know and what we still need to learn. *Sleep Medicine Reviews, 6*(2), 97-111. https://doi.org/10.1053/smrv.2002.0186

Ong, J. C., Dawson, S. C., Mundt, J. M., & Moore, C. (2020). Developing a cognitive behavioral therapy for hypersomnia using telehealth: A feasibility study. *Journal of Clinical Sleep Medicine, 16*(12), 2047-2062. https://doi.org/10.5664/jcsm.8750

Ong, J. C., Shapiro, S. L., & Manber, R. (2008). Combining mindfulness meditation with cognitive-behavior therapy for insomnia: A treatment-development study. *Behavior Therapy, 39*(2), 171-182. https://doi.org/10.1016/j.beth.2007.07.002

Perlis, M. L., Giles, D. E., Mendelson, W. B., Bootzin, R. R., & Wyatt, J. K. (1997). Psychophysiological insomnia: The behavioural model and a neurocognitive perspective. *Journal of Sleep Research, 6*(3), 179-188. https://doi.org/10.1046/j.1365-2869.1997.00045.x

Qaseem, A., Kansagara, D., Forciea, M. A., Cooke, M., Denberg, T. D., & Clinical Guidelines Committee of the American College of Physicians. (2016). Management of chronic insomnia disorder in adults: A clinical practice guideline from the American college of physicians. *Annals of Internal Medicine, 165*(2), 125-133. https://doi.org/10.7326/M15-2175

Ramsawh, H. J., Stein, M. B., Belik, S. L., Jacobi, F., & Sareen, J. (2009). Relationship of anxiety disorders, sleep quality, and functional impairment in a community sample. *Journal of psychiatric research, 43*(10), 926-933. https://doi.org/10.1016/j.jpsychires.2009.01.009

Ree, M., Junge, M., & Cunnington, D. (2017). Australasian Sleep Association position statement regarding the use of psychological/behavioral treatments in the management of insomnia in adults. *Sleep Medicine, 36 Suppl 1,* S43-S47. https://doi.org/10.1016/j.sleep.2017.03.017

Richardson, C., Cain, N., Bartel, K., Micic, G., Maddock, B., & Gradisar, M. (2018). A randomised controlled trial of bright light therapy and morning activity for adolescents and young adults with Delayed Sleep-Wake Phase Disorder. *Sleep Medicine, 45*, 114-123. https://doi.org/10.1016/j.sleep.2018.02.001

Riemann, D., Spiegelhalder, K., Feige, B., Voderholzer, U., Berger, M., Perlis, M., & Nissen, C. (2010). The hyperarousal model of insomnia: A review of the concept and its evidence. *Sleep Medicine Reviews, 14*(1), 19-31. https://doi.org/10.1016/j.smrv.2009.04.002

Roenneberg, T., Allebrandt, K. V., Merrow, M., & Vetter, C. (2012). Social jetlag and obesity. *Current Biology: CB, 22*(10), 939-943. https://doi.org/10.1016/j.cub.2012.03.038

Rogers, A. E., Aldrich, M. S., & Lin, X. (2001). A comparison of three different sleep schedules for reducing daytime sleepiness in narcolepsy. *Sleep, 24*(4), 385-391. https://doi.org/10.1093/sleep/24.4.385

Rolider, A., & Van Houten, R. (1984). Training parents to use extinction to eliminate night time crying by gradually increasing the criteria for ignoring crying. *Education Treatment of Children, 7*(2), 119-124.

Rong, Y., Yang, C.-J., Jin, Y., & Wang, Y. (2021). Prevalence of attention-deficit/hyperactivity disorder in individuals with autism spectrum disorder: A meta-analysis. *Research in Autism Spectrum Disorders, 83*, 101759. https://doi.org/10.1016/j.rasd.2021.101759

Rosenthal, N. E., Joseph-Vanderpool, J. R., Levendosky, A. A., Johnston, S. H., Allen, R., Kelly, K. A., ... Starz, K. E. (1990). Phase-shifting effects of bright morning light as treatment for delayed sleep phase syndrome. *Sleep, 13*(4), 354-361.

Rossignol, D. A., & Frye, R. E. (2011). Melatonin in autism spectrum disorders: A systematic review and meta-analysis. *Developmental Medicine and Child Neurology, 53*(9), 783-792. https://doi.org/10.1111/j.1469-8749.2011.03980.x

Sadeh, A. (1994). Assessment of intervention for infant night waking: Parental reports and activity-based home monitoring. *Journal of Consulting and Clinical Psychology, 62*(1), 63-68. https://doi.org/10.1037//0022-006x.62.1.63

Schiel, J. E., Holub, F., Petri, R., Leerssen, J., Tamm, S., Tahmasian, M., Riemann, D., & Spiegelhalder, K. (2020). Affect and arousal in insomnia: Through a lens of neuroimaging studies. *Current Psychiatry Reports, 22*(9), 44. https://doi.org/10.1007/s11920-020-01173-0

Sedky, K., Bennett, D. S., & Carvalho, K. S. (2014). Attention deficit hyperactivity disorder and sleep disordered breathing in pediatric populations: A meta-analysis. *Sleep Medicine Reviews, 18*(4), 349-356. https://doi.org/10.1016/j.smrv.2013.12.003

Simon, S. L., & Byars, K. C. (2016). Behavioral treatments for non-rapid eye movement parasomnias in children. *Current Sleep Medicine Reports, 2*, 152-157. https://doi.org/10.1007/s40675-016-0049-9

Singh, S., Kaur, H., Singh, S., & Khawaja, I. (2018). Parasomnias: A comprehensive review. *Cureus, 10*(12), e3807. https://doi.org/10.7759/cureus.3807

Solms, M. (2000). Dreaming and REM sleep are controlled by different brain mechanisms. *The Behavioral and Brain Sciences, 23*, 843-850; Discussion 904-1121.

Solms, M. (2004). Freud returns. *Scientific American, 290*, 82-88.
（ソームズ, M. (2004). よみがえるフロイト　日経サイエンス, 96-104.）

Spiegelhalder, K., Regen, W., Baglioni, C., Riemann, D., & Winkelman, J. W. (2013). Neuroimaging studies in insomnia. *Current Psychiatry Reports, 15*(11), 405. https://doi.org/10.1007/s11920-013-0405-0

Spielman, A. J., Saskin, P., & Thorpy, M. J. (1987). Treatment of chronic insomnia by restriction of time in bed. *Sleep, 10*(1), 45-56.

Steardo, L., Jr, Luciano, M., Sampogna, G., Zinno, F., Saviano, P., Staltari, F., ... Fiorillo, A. (2020). Efficacy of the interpersonal and social rhythm therapy (IPSRT) in patients with bipolar disorder: Results from a real-world, controlled trial. *Annals of General Psychiatry, 19*, 15. https://doi.org/10.1186/s12991-020-00266-7

Sunderajan, P., Gaynes, B. N., Wisniewski, S. R., Miyahara, S., Fava, M., Akingbala, F., ... Trivedi, M. H. (2010). Insomnia in patients with depression: A STAR*D report. *CNS Spectrums, 15*(6), 394-404. https://doi.org/10.1017/s1092852900029266

Sylvia, L. G., Dupuy, J. M., Ostacher, M. J., Cowperthwait, C. M., Hay, A. C., Sachs, G. S., Nierenberg, A. A., & Perlis, R. H. (2012). Sleep disturbance in euthymic bipolar patients. *Journal of Psychopharmacology, 26*(8), 1108-1112. https://doi.org/10.1177/0269881111421

973

竹上 未紗・笘島 茂・山崎 新・中山 健夫・福原 俊一（2005）. The Epworth Sleepiness Scale の性・年齢階級別得点分布と日中の過度の眠気の有症割合の推定――地域住民を対象とした調査―― 日本公衆衛生雑誌, 52(2), 137-145. https://doi.org/10.11236/jph.52.2_137

Takeuchi, T., Miyasita, A., Inugami, M., & Yamamoto, Y.（2001）. Intrinsic dreams are not produced without REM sleep mechanisms: Evidence through elicitation of sleep onset REM period. *Journal of Sleep Research, 10*, 43-52.

田村 典久・田中 秀樹・駒田 陽子・成澤 元・井上 雄一（2019）. 平日と休日の起床時刻の乖離と眠気，心身健康，学業成績の低下との関連 心理学研究, 90(4), 378-388. https://doi.org/10.4992/jjpsy.90.18045

Taylor, D. J., & Pruiksma, K. E.（2014）. Cognitive and behavioural therapy for insomnia (CBT-I) in psychiatric populations: A systematic review. *International Review of Psychiatry, 26*(2), 205-213. https://doi.org/10.3109/09540261.2014.902808

Taylor, D. J., Lichstein, K. L., Durrence, H. H., Reidel, B. W., & Bush, A. J.（2005）. Epidemiology of insomnia, depression, and anxiety. *Sleep, 28*(11), 1457-1464. https://doi.org/10.1093/sleep/28.11.1457

Tsai, C. J., Nagata, T., Liu, C. Y., Suganuma, T., Kanda, T., Miyazaki, T., ... Hayashi, Y.（2021）. Cerebral capillary blood flow upsurge during REM sleep is mediated by A2a receptors. *Cell Reports, 36*(7), 109558. https://doi.org/10.1016/j.celrep.2021.109558

内山 真（2015）. ICSD-3 と DSM-5 睡眠医療, 9, 195-200.

Walters, A. S., Silvestri, R., Zucconi, M., Chandrashekariah, R., & Konofal, E.（2008）. Review of the possible relationship and hypothetical links between attention deficit hyperactivity disorder (ADHD) and the simple sleep related movement disorders, parasomnias, hypersomnias, and circadian rhythm disorders. *Journal of Clinical Sleep Medicine, 4*(6), 591-600.

Watanabe, N., Furukawa, T. A., Shimodera, S., Morokuma, I., Katsuki, F., Fujita, H., ... Perlis, M. L.（2011）. Brief behavioral therapy for refractory insomnia in residual depression: An assessor-blind, randomized controlled trial. *The Journal of Clinical Psychiatry, 72*(12), 1651-1658. https://doi.org/10.4088/JCP.10m06130gry

Williams, C. D.（1959）. The elimination of tantrum behavior by extinction procedures. *Journal of Abnormal and Social Psychology, 59*, 269. https://doi.org/10.1037/h0046688

Wilson, S., Anderson, K., Baldwin, D., Dijk, D.-J., Espie, A., Espie, C., ... Sharpley, A.（2019）. British Association for Psychopharmacology consensus statement on evidence-based treatment of insomnia, parasomnias and circadian rhythm disorders: An update. *Journal of Psychopharmacology, 33*(8), 923-947. https://doi.org/10.1177/0269881119855343

Winson, J., & Dahl, D.（1985）. Action of norepinephrine in the dentate gyrus. II. Iontophoretic studies. *Experimental Brain Research, 59*, 497-506.

World Health Organization（1992）. *The ICD-10 classification of mental and behavioral disorders: Clinical descriptions and diagnostic guideline.* Geneve: World Health

Organization.

（世界保健機構（編）融 道男・中根 允文・岡崎 祐士・大久保 善朗（訳）(2005). ICD-10 精神および行動の障害——臨床記述と診断ガイドライン——　医学書院）

World Health Organization (2022). ICD-11 for mortality and morbidity statistics (Version : 02/2022). Retrieved from https://icd.who.int/browse11/l-m/en (July 11, 2022)

World Psychiatric Association (1992). *The management of insomnia guidelines for clinical practice*. Chicago: Pragmaton.

Wu, J. Q., Appleman, E. R., Salazar, R. D., & Ong, J. C. (2015). Cognitive behavioral therapy for insomnia comorbid with psychiatric and medical conditions: A meta-analysis. *JAMA Internal Medicine, 175*(9), 1461-1472. https://doi.org/10.1001/jamainternmed.2015.3006

Xie, L., Kang, H., Xu, Q., Chen, M. J., Liao, Y., Thiyagarajan, M., ... Nedergaard, M. (2013). Sleep drives metabolite clearance from the adult brain. *Science (New York, N.Y.), 342* (6156), 373-377. https://doi.org/10.1126/science.1241224

Zee, P. C., & Vitiello, M. V. (2009). Circadian rhythm sleep disorder: Irregular sleep wake rhythm type. *Sleep Medicine Clinics, 4*(2), 213-218. https://doi.org/10.1016/j.jsmc.2009.01.009

第 3 章

Akerstedt, T. (1984). Work schedules and sleep. *Experientia, 40*(5), 417-422. https://doi.org/10.1007/BF01952374

American Psychiatric Association (2013). *Diagnostic and statistical manual of mental disorders* (5th ed.). Washington, DC: American Psychiatric Association.

（米国精神医学会 髙橋 三郎・大野 裕（監訳）(2014). DSM-5 精神疾患の診断・統計マニュアル　医学書院）

Asaoka, S., Aritake, S., Komada, Y., Ozaki, A., Odagiri, Y., Inoue, S., ... Inoue, Y. (2013). Factors associated with shift work disorder in nurses working with rapid-rotation schedules in Japan: The nurses' sleep health project. *Chronobiology International, 30*(4), 628-636. https://doi.org/10.3109/07420528.2012.762010

浅岡 章一・福田 一彦 (2017). 小中学校における睡眠教育の現状と課題——養護教諭を対象とした調査の結果から——　江戸川大学紀要, （27）, 329-334.

Baglioni, C., Nanovska, S., Regen, W., Spiegelhalder, K., Feige, B., Nissen, C., Reynolds, C. F., & Riemann, D. (2016). Sleep and mental disorders: A meta-analysis of polysomnographic research. *Psychological Bulletin, 142*(9), 969-990. https://doi.org/10.1037/bul0000053

Baschieri, F., & Cortelli, P. (2019). Circadian rhythms of cardiovascular autonomic function: Physiology and clinical implications in neurodegenerative diseases. *Autonomic Neuroscience, 217*, 91-101. https://doi.org/10.1016/j.autneu.2019.01.009

Benarroch, E. E. (1993). The central autonomic network: Functional organization, dysfunction, and perspective. *Mayo Clinic Proceedings, 68*(10), 988-1001. https://doi.org/10.1016/S0025-6196(12)62272-1

Benjafield, A. V., Ayas, N. T., Eastwood, P. R., Heinzer, R., Ip, M. S. M., Morrell, M. J., ... Malhotra, A. (2019). Estimation of the global prevalence and burden of obstructive sleep apnoea: A literature-based analysis. *The Lancet. Respiratory Medicine, 7*(8), 687-698. https://doi.org/10.1016/S2213-2600(19)30198-5

Benítez, I., Roure, N., Pinilla, L., Sapiña-Beltran, E., Buysse, D. J., Barbé, F., & de Batlle, J. (2020). Validation of the Satisfaction, Alertness, Timing, Efficiency and Duration (SATED) questionnaire for sleep health measurement. *Annals of the American Thoracic Society, 17* (3), 338-343. https://doi.org/10.1513/AnnalsATS.201908-628OC

Bin, Y. S., Marshall, N. S., & Glozier, N. (2013). Sleeping at the Limits: The Changing Prevalence of Short and Long Sleep Durations in 10 Countries. *American Journal of Epidemiology, 177*(8), 826-833. https://doi.org/10.1093/aje/kws308

Blunden, S. L. (2017). What more can we learn about sleep education programs in young people? *Sleep Medicine Reviews, 36*, 1-2. https://doi.org/10.1016/j.smrv.2017.03.004

Blunden, S. L., Chapman, J., & Rigney, G. A. (2012). Are sleep education programs successful? The case for improved and consistent research efforts. *Sleep Medicine Reviews, 16*(4), 355-370. https://doi.org/10.1016/j.smrv.2011.08.002

Bronfenbrenner, U. (1979). *The ecology of human development: Experiments by nature and design.* Cambridge, MA: Harvard University Press.

Buysse D. J. (2014). Sleep health: can we define it? Does it matter? *Sleep, 37*(1), 9-17. https://doi.org/10.5665/sleep.3298

Buysse, D. J., Reynolds, C. F., 3rd, Monk, T. H., Berman, S. R., & Kupfer, D. J. (1989). The Pittsburgh Sleep Quality Index: A new instrument for psychiatric practice and research. *Psychiatry Research, 28*(2), 193-213. https://doi.org/10.1016/0165-1781(89)90047-4

Cain, N., Gradisar, M., & Moseley, L. (2011). A motivational school-based intervention for adolescent sleep problems. *Sleep Medicine, 12*(3), 246-251. https://doi.org/10.1016/j. sleep.2010.06.008

Cappuccio, F. P., Taggart, F. M., Kandala, N.-B., Currie, A., Peile, E., Stranges, S., & Miller, M. A. (2008). Meta-analysis of short sleep duration and obesity in children and adults. *Sleep, 31* (5), 619-626. https://doi.org/10.1093/sleep/31.5.619

Cassoff, J., Knäuper, B., Michaelsen, S., & Gruber, R. (2013). School based promotion programs: Effectiveness, feasibility and insights for future research. *Sleep Medicine Reviews, 17*(3), 207-214. https://doi.org/10.1016/j.smrv.2012.07.001

Chang, W. P., & Peng, Y. X. (2021). Differences between fixed day shift workers and rotating shift workers in gastrointestinal problems: A systematic review and meta-analysis. *Industrial Health, 59*(2), 66-77. https://doi.org/10.2486/indhealth.2020-0153

Chattu, V. K., Sakhamuri, S. M., Kumar, R., Spence, D. W., BaHammam, A. S., & Pandi-Perumal, S. R. (2018). Insufficient Sleep Syndrome: Is it time to classify it as a major noncommunicable disease? *Sleep Science, 11*(2), 56-64. https://doi.org/10.5935/1984-0063.20180013

Chuah, L. Y., Dolcos, F., Chen, A. K., Zheng, H., Parimal, S., & Chee, M. W. (2010). Sleep deprivation and interference by emotional distracters. *Sleep, 33*(10), 1305-1313. https://doi.org/10.1093/sleep/33.10.1305

Chung, K.-F., Chan, M.-S., Lam, Y.-Y., Lai, C. S.-Y., & Yeung, W.-F. (2017). School-based sleep education programs for short sleep duration in adolescents: A systematic review and meta-analysis. *The Journal of School Health, 87*(6), 401-408. https://doi.org/10.1111/josh.12509

Cohen, S., Doyle, W. J., Alper, C. M., Janicki-Deverts, D., & Turner, R. B. (2009). Sleep habits and susceptibility to the common cold. *Archives of Internal Medicine, 169*(1), 62-67. https://doi.org/10.1001/archinternmed.2008.505

Dolcos, F., & McCarthy, G. (2006). Brain systems mediating cognitive interference by emotional distraction. *Journal of Neuroscience, 26*(7), 2072-2079. https://doi .org/10.1523/JNEUROSCI.5042-05.2006

Dolcos, F., Diaz-Granados, P., Wang, L., & McCarthy, G. (2008). Opposing influences of emotional and non-emotional distracters upon sustained prefrontal cortex activity during a delayed-response working memory task. *Neuropsychologia, 46*(1), 326-335. https://doi.org/10.1016/j.neuropsychologia.2007.07.010

Drake, C. L., Roehrs, T., Richardson, G., Walsh, J. K., & Roth, T. (2004). Shift work sleep disorder: Prevalence and consequences beyond that of symptomatic day workers. *Sleep, 27*(8), 1453-1462. https://doi.org/10.1093/sleep/27.8.1453

Dun, A., Zhao, X., Jin, X., Wei, T., Gao, X., Wang, Y., & Hou, H. (2020). Association between night-shift work and cancer risk: Updated systematic review and meta-analysis. *Frontiers in Oncology, 10*, 1006. https://doi.org/10.3389/fonc.2020.01006

Fernandez-Mendoza, J., & Vgontzas, A. N. (2013). Insomnia and its impact on physical and mental health. *Current Psychiatry Reports, 15*(12), 418. https://doi.org/10.1007/s11920-013-0418-8

Fondell, E., Axelsson, J., Franck, K., Ploner, A., Lekander, M., Bälter, K., & Gaines, H. (2011). Short natural sleep is associated with higher T cell and lower NK cell activities. *Brain, Behavior, and Immunity, 25*(7), 1367-1375. https://doi.org/10.1016/j.bbi.2011.04.004

Fukuda, K., Asaoka, S., Kaki, C., Yokoyama, S., & Hirai, K. (2021). Changing "white and bright" room light to "dim and umber" one had significant effects on residents' sleep patterns. 江戸川大学紀要, (*31*), 31-37.

Fukuda, K., Hasegawa, T., Kawahashi, I., & Imada, S. (2019). Preschool children's eating and sleeping habits: Late rising and brunch on weekends is related to several physical and mental symptoms. *Sleep Medicine, 61*, 73-81.

Fukuda, K., Shibata, Y., Sato, H., & Okabe, S. (2020). How the large-scale blackout following the 2018 *Hokkaido* Eastern *Iburi* earthquake impacted adolescents' sleep patterns. *Sleep and Biological Rhythms, 18*, 351-354.

Galano, A., Tan, D. X., & Reiter, R. J. (2011). Melatonin as a natural ally against oxidative stress: A physicochemical examination. *Journal of Pineal Research, 51*(1), 1-16. https://doi.org/10.1111/j.1600-079X.2011.00916.x

Grandner, M. A., & Drummond, S. P. A. (2007). Who are the long sleepers? Towards an understanding of the mortality relationship. *Sleep Medicine Reviews, 11*(5), 341-360. https://doi.org/10.1016/j.smrv.2007.03.010

Gruber, R. (2017). School-based sleep education programs: A knowledge-to-action perspective regarding barriers, proposed solutions, and future directions. *Sleep Medicine Reviews, 36*, 13-28. https://doi.org/10.1016/j.smrv.2016.10.001

Gujar, N., Yoo, S. S., Hu, P., & Walker, M. P. (2011). Sleep deprivation amplifies reactivity of brain reward networks, biasing the appraisal of positive emotional experiences. *Journal of Neuroscience, 31*(12), 4466-4474. https://doi.org/10.1523/JNEUROSCI.3220-10.2011

Hara, S., Nonaka, S., Ishii, M., Ogawa, Y., Yang, C. M., & Okajima, I. (2021). Validation of the Japanese version of the Sleep Hygiene Practice Scale. *Sleep Medicine, 80*, 204-209. https://doi.org/10.1016/j.sleep.2021.01.047

Hauri, P. (1992). Sleep hygiene, relaxation therapy, and cognitive interventions. In P. J. Hauri (Ed.), *Case studies in insomnia* (pp. 65-84). New York: Plenum.

早寝早起き朝ごはん全国協議会 (N. D.).「早寝早起き朝ごはん」運動について　Retrieved from http://www.hayanehayaoki.jp/about.html（2022年6月12日）

Hayashi, Y., Kashiwagi, M., Yasuda, K., Ando, R., Kanuka, M., Sakai, K., & Itohara, S. (2015). Cells of a common developmental origin regulate REM/non-REM sleep and wakefulness in mice. *Science, 350*(6263), 957-961. https://doi.org/10.1126/science.aad1023

Hershner, S., & O'Brien, L. M. (2018). The impact of a randomized sleep education intervention for college students. *Journal of Clinical Sleep Medicine, 14*(3), 337-347. https://doi.org/10.5664/jcsm.6974

Hertenstein, E., Feige, B., Gmeiner, T., Kienzler, C., Spiegelhalder, K., Johann, A., ... Baglioni, C. (2019). Insomnia as a predictor of mental disorders: A systematic review and meta-analysis. *Sleep Medicine Reviews, 43*, 96-105. https://doi.org/10.1016/j.smrv.2018.10.006

Hublin, C., Partinen, M., Kaprio, J., Koskenvuo, M., & Guilleminault, C. (1994). Epidemiology of narcolepsy. *Sleep, 17 Suppl 8*, S7-12. https://doi.org/10.1093/sleep/17.suppl_8.s7

Ikeda, H., Kubo, T., Sasaki, T., Nishimura, Y., Liu, X., Matsuo, T., ... Takahashi, M. (2022). Prospective changes in sleep problems in response to the daily rest period among Japanese daytime workers: A longitudinal web survey. *Journal of Sleep Research, 31*(1), e13449. https://doi.org/10.1111/jsr.13449

Ikehara, S., Iso, H., Date, C., Kikuchi, S., Watanabe, Y., Wada, Y., ... JACC Study Group. (2009). Association of sleep duration with mortality from cardiovascular disease and other causes for Japanese men and women: The JACC study. *Sleep, 32*(3), 295-301. https://doi.org/10.1093/sleep/32.3.295

Illingworth, G., Sharman, R., Jowett, A., Harvey, C. J., Foster, R. G., & Espie, C. A. (2019). Challenges in implementing and assessing outcomes of school start time change in the UK:

Experience of the Oxford Teensleep study. *Sleep Medicine, 60*, 89-95. https://doi. org/10.1016/j.sleep.2018.10.021

Iordan, A. D., Dolcos, S., & Dolcos, F. (2013). Neural signatures of the response to emotional distraction: A review of evidence from brain imaging investigations. *Frontiers in Human Neuroscience, 7*, 200. https://doi.org/ 10.3389/fnhum.2013.00200

Irish, L. A., Kline, C. E., Gunn, H. E., Buysse, D. J., & Hall, M. H. (2015). The role of sleep hygiene in promoting public health: A review of empirical evidence. *Sleep Medicine Reviews, 22*, 23-36. https://doi.org/10.1016/j.smrv.2014.10.001

Irwin, M., McClintick, J., Costlow, C., Fortner, M., White, J., & Gillin, J. C. (1996). Partial night sleep deprivation reduces natural killer and cellular immune responses in humans. *FASEB Journal, 10*(5), 643-653. https://doi.org/10.1096/fasebj.10.5.8621064

Itani, O., Jike, M., Watanabe, N., & Kaneita, Y. (2017). Short sleep duration and health outcomes: A systematic review, meta-analysis, and meta-regression. *Sleep Medicine, 32*, 246-256. https://doi.org/10.1016/j.sleep.2016.08.006

Jahrami, H., BaHammam, A. S., Bragazzi, N. L., Saif, Z., Faris, M., & Vitiello, M. V. (2021). Sleep problems during the COVID-19 pandemic by population: A systematic review and meta-analysis. *Journal of Clinical Sleep Medicine, 17*(2), 299-313. https://doi.org/10.5664/ jcsm.8930

Jike, M., Itani, O., Watanabe, N., Buysse, D. J., & Kaneita, Y. (2018). Long sleep duration and health outcomes: A systematic review, meta-analysis and meta-regression. *Sleep Medicine Reviews, 39*, 25-36. https://doi.org/10.1016/j.smrv.2017.06.011

Johnson, K. A., Gordon, C. J., Chapman, J. L., Hoyos, C. M., Marshall, N. S., Miller, C. B., & Grunstein, R. R. (2021). The association of insomnia disorder characterised by objective short sleep duration with hypertension, diabetes and body mass index: A systematic review and meta-analysis. *Sleep Medicine Reviews, 59*, 101456. https://doi.org/10.1016/j. smrv.2021.101456

Kaneita, Y., Uchiyama, M., Yoshiike, N., & Ohida, T. (2008). Associations of usual sleep duration with serum lipid and lipoprotein levels. *Sleep, 31*(5), 645-652. https://doi. org/10.1093/sleep/31.5.645

Kantermann, T. (2020). Behavior: How a global social lockdown unlocks time for sleep. *Current Biology, 30*(14), R822-R823. https://doi.org/10.1016/j.cub.2020.06.037

Kawakami, N., Takatsuka, N., & Shimizu, H. (2004). Sleep disturbance and onset of type 2 diabetes. *Diabetes Care, 27*(1), 282-283. https://doi.org/10.2337/diacare.27.1.282

Kay-Stacey, M., & Attarian, H. (2016). Advances in the management of chronic insomnia. *BMJ* (*Clinical Research Ed.*), 354, i2123. https://doi.org/10.1136/bmj.i2123

Kim, K., Uchiyama, M., Okawa, M., Liu, X., & Ogihara, R. (2000). An epidemiological study of insomnia among the Japanese general population. *Sleep, 23*(1), 41-47.

Kok, V. C., Horng, J. T., Hung, G. D., Xu, J. L., Hung, T. W., Chen, Y. C., & Chen, C. L. (2016). Risk of autoimmune disease in adults with chronic insomnia requiring sleep-inducing pills:

A population-based longitudinal study. *Journal of General Internal Medicine, 31*(9), 1019-1026. https://doi.org/10.1007/s11606-016-3717-z

Komada, Y., Okajima, I., Kitamura, S., & Inoue, Y. (2019). A survey on social jetlag in Japan: A nationwide, cross-sectional internet survey. *Sleep and Biological Rhythms, 17*(4), 417-422. https://doi.org/10.1007/s41105-019-00229-w

Korman, M., Tkachev, V., Reis, C., Komada, Y., Kitamura, S., Gubin, D., Kumar, V., & Roenneberg, T. (2020). COVID-19-mandated social restrictions unveil the impact of social time pressure on sleep and body clock. *Scientific Reports, 10*(1), 22225. https://doi.org/10.1038/s41598-020-79299-7

厚生労働省（2003）．健康づくりのための睡眠指針～快適な睡眠のための7箇条～

厚生労働省（2011）．「健康日本21」最終評価（概要）について　Retrieved from https://www.mhlw.go.jp/stf/shingi/2r9852000001wfoo-att/2r9852000001wfr9.pdf（2022年6月10日）

厚生労働省（2014）．健康づくりのための睡眠指針2014　Retrieved from https://www.mhlw.go.jp/file/06-Seisakujouhou-10900000-Kenkoukyoku/0000047221.pdf（2022年6月10日）

厚生労働省（2021a）．働き方改革推進支援助成金（勤務間インターバル導入コース）Retrieved from https://www.mhlw.go.jp/stf/seisakunitsuite/bunya/0000150891.html（2021年10月28日）

厚生労働省（2021b）．令和2年労働安全衛生調査（実態調査）　Retrieved from https://www.mhlw.go.jp/toukei/list/r02-46-50.html（2022年6月12日）

久保 竜彦（2013）．交代制勤務者の発がんリスク評価に関する時間生物学の進展 時間生物学, *19*, 11-16.

久保 智英（2014）．交代勤務者の睡眠と疲労　白川 修一郎・高橋 正也（編）睡眠マネジメント──産業衛生・疾病との係わりから最新改善対策まで（pp. 53-63）──　エヌ・ティ・エス

久保 智英（2019）．長時間労働対策ヒント──勤務間インターバルによる労働者の疲労回復について──　産業保健21, *97*, 20-21

Li, L., Wu, C., Gan, Y., Qu, X., & Lu, Z. (2016). Insomnia and the risk of depression: A meta-analysis of prospective cohort studies. *BMC Psychiatry, 16*(1), 375. https://doi.org/10.1186/s12888-016-1075-3

Lin, J., Jiang, Y., Wang, G., Meng, M., Zhu, Q., Mei, H., Liu, S., & Jiang, F. (2020). Associations of short sleep duration with appetite-regulating hormones and adipokines: A systematic review and meta-analysis. *Obesity Reviews, 21*(11), e13051. https://doi.org/10.1111/obr.13051

Liu, W., Zhou, Z., Dong, D., Sun, L., & Zhang, G. (2018). Sex differences in the association between night shift work and the risk of cancers: A meta-analysis of 57 articles. *Disease Markers, 2018*, 7925219. https://doi.org/10.1155/2018/7925219

van Loon, J. H. (1963). Diurnal body temperature curves in shift workers. *Ergonomics, 6*(3), 267-273.

Manouchehri, E., Taghipour, A., Ghavami, V., Ebadi, A., Homaei, F., & Latifnejad Roudsari, R.

(2021). Night-shift work duration and breast cancer risk: An updated systematic review and meta-analysis. *BMC Womens Health, 21*(1), 89. https://doi.org/10.1186/s12905-021-01233-4

Marino, C., Andrade, B., Campisi, S. C., Wong, M., Zhao, H., Jing, X., ... Szatmari, P. (2021). Association between disturbed sleep and depression in children and youths: A systematic review and meta-analysis of cohort studies. *JAMA Network Open, 4*(3), e212373. https://doi.org/10.1001/jamanetworkopen.2021.2373

Matricciani, L., Bin, Y. S., Lallukka, T., Kronholm, E., Dumuid, D., Paquet, C., & Olds, T. (2017). Past, present, and future: Trends in sleep duration and implications for public health. *Sleep Health, 3*(5), 317-323. https://doi.org/10.1016/j.sleh.2017.07.006

Matricciani, L., Olds, T., & Petkov, J. (2012). In search of lost sleep: Secular trends in the sleep time of school-aged children and adolescents. *Sleep Medicine Reviews, 16*(3), 203-211. https://doi.org/10.1016/j.smrv.2011.03.005

Matricciani, L., Olds, T., & Williams, M. (2011). A review of evidence for the claim that children are sleeping less than in the past. *Sleep, 34*(5), 651-659. https://doi.org/10.1093%2Fsleep%2F34.5.651

Matricciani, L., Paquet, C., Galland, B., Short, M., & Olds, T. (2019). Children's sleep and health: A meta-review. *Sleep Medicine Reviews, 46*, 136-150. https://doi.org/10.1016/j.smrv.2019.04.011

Meltzer, L. J., Williamson, A. A., & Mindell, J. A. (2021). Pediatric sleep health: It matters, and so does how we define it. *Sleep Medicine Reviews, 57*, 101425. https://doi.org/10.1016/j.smrv.2021.101425

Mignot, E. (2008). Why we sleep: The temporal organization of recovery. *PLoS Biology, 6*(4), e106. https://doi.org/10.1371/journal.pbio.0060106

Mindell, J. A., Sadeh, A., Wiegand, B., How, T. H., & Goh, D. Y. T. (2010). Cross-cultural differences in infant and toddler sleep. *Sleep Medicine, 11*(3), 274-280. https://doi.org/10.1016/j.sleep.2009.04.012

Minges, K. E., & Redeker, N. S. (2016). Delayed school start times and adolescent sleep: A systematic review of the experimental evidence. *Sleep Medicine Reviews, 28*, 86-95. https://doi.org/10.1016/j.smrv.2015.06.002

Minkel, J. D., Banks, S., Htaik, O., Moreta, M. C., Jones, C. W., McGlinchey, E. L., ... Dinges, D. F. (2012). Sleep deprivation and stressors: Evidence for elevated negative affect in response to mild stressors when sleep deprived. *Emotion, 12*(5), 1015-1020. https://doi.org/10.1037/a0026871

文部科学省（2017）．小学校学習指導要領（平成 29 年告示）解説体育編　Retrieved from https://www.mext.go.jp/component/a_menu/education/micro_detail/__icsFiles/afieldfile/2019/03/18/1387017_010.pdf（2022 年 3 月 20 日）

文部科学省（N. D.）．「早寝早起き朝ごはん」国民運動の推進について Retrieved from http://www.mext.go.jp/a_menu/shougai/asagohan/（2022 年 6 月 12 日）

Morgenthaler, T., Kramer, M., Alessi, C., Friedman, L., Boehlecke, B., Brown, T., ... American Academy of Sleep Medicine (2006). Practice parameters for the psychological and behavioral treatment of insomnia: An update. An american academy of sleep medicine report. *Sleep, 29*(11), 1415-1419.

Morioka, H., Itani, O., Kaneita, Y., Ikeda, M., Kondo, S., Yamamoto, R., ... Ohida, T. (2013). Associations between sleep disturbance and alcohol-drinking: A large-scale epidemiological study of adolescents in Japan. *Alcohol, 47*(8), 619-628. https://doi.org/10.1016/j.alcohol.2013.09.041

Motomura, Y., Katsunuma, R., Yoshimura, M., & Mishima, K. (2017). Two days' sleep debt causes mood decline during resting state via diminished amygdala-prefrontal connectivity. *Sleep, 40*(10), zsx133. https://doi.org/10.1093/sleep/zsx133

Motomura, Y., Kitamura, S., Oba, K., Terasawa, Y., Enomoto, M., Katayose, Y., ... Mishima, K. (2013). Sleep debt elicits negative emotional reaction through diminished amygdala-anterior cingulate functional connectivity. *PLoS ONE, 8*(2), e56578. https://doi.org/10.1371/journal.pone.0056578

Motomura, Y., Kitamura, S., Oba, K., Terasawa, Y., Enomoto, M., Katayose, Y., ... Mishima, K. (2014). Sleepiness induced by sleep-debt enhanced amygdala activity for subliminal signals of fear. *BMC Neuroscience, 15*, 97. https://doi.org/10.1186/1471-2202-15-97

元村 祐貴・三島 和夫 (2014). 睡眠と情動――情動調節における睡眠の役割――特集 日常生活の脳科学　*Brain and Nerve, 66*(1), 15-23.

村田 絵美・毛利 育子・星野 恭子・三星 喬史・加藤 久美・松澤 重行…谷池 雅子 (2014). 日本の小学生の睡眠習慣と睡眠に影響を及ぼすライフスタイルについての大規模調査　小児保健研究, *73*(6), 798-810.

永井 恵子 (2019). 勤務間インターバルの状況とその健康状態に与える影響――社会生活基本調査ミクロデータによる分析――　日本統計学会誌, *49*, (1), 23-60.

長野県教育委員会 (2019). 長野県中学生期のスポーツ活動指針〔改定版〕Retrieved from https://www.pref.nagano.lg.jp/kyoiku/sports-ka/sport/gakko/documents/sports-shishin.pdf (2022年6月12日)

NHK放送文化研究所 世論調査部 (1995-2020). 国民生活時間調査　NHK　Retrieved from https://www.nhk.or.jp/bunken/yoron-jikan/ (2022年5月29日)

Nishimura, R., Menrai, K., Kajihara, M., & Asaoka, S. (in press). Is decision-making influenced by interactions between extended wakefulness and weak emotional stressors?: An experimental study. *Industrial Health*. https://doi.org/10.2486/indhealth.2021-0260

OECD (2021). "Gender data portal 2021: Time use across the world". Retrieved from https://www.oecd.org/gender/data/OECD_1564_TUSupdatePortal.xlsx (May 29, 2022)

Pallesen, S., Bjorvatn, B., Waage, S., Harris, A., & Sagoe, D. (2021). Prevalence of shift work disorder: A systematic review and meta-analysis. *Frontiers Psychology, 12*, 638252. https://doi.org/10.3389/fpsyg.2021.638252

Parmeggiani, P. L. (2010). *Systemic homeostasis and poikilostasis in sleep: Is REM sleep a physiological paradox?* London: Imperial College Press. https://doi.org/10.1142/p720

Prather, A. A., Janicki-Deverts, D., Hall, M. H., & Cohen, S. (2015). Behaviorally assessed sleep and susceptibility to the common cold. *Sleep, 38*(9), 1353-1359. https://doi.org/10.5665/sleep.4968

Prather, A. A., Pressman, S. D., Miller, G. E., & Cohen, S. (2021). Temporal links between self-reported sleep and antibody responses to the influenza vaccine. *International Journal of Behavioral Medicine, 28*(1), 151-158. https://doi.org/10.1007/s12529-020-09879-4

Rial, R. V., Akaârir, M., Canellas, F., Gamundi, A., Reina, A. M., Barceló, P., Rubiño, J. A., & Nicolau, M. C. (2021). *Mammalian NREM and REM sleep. Why, how and when.* Preprints. https://doi.org/10.20944/preprints202103.0261.v1

Rivera, A. S., Akanbi, M., O'Dwyer, L. C., & McHugh, M. (2020). Shift work and long work hours and their association with chronic health conditions: A systematic review of systematic reviews with meta-analyses. *PLoS ONE, 15*(4), e0231037. https://doi.org/10.1371/journal.pone.0231037

Schernhammer, E. S., Laden, F., Speizer, F. E., Willett, W. C., Hunter, D. J., Kawachi, I., & Colditz, G. A. (2001). Rotating night shifts and risk of breast cancer in women participating in the nurses' health study. *Journal of the National Cancer Institute, 93*(20), 1563-1568. https://doi.org/10.1093/jnci/93.20.1563

Schernhammer, E. S., Laden, F., Speizer, F. E., Willett, W. C., Hunter, D. J., Kawachi, I., Fuchs, C. S., & Colditz, G. A. (2003). Night-shift work and risk of colorectal cancer in the nurses' health study. *Journal of the National Cancer Institute, 95*(11), 825-828. https://doi.org/10.1093/jnci/95.11.825

Schwartz, W. J., & Klerman, E. B. (2019). Circadian neurobiology and the physiologic regulation of sleep and wakefulness. *Neurologic Clinics, 37*(3), 475-486. https://doi.org/10.1016/j.ncl.2019.03.001

Spiegel, K. (2002). Effect of sleep deprivation on response to immunization. *JAMA: The Journal of the American Medical Association, 288*(12), 1471-a-1472. https://doi.org/10.1001/jama.288.12.1471-a

スポーツ庁（2018）．運動部活動の在り方に関する総合的なガイドライン　Retrieved from https://www.mext.go.jp/sports/b_menu/shingi/013_index/toushin/__icsFiles/afieldfile/2018/03/19/1402624_1.pdf（2022 年 6 月 12 日）

Steptoe, A., Peacey, V., & Wardle, J. (2006). Sleep duration and health in young adults. *Archives of Internal Medicine, 166*(16), 1689-1692. https://doi.org/10.1001/archinte.166.16.1689

Su, F., Huang, D., Wang, H., & Yang, Z. (2021). Associations of shift work and night work with risk of all-cause, cardiovascular and cancer mortality: A meta-analysis of cohort studies. *Sleep Medicine, 86*, 90-98. https://doi.org/10.1016/j.sleep.2021.08.017

Suka, M., Yoshida, K., & Sugimori, H. (2003). Persistent insomnia is a predictor of hypertension in Japanese male workers. *Journal of Occupational Health, 45*(6), 344-350. https://doi.org/10.1539/joh.45.344

Taheri, S., Lin, L., Austin, D., Young, T., & Mignot, E. (2004). Short sleep duration is associated with reduced leptin, elevated ghrelin, and increased body mass index. *PLoS Medicine, 1*(3), e62. https://doi.org/10.1371/journal.pmed.0010062

田村 典久・田中 秀樹・駒田 陽子・成澤 元・井上 雄一 (2019). 平日と休日の起床時刻の乖離と眠気, 心身健康, 学業成績の低下との関連 心理学研究, *90*(4), 378-388. https://doi.org/10.4992/jjpsy.90.18045

田村 典久・田中 秀樹・笹井 妙子・井上 雄一 (2016). 中学生に対する睡眠教育プログラムが睡眠習慣, 日中の眠気の改善に与える効果——睡眠教育群と待機群の比較—— 行動療法研究, *42*(1), 39-50. https://doi.org/10.24468/jjbt.42.1_39

Vetter, C., & Scheer, F. A. J. L. (2017). Circadian biology: Uncoupling human body clocks by food timing. *Current Biology, 27*, R656-R658.

Vyas, M. V., Garg, A. X., Iansavichus, A. V., Costella, J., Donner, A., Laugsand, L. E., ... Hackam, D. G. (2012). Shift work and vascular events: Systematic review and meta-analysis. *BMJ* (*Clinical Research Ed.*), *345*, e4800. https://doi.org/10.1136/bmj.e4800

Xie, C., Zhu, R., Tian, Y., & Wang, K. (2017). Association of obstructive sleep apnoea with the risk of vascular outcomes and all-cause mortality: A meta-analysis. *BMJ Open, 7*(12), e013983. https://doi.org/10.1136/bmjopen-2016-013983

Yamamoto, R. (2016). Public health activities for ensuring adequate sleep among school-age children: Current status and future directions. *Sleep and Biological Rhythms, 14*, 241-247. https://doi.org/10.1007/s41105-016-0051-0

山本 隆一郎・丸山 美貴・北條 礼子・原 真太郎 (2016). 児童と家族の睡眠習慣の関連性に関する記述疫学的研究——小学校における睡眠健康教育の確立に向けて (Ⅱ)——平成26～27年度上越教育大学研究プロジェクト研究成果報告書, 2016 Retrieved from https://juen.repo.nii.ac.jp/?action=repository_uri&item_id=7533&file_id=16&file_no=1(2022 年 3 月 20 日)

山本 隆一郎・原 真太郎 (2015). 児童を対象とした睡眠保健活動 睡眠医療, *9*(3), 359-364.

Yang, C. M., Lin, S. C., Hsu, S. C., & Cheng, C. P. (2010). Maladaptive sleep hygiene practices in good sleepers and patients with insomnia. *Journal of health psychology, 15*(1), 147-155. https://doi.org/10.1177/1359105309346342

Yoo, S.-S., Gujar, N., Hu, P., Jolesz, F. A., & Walker, M. P. (2007). The human emotional brain without sleep—a prefrontal amygdala disconnect. *Current Biology, 17*(20), R877-R878.

Zhai, L., Zhang, H., & Zhang, D. (2015). Sleep duration and depression among adults: A meta-analysis of prospective studies. *Depression and Anxiety, 32*(9), 664-670. https://doi.org/10.1002/da.22386

Zheng, B., Yu, C., Lv, J., Guo, Y., Bian, Z., Zhou, M., ... China Kadoorie Biobank Collaborative Group (2019). Insomnia symptoms and risk of cardiovascular diseases among 0.5 million adults: A 10-year cohort. *Neurology, 93*(23), e2110-e2120. https://doi.org/10.1212/WNL.0000000000008581

Zoccoli, G., & Amici, R. (2020). Sleep and autonomic nervous system. *Current Opinion in*

Physiology, 15, 128-133. https://doi.org/10.1016/j.cophys.2020.01.002

Zohar, D., Tzischinsky, O., Epstein, R., & Lavie, P. (2005). The effects of sleep loss on medical residents' emotional reactions to work events: A cognitive-energy model. *Sleep, 28*(1), 47-54. https://doi.org/10.1093/sleep/28.1.47

第 4 章

Abdi, A., Hussein Shareef, O., Dalvand, S., Ghanei Gheshlagh, R., & Hasanpour Dehkordi, A. (2021). Prevalence of restless legs syndrome in pregnant women: A systematic review and meta-analysis. *Przeglad Epidemiologiczny, 75*(3), 402-412. https://doi.org/10.32394/pe.75.37

Allen, R. P., Walters, A. S., Montplaisir, J., Hening, W., Myers, A., Bell, T. J., & Ferini-Strambi, L. (2005). Restless legs syndrome prevalence and impact: REST general population study. *Archives of Internal Medicine, 165*(11), 1286-1292.

André, M., Lamblin, M. D., d'Allest, A. M., Curzi-Dascalova, L., Moussalli-Salefranque, F., ... Plouin, P. (2010). Electroencephalography in premature and full-term infants. Developmental features and glossary. *Clinical Neurophysiology, 40*, 59-124.

Asada, T., Motonaga, T., Yamagata, Z., Uno, M., & Takahashi, K. (2000). Associations between retrospectively recalled napping behavior and later development of Alzheimer's disease: Association with APOE genotypes. *Sleep, 23*(5), 629-634.

Asaoka, S., Komada, Y., Aritake, S., Morita, Y., Fukuda, K., & Inoue, Y. (2014). Effect of delayed sleep phase during university life on the daytime functioning in work life after graduation. *Sleep Medicine, 15*, 1155-1158.

Asaoka, S., Komada, Y., Fukuda, K., Sugiura, T., Inoue, Y., & Yamazaki, K. (2010). Exploring the daily activities associated with delayed bedtime of Japanese university students. *The Tohoku Journal of Experimental Medicine, 221*, 245-249.

Babar, S. I., Enright, P. L., Boyle, P., Foley, D., Sharp, D. S., Petrovitch, H., & Quan, S. F. (2000). Sleep disturbances and their correlates in elderly Japanese American men residing in Hawaii. *The Journals of Gerontology Series A: Biological Sciences and Medical Sciences, 55*(7), M406-M411.

Barasa, A., Wang, J., & Dewey Jr, R. B. (2021). Probable REM sleep behavior disorder is a risk factor for symptom progression in parkinson disease. *Frontiers in Neurology, 12*, 651157.

Barot, N., & Barot, I. (2013). Optimal Sleep Habits in Middle-Aged Adults. In C. A. Kushida (Ed.), *Encyclopedia of Sleep* (pp. 88-94). Waltham: Academic Press.

Bixler, E. O., Kales, A., Jacoby, J. A., Soldatos, C. R., & Vela-Bueno, A. (1984). Nocturnal sleep and wakefulness: Effects of age and sex in normal sleepers. *International Journal of Neuroscience, 23*(1), 33-42.

Carskadon, M. A. (1990). Patterns of sleep and sleepiness in adolescents. *Pediatrician, 17*, 5-12.

Chan, P.-C., Lee, H.-H., Hong, C.-T., Hu, C.-J., & Wu, D. (2018). REM sleep behavior disorder

（RBD）in dementia with Lewy bodies（DLB）. *Behavioural Neurology, 9421098.*

Cremone, A., McDermott, J. M., Spencer, R. M. C.（2017）. Naps enhance executive attention in preschool-aged children. *Journal of Pediatric Psychology, 42,* 837-845.

Crowley, S. J., Acebo, C., & Carskadon, M. A.（2007）. Sleep, circadian rhythms, and delayed phase in adolescence. *Sleep Medicine, 8*(6), 602-612. https://doi.org/10.1016/j. sleep.2006.12.002

Desrochers, P. C., Kurdziel, L. B. F., & Spencer, R. M. C.（2016）. Delayed benefit of naps on motor learning in preschool children. *Experimental Brain Research, 234,* 763-772.

Dominguez, J. E., Grotegut, C. A., Cooter, M., Krystal, A. D., & Habib, A. S.（2018）. Screening extremely obese pregnant women for obstructive sleep apnea. *American Journal of Obstetrics and Gynecology, 219*(6), 613.e1-613.e10.

榎本 みのり（N. D.）. e-ヘルスネット 高齢者の睡眠　厚生労働省　Retrieved from https:// www.e-healthnet.mhlw.go.jp/information/heart/k-02-004.html（2022 年 9 月 11 日）

Friedman, L., Spira, A. P., Hernandez, B., Mather, C., Sheikh, J., Ancoli-Israel, S., Yesavage, J. A., & Zeitzer, J. M.（2012）. Brief morning light treatment for sleep/wake disturbances in older memory-impaired individuals and their caregivers. *Sleep Medicine, 13*(5), 546-549. https://doi.org/10.1016/j.sleep.2011.11.013

Fukuda, K., & Asaoka, S.（2004）. Delayed bedtime of nursery school children, caused by the obligatory nap, lasts during the elementary school period. *Sleep and Biological Rhythm*s, *2,* 129-134.

Fukuda, K., Hasegawa, T., Kawahashi, I., & Imada, S.（2019）. Preschool children's eating and sleeping habits: Late rising and brunch on weekends is related to several physical and mental symptoms. *Sleep Medicine, 61,* 73-81.

Fukuda, K. & Ishihara, K.（1997）. Development of human sleep and wakefulness rhythm during the first six months of life: Discontinuous changes at the 7th and 12th week after birth. *Biological Rhythm Research, 28,* supplement, 94-103.

Fukuda, K., & Ishihara, K.（2001）. Age-related changes of sleeping pattern during adolescence. *Psychiatry Clinical Neurosciences, 55*(3), 231-232. https://doi.org/10.1046/j.1440-1819.2001.00837.x

Fukuda, K. & Sakashita, Y.（2002）, Sleeping pattern of kindergartners and nursery school children: Function of daytime nap. *Perceptual and Motor Skill*s, *94,* 219-228.

Gradisar, M., Jackson, K., Spurrier, N. J., Gibson, J., Whitham, J., Williams, A. S., Dolby, R., & Kennaway, D. J.（2016）. Behavioral interventions for infant sleep problems: A randomized controlled trial. *Pediatrics, 137*(6), e20151486.

Guerrero, M. D., Vanderloo, L. M., Rhodes, R. E., Faulkner, G., Moore, S. A., & Tremblay, M. S.（2020）. Canadian children's and youth's adherence to the 24-h movement guidelines during the COVID-19 pandemic: A decision tree analysis. *Journal of Sport and Health Science, 9*(4), 313-321. https://doi.org/10.1016/j.jshs.2020.06.005

Hale, L., & Guan, S.（2015）. Screen time and sleep among school-aged children and adolescents: A systematic literature review. *Sleep Medicine Reviews, 21*, 50-58. https://doi. org/10.1016/j.smrv.2014.07.007

Hara, S., Yamamoto, R., Maruyama, M., Hojo, R., & Nomura, S. (2018). Relationships between daytime sleepiness and sleep quality, duration, and phase among school-aged children: A cross-sectional survey. *Sleep and Biological Rhythms, 16*, 177-185. https://doi.org/10.1007/s41105-018-0148-8

林 光緒・堀 忠雄 (2007). 午後の眠気対策としての短時間仮眠 生理心理学と精神生理学, *25* (1), 45-59.

廣瀬 恵子 (2010). 夜間介護が家族介護者の睡眠の質に与える影響 介護福祉学, *17*(1), 46-54.

Hirshkowitz, M., Whiton, K., Albert, S. M., Alessi, C., Bruni, O., DonCarlos, L., ... Adams Hillard, P. J. (2015). National Sleep Foundation's sleep time duration recommendations: Methodology and results summary. *Sleep Health, 1*(1), 40-43. https://doi.org/10.1016/j.sleh.2014.12.010

Hood, S., & Amir, S. (2017). The aging clock: Circadian rhythms and later life. *The Journal of Clinical Investigation, 127*(2), 437-446.

Horne, J. A., & Östberg, O. (1976). A self-assessment questionnaire to determine morningness-eveningness in human circadian rhythms. *International Journal of Chronobiology, 4*(2), 97-110.

Kantermann, T. (2020). Behavior: How a global social lockdown unlocks time for sleep. *Current biology: CB, 30*(14), R822-R823. https://doi.org/10.1016/j.cub.2020.06.037

Kim, J., Noh, J. W., Kim, A., & Kwon, Y. D. (2022). The impact of weekday-to-weekend sleep differences on health outcomes among adolescent students. *Children* (*Basel, Switzerland*), *9*(1), 52. https://doi.org/10.3390/children9010052

Kleitman, N., & Engelmann, T. (1953). Sleep characteristics of infants. *Journal of Applied Physiology, 6*, 269-282.

厚生労働省 (2017). 平成 27 年国民健康・栄養調査 Retrieved from https://www.e-stat.go.jp/statistics/00450171(2022 年 5 月 20 日)

Kurdziel, L., Duclos, K., Spencer, R. M. C. (2013). Sleep spindles in midday naps enhance learning in preschool children. *PNAS, 110*, 17267-17272.

Li, S., Zhu, S., Jin, X., Yan, C., Wu, S., Jiang, F., & Shen, X. (2010). Risk factors associated with short sleep duration among Chinese school-aged children. *Sleep Medicine, 11*(9), 907-916. https://doi.org/10.1016/j.sleep.2010.03.018

Lu, Q., Zhang, X., Wang, Y., Li, J., Xu, Y., Song, X., ... Lu, L. (2021). Sleep disturbances during pregnancy and adverse maternal and fetal outcomes: A systematic review and meta-analysis. *Sleep Medicine Reviews, 58*, 101436. https://doi.org/10.1016/j.smrv.2021.101436

Lund, H. G., Reider, B. D., Whiting, A. B., & Prichard, J. R. (2010). Sleep patterns and predictors of disturbed sleep in a large population of college students. *The Journal of Adolescent Health, 46*, 124-132.

McKnight-Eily, L. R., Eaton, D. K., Lowry, R., Croft, J. B., Presley-Cantrell, L., & Perry, G. S. (2011). Relationships between hours of sleep and health-risk behaviors in US adolescent students. *Preventive Medicine, 53*(4-5), 271-273. https://doi.org/10.1016/j. ypmed.2011.06.020

Medrano, M., Cadenas-Sanchez, C., Oses, M., Arenaza, L., Amasene, M., & Labayen, I. (2021). Changes in lifestyle behaviours during the COVID-19 confinement in Spanish children: A longitudinal analysis from the MUGI project. *Pediatric Obesity, 16*(4), e12731. https://doi. org/10.1111/ijpo.12731

Mindell, J. A., Sadeh, A., Kwon, R., & Goh, D. Y. T. (2013). Cross-cultural differences in the sleep of preschool children. *Sleep Medicine, 14,* 1283-1289.

三島 和夫（2012）. 高齢者の不眠　井上 雄一・岡島 義（編）不眠の科学（pp. 128-135）朝倉書店

三島 和夫（2015）. 高齢者の睡眠と睡眠障害　保健医療科学，*64*(1), 27-32.

宮本 雅之（2017）. 高齢者の神経疾患における睡眠障害（不眠を中心に）*Dokkyo Journal of Medical Sciences, 44*(3), 271-282.

宮下 章夫・市原 信・宮内 哲・石原 金由・新美 良純（1978）. 夜間睡眠に及ぼす昼間睡眠の影響　脳波と筋電図，*6,* 183-191.

National Sleep Foundation (2004). Sleep in America Poll: Children and Sleep, Summary of Findings. Retrieved from https://www.thensf.org/wp-content/uploads/2021/03/2004-SIA-Findings.pdf (September 15, 2022)

日本小児保健協会（2011）. 幼児健康度に関する継続的比較研究　平成 22 年度 総括・分担研究報告書　よしみ工業

Ohayon, M. M., Carskadon, M. A., Guilleminault, C., & Vitiello, M. V. (2004). Meta-analysis of quantitative sleep parameters from childhood to old age in healthy individuals: Developing normative sleep values across the human lifespan. *Sleep, 27*(7), 1255-1273.

Ohayon, M. M., & Vecchierini, M.-F. (2002). Daytime sleepiness and cognitive impairment in the elderly population. *Archives of Internal Medicine, 162*(2), 201-208.

Owens, J., Maxim, R., McGuinn, M., Nobile, C., Msall, M., & Alario, A. (1999). Television-viewing habits and sleep disturbance in school children. *Pediatrics, 104*(3), e27. https://doi. org/10.1542/peds.104.3.e27

Prechtl, H. F. (1974). The behavioural states of the newborn infant (a review). *Brain Research, 76,* 185-212.

Ritter, M. (2013). Midday naps help preschoolers learn, study says. USA TODAY, September 23. Retrieved from https://www.usatoday.com/story/news/nation/2013/09/23/midday-naps-preschoolers-learning/2856591/ (July 10, 2022)

Roepke, S. K., & Ancoli-Israel, S. (2010). Sleep disorders in the elderly. *Indian Journal of Medical Research, 131*(2), 302.

Ryuno, H., Greiner, C., Yamaguchi, Y., Fujimoto, H., Hirota, M., Uemura, H., ... Kamide, K. (2020). Association between sleep, care burden, and related factors among family caregivers at home. *Psychogeriatrics, 20*(4), 385-390. https://doi.org/10.1111/psyg.12513

Sakurai, S., & Kohno, Y. (2020). Effectiveness of respite care via short-stay services to support sleep in family caregivers. *International Journal of Environmental Research and Public Health, 17*(7), 2428. https://doi.org/10.3390/ijerph17072428

佐藤 誠（2020）. II. 睡眠時無呼吸症候群（SAS）の疫学　日本内科学会雑誌, *109*(6), 1059-1065.

Sharma, M., Aggarwal, S., Madaan, P., Saini, L., & Bhutani, M. (2021). Impact of COVID-19 pandemic on sleep in children and adolescents: A systematic review and meta-analysis. *Sleep Medicine, 84*, 259-267. https://doi.org/10.1016/j.sleep.2021.06.002

Shimada, M., Takahashi, K., Segawa, M., Higurashi, M., Samejim, M., & Horiuchi, K. (1999). Emerging and entraining patterns of the sleep-wake rhythm in preterm and term infants. *Brain Development, 21*, 468-473.

総務省統計局（2017）. 平成 28 年社会生活基本調査　Retrieved from https://www.stat.go.jp/data/shakai/2016/kekka.html（2022 年 5 月 20 日）

Steptoe, A., Peacey, V., & Wardle, J. (2006). Sleep duration and health in young adults. *Archives of Internal Medicine, 166*, 1689-1692.

Sun, W., Ling, J., Zhu, X., Lee, T. M., & Li, S. X. (2019). Associations of weekday-to-weekend sleep differences with academic performance and health-related outcomes in school-age children and youths. *Sleep Medicine Reviews, 46*, 27-53. https://doi.org/10.1016/j.smrv.2019.04.003

Swanson, L. M., Arnedt, J. T., Rosekind, M. R., Belenky, G., Balkin, T. J., & Drake, C. (2011). Sleep disorders and work performance: Findings from the 2008 National Sleep Foundation Sleep in America poll. *Journal of Sleep Reseach, 20*(3), 487-494. https://doi.org/10.1111/j.1365-2869.2010.00890.x

Takaya, R., Fukuda, K., Uehara, H., Kihara, H., & Ishihara, K. (2009). Emergence of the circadian sleep-wake rhythm might depend on conception not on birth timing. *Sleep and Biological Rhythms, 7*, 59-65.

Takemura, T., Funaki, K., Kanbayashi, T., Kawamoto, K., Tsutsui, K., Saito, Y., ... Shimizu, T. (2002). Sleep habits of students attending elementary schools, and junior and senior high schools in Akita prefecture. *Psychiatry and Clinical Neurosciences, 56*(3), 241-242. https://doi.org/10.1046/j.1440-1819.2002.01013.x

Takeshima, M., Ohta, H., Hosoya, T., Okada, M., Iida, Y., Moriwaki, A., ... Mishima, K. (2021). Association between sleep habits/disorders and emotional/behavioral problems among Japanese children. *Scientific Reports, 11*(1), 11438. https://doi.org/10.1038/s41598-021-91050-4

Tamaki, M., Shirota, A., Hayashi, M., & Hori, T. (2000). Restorative effects of a short afternoon nap (<30 min) in the elderly on subjective mood, performance and eeg activity. *Sleep Research Online: SRO, 3*(3), 131-139.

田村 典久・田中 秀樹・駒田 陽子・成澤 元・井上 雄一（2019）. 平日と休日の起床時刻の乖

離と眠気，心身健康，学業成績の低下との関連　心理学研究, *90*, 378-388. https://doi.org/10.4992/jjpsy.90.18045

Tanaka, H., Taira, K., Arakawa, M., Urasaki, C., Yamamoto, Y., Okuma, H., … Shirakawa, S. (2002). Short naps and exercise improve sleep quality and mental health in the elderly. *Psychiatry and Clinical Neurosciences, 56*(3), 233-234.

田中 秀樹（2013）. 地域高齢者の睡眠改善のための介入技術と評価法　日本睡眠改善協議会（編）堀 忠雄・白川 修一郎・福田 一彦（監修）応用講座 睡眠改善学（pp. 148-162）ゆまに書房

Taylor, D. J., Jenni, O. G., Acebo, C., & Carskadon, M. A. (2005). Sleep tendency during extended wakefulness: Insights into adolescent sleep regulation and behavior. *Journal of sleep research, 14*(3), 239-244. https://doi.org/10.1111/j.1365-2869.2005.00467.x

Thorleifsdottir, B., Björnsson, J. K., Benediktsdottir, B., Gislason, T., & Kristbjarnarson, H. (2002). Sleep and sleep habits from childhood to young adulthood over a 10-year period. *Journal of psychosomatic research, 53*(1), 529-537. https://doi.org/10.1016/s0022-3999(02)00444-0

Thélin, C. S., & Richter, J. E. (2020). Review article: The management of heartburn during pregnancy and lactation. *Alimentary Pharmacology & Therapeutics, 51*(4), 421-434. https://doi.org/10.1111/apt.15611

Trockel, M. T., Barnes, M. D., & Egget, D. L. (2000). Health-related variables and academic performance among first-year college students: Implications for sleep and other behaviors. *Journal of American College Health, 49*, 125-131.

Van Dongen, H. P., Maislin, G., Mullington, J. M., & Dinges, D. F. (2003). The cumulative cost of additional wakefulness: Dose-response effects on neurobehavioral functions and sleep physiology from chronic sleep restriction and total sleep deprivation. *Sleep, 26*, 117-126.

Werchan, D. M., & Gómez, R. L. (2014). Wakefulness (Not Sleep) promotes generalization of word learning in 2.5-Year-Old Children. *Child Development, 85*, 429-436.

八並 光信・齋藤 利恵・芝原 美由紀・倉林 準・門馬 博・一場 友実（2013）. 在宅介護者の睡眠の質とメンタルヘルスおよび介護負担感について　理学療法学 Supplement 2012(0), 48101025-48101025.

第 5 章

Abe, T., Hagihara, A., & Nobutomo, K. (2010). Sleep patterns and impulse control among Japanese junior high school students. *Journal of Adolescence, 33*(5), 633-641. https://doi.org/10.1016/j.adolescence.2009.11.007

Adolphs, R., Tranel, D., Damasio, H., & Damasio, A. (1994). Impaired recognition of emotion in facial expressions following bilateral damage to the human amygdala. *Nature, 372*(6507), 669-672.

Aikens, J. E., & Rouse, M. E. (2005). Help-seeking for insomnia among adult patients in primary care. *The Journal of the American Board of Family Practice, 18*(4), 257-261.

https://doi.org/10.3122/jabfm.18.4.257

Akram, U., Ellis, J. G., Myachykov, A., & Barclay, N. L. (2016). Misperception of tiredness in young adults with insomnia. *Journal of Sleep Research, 25*(4), 466-474. https://doi. org/10.1111/jsr.12395

Akram, U., Milkins, B., Ypsilanti, A., Reidy, J., Lazuras, L., Stevenson, J., Notebaert, L., & Barclay, N. L. (2018a). The therapeutic potential of attentional bias modification training for insomnia: Study protocol for a randomised controlled trial. *Trials, 19*(1), 567. https:// doi.org/10.1186/s13063-018-2937-4

Akram, U., Robson, A., & Ypsilanti, A. (2018b). Sleep-related attentional bias for faces depicting tiredness in insomnia: Evidence from an eye-tracking study. *Journal of Clinical Sleep Medicine, 14*(6), 959-965. https://doi.org/10.5664/jcsm.7160

Alimoradi, Z., Lin, C. Y., Brostrom, A., Bulow, P. H., Bajalan, Z., Griffiths, M. D., ... Pakpour, A. H. (2019). Internet addiction and sleep problems: A systematic review and meta-analysis. *Sleep Medicine Reviews, 47*, 51-61. https://doi.org/10.1016/j.smrv.2019.06.004

Alkozei, A., Haack, M., Skalamera, J., Smith, R., Satterfield, B. C., Raikes, A. C., & Killgore, W. D. (2018). Chronic sleep restriction affects the association between implicit bias and explicit social decision making. *Sleep Health, 4*(5), 456-462. https://doi.org/10.1016/j. sleh.2018.07.003

Alkozei, A., Killgore, W. D. S., Smith, R., Dailey, N. S., Bajaj, S., & Haack, M. (2017). Chronic sleep restriction increases negative implicit attitudes toward Arab Muslims. *Scientific Reports, 7*, 4285. https://doi.org/10.1038/s41598-017-04585-w

American Psychiatric Association (2013). *Diagnostic and statistical manual of mental disorders* (3rd ed.). Illinois: American Academy of Sleep Medicine.
（米国睡眠医学会　日本睡眠学会診断分類委員会（監訳）(2018)．　睡眠障害国際分類 第 3 版　ライフ・サイエンス）

Asaoka, S., Komada, Y., Fukuda, K., Sugiura, T., Inoue, Y., & Yamazaki, K. (2010). Exploring the daily activities associated with delayed bedtime of Japanese university students. *Tohoku Journal Experimental Medicine, 221*(3), 245-249.

Asaoka, S., Fukuda, K., Tsutsui, Y., & Yamazaki, K. (2007). Does television viewing cause delayed and/or irregular sleep-wake patterns? *Sleep and Biological Rhythms, 5*, 23-27.

Aviezer, H., Hassin, R. R., Ryan, J., Grady, C., Susskind, J., Anderson, A., ... Bentin, S. (2008). Angry, disgusted, or afraid? Studies on the malleability of emotion perception. *Psychological Science, 19*(7), 724-732.

Baranski, J. V., Thompson, M. M., Lichacz, F. M., McCann, C., Gil, V., Pastò, L., & Pigeau, R. A. (2007). Effects of sleep loss on team decision making: Motivational loss or motivational gain? *The Journal of the Human Factors and Ergonomics Society, 49*, 646-660.

Bartlett, D. J., Marshall, N. S., Williams, A., & Grunstein, R. R. (2008). Predictors of primary medical care consultation for sleep disorders. *Sleep Medicine, 9*(8), 857-864. https://doi. org/10.1016/j.sleep.2007.09.002

Blackmore, S. (1998). Abduction by aliens or sleep paralysis? *Skeptical Inquirer, 22*, 23-28.

Blume, C., Del Giudice, R., Lechinger, J., Wislowska, M., Heib, D., Hoedlmoser K, & Schabus, M. (2017). Preferential processing of emotionally and self-relevant stimuli persists in unconscious N2 sleep. *Brain and Language, 167*, 72-82. https://doi.org/10.1016/j. bandl.2016.02.004.

Broks, P., Young, A. W., Maratos, E. J., Coffey, P. J., Calder, A. J., Isaac, C. L., ... Hadley, D. (1998). Face processing impairments after encephalitis: Amygdala damage and recognition of fear. *Neuropsychologia, 36*(1), 59-70.

Brown, B. W. J., Crowther, M. E., Appleton, S. L., Melaku, Y. A., Adams, R. J., & Reynolds, A. C. (2022). Shift work disorder and the prevalence of help seeking behaviors for sleep concerns in Australia: A descriptive study. *Chronobiology International, 39*(5), 714-724. https://doi.org/10.1080/07420528.2022.2032125

Bursztyn, M. (2013). Mortality and the siesta, fact and fiction. *Sleep Medicine, 14*, 3-4.

Bursztyn, M., Ginsberg, G., & Stessman, J. (2002). The siesta and mortality in the elderly: Effect of rest without sleep and daytime sleep duration. *Sleep, 25*, 187-191.

Bursztyn, M., Ginsberg, G., Rozenberg-Hammerman, R., & Stessman, J. (1999). The siesta in the elderly: Risk factor for mortality? *Archives of Internal Medicine, 159*, 1582-1586.

Carroll, J. M., & Russell, J. A. (1996). Do facial expressions signal specific emotions? Judging emotion from the face in context. *Journal of Personality and Social Psychology, 70*(2), 205-218. https://doi.org/10.1037//0022-3514.70.2.205

Chen, W. F., Low, K. H., Lim, C., & Edery, I (2007). Thermosensitive splicing of a clock gene and seasonal adaptation. *Cold Spring Harbor Symposia Quantitative Biology, 72*, 599-606.

Cheung, J. M., Bartlett, D. J., Armour, C. L., Glozier, N., & Saini, B. (2014). Insomnia patients' help-seeking experiences. *Behavioral Sleep Medicine, 12*(2), 106-122. https://doi.org/10.10 80/15402002.2013.764529

Clarke, P. J., Bedford, K., Notebaert, L., Bucks, R. S., Rudaizky, D., Milkins, B. C., & MacLeod, C. (2016). Assessing the therapeutic potential of targeted attentional bias modification for insomnia using smartphone delivery. *Psychotherapy and Psychosomatics, 85*(3), 187-189. https://doi.org/10.1159/000442025

Dean, J. (1996). Coming out as an alien: Feminists, UFOs, and the 'Oprah Effect,' In D. P. & N. B. Maglin (Eds.), "*Good girls*" / "*bad girls:*" *Women, sex, and power in the nineties* (pp. 90-105). New Brunswick, NJ: Rutgers University Press.

Floress, M. T., Kuhn, B. R., Bernas, R. S., & Dandurand, M. (2016). Nightmare prevalence, distress, and anxiety among young children. *Dreaming, 26*, 280-292.

Foreman, J., Salim, A. T., Praveen, A., Fonseka, D., Ting, D. S. W., He, M. G., ... Dirani, M. (2021). Association between digital smart device use and myopia: A systematic review and meta-analysis. *Lancet Digital Health, 3*, e806-e818.

Fredriksen, K., Rhodes, J., Reddy, R., & Way, N. (2004). Sleepless in Chicago: Tracking the effects of adolescent sleep loss during the middle school years. *Child Development, 75*(1),

84-95. https://doi.org/10.1111/j.1467-8624.2004.00655.x

福田 一彦（2019）．現代の光環境が我々にもたらすもの　時間学の構築編集委員会・明石 真（編）　時間学の構築Ⅲ──ヒトの概日時計と時間──（pp. 109-125）　恒星社厚生閣

Fukuda, K., Asaoka, S., Kaki, C., Yokoyama, S., & Hirai, K.（2021）. Changing "white and bright" light to "dim and umber" one had significant effects on residents' sleep patterns. 江戸川大学紀要，（*31*）, 31-37.

Fukuda, K., Ogilvie, R. D., Chilcott, L., Vendittelli, A. M., & Takeuchi, T.（1998）. The prevalence of sleep paralysis among Canadian and Japanese college students. *Dreaming, 8,* 59-66.

Fukuda, K., Shibata, Y., Sato, H., & Okabe, S.（2020）. How the large-scale blackout following the 2018 *Hokkaido* Eastern *Iburi* earthquake impacted adolescents' sleep patterns. *Sleep and Biological Rhythms, 18,* 351-354.

Ghumman, S., & Barnes, C. M.（2013）. Sleep and prejudice: A resource recovery approach. *Journal of Applied Social Psychology, 43,* E166-E178.

Gordon, A. M., & Chen, S.（2013）. The role of sleep in interpersonal conflict. *Social Psychological and Personality Science, 5*(2), 168-175. https://doi.org/10.1177/19485506134 88952

Gordon, A. M., Carrillo, B., & Barnes, C. M.（2021）. Sleep and social relationships in healthy populations: A systematic review. *Sleep Medicine Reviews, 57,* 101428. https://doi.org/10.1016/j.smrv.2021.101428

Guadagni, V., Burles, F., Ferrara, M., & Iaria, G.（2014）. The effects of sleep deprivation on emotional empathy. *Journal of Sleep Research, 23*(6), 657-663. https://doi.org/10.1111/jsr.12192

Guarana, C. L., & Barnes, C. M.（2017）. Lack of sleep and the development of leader-follower relationships over time. *Organizational Behavior and Human Decision Processes, 141,* 57-73. https://doi.org/10.1016/j.obhdp.2017.04.003

Guggenheim, J. A., Hill, C., & Yam, T-F.（2003）. Myopia, genetics, and ambient lighting at night in a UK sample. *British Journal of Ophthalmology, 87,* 580-582.

Hale, L., & Guan, S.（2015）. Screen time and sleep among school-aged children and adolescents: A systematic literature review. *Sleep Medicine Reviews, 21,* 50-58. https://doi.org/10.1016/j.smrv.2014.07.007

Hammond, J. C., Snieder, H., Gilbert, C. E., & Spector, T. D.（2001）. Genes and environment in refractive error: The twin eye study. *Investigative Ophthalmology and Visual Science, 42,* 1232-1236.

Harvey, A. G.（2002）. A cognitive model of insomnia. *Behaviour Research and Therapy, 40*(8), 869-893.

Van der Helm, E., Gujar, N., & Walker, M. P.（2010）. Sleep deprivation impairs the accurate recognition of human emotions. *Sleep, 33*(3), 335-342.

Heo, J. Y., Kim, K., Fava, M., Mischoulon, D., Papakostas, G. I., Kim, M. J., ... Jeon, H. J.

(2017). Effects of smartphone use with and without blue light at night in healthy adults: A randomized, double-blind, cross-over, placebo-controlled comparison. *Journal of Psychiatric Research, 87*, 61-70. https://doi.org/10.1016/j.jpsychires.2016.12.010

Higuchi, S., Motohashi, Y., Ishibashi, K., & Maeda, T. (2007). Influence of eye colors of Caucasians and Asians on suppression of melatonin secretion by light. *American Journal of Physiology: Regulatory, Integrative and Comparative Physiology, 292*, R2352-R2356.

樋口 重和 (2011). 光の非視覚的作用――光環境への適応――　日本生理人類学会誌, *16*(1), 21-26. https://doi.org/10.20718/jjpa.16.1_21

Hill, D. W., Welch, J. E., & Godfrey, J. A., 3rd. (1996). Influence of locus of control on mood state disturbance after short-term sleep deprivation. *Sleep, 19*(1), 41-46.

Hoeksema-van Orden, C. Y. D., Gaillard, A. W. K., & Buunk, B. P. (1998). Social loafing under fatigue. *Journal of Personality and Social Psychology, 75*, 1179-1190.

Hsu, C. C., Huang, N., Lin, P. Y., Tsai, D. C., Tsai, C. Y., Woung, L. C., & Liu, C. J. L. (2016). Prevalence and risk factors for myopia in second-grade primary school children in Taipei: A population-based study. *Journal of the Chinese Medical Association, 79*, 625-632.

Hufford, D. J. (1982). *The terror that comes in the night*. Philadelphia: University of Pennsylvania Press.
（ハッフォード, D. J. 福田 一彦・和田 芳久・竹内 朋香 (訳)(1999). 夜に訪れる恐怖――北米の金縛り体験に関する実証的研究――　川島書店）

Isaac, R. E., Li, C., Leedale, A. E., Shirras, A. D. (2010). Drosophila male sex peptide inhibits siesta sleep and promotes locomotor activity in the post-mated female. *Proceedings Biological Sciences, 277*(1678), 65-70.

James, L. (2018). The stability of implicit racial bias in police officers. *Police Quarterly, 21*(1), 30-52. https://doi.org/10.1177/1098611117732974

Jung, K. I., Song, C. H., Ancoli-Israel, S., & Barrett-Connor, E. (2013). Gender differences in nighttime sleep and daytime napping as predictors of mortality in older adults: The Rancho Bernardo study. *Sleep Medicine, 14*, 12-19.

Kahn-Greene, E. T., Lipizzi, E. L., Conrad, A. K., Kamimori, G. H., & Killgore, W. D. (2006). Sleep deprivation adversely affects interpersonal responses to frustration. *Personality and Individual Differences, 41*(8), 1433-1443. https://doi.org/10.1016/j.paid.2006.06.002

Kaida, K, & Abe, T. (2018). Attentional lapses are reduced by repeated stimuli having own-name during a monotonous task. *PloS ONE, 13*(3), e0194065. https://doi.org/10.1371/journal. pone.0194065

加藤 隆・赤松 茂 (1998). 顔の表情認知のマルチモーダル特性について　電子情報通信学会技術研究報告 HIP, ヒューマン情報処理, *98*(276), 17-22.

Kerr, N. L., & Bruun, S. E. (1983). Dispensability of member effort and group motivation losses: Free-rider effects. *Journal of Personality and Social Psychology, 44*(1), 78-94. https://doi. org/10.1037/0022-3514.44.1.78

Killgore, W. D. (2007). Effects of sleep deprivation and morningness-eveningness traits on risk-taking. *Psychological Reports, 100*(2), 613-626. Retrieved from http://www.ncbi.nlm.nih.gov/pubmed/17564238 (May, 25, 2022)

Killgore, W. D., Balkin, T. J., & Wesensten, N. J. (2006). Impaired decision making following 49 h of sleep deprivation. *Journal of Sleep Research, 15*(1), 7-13. https://doi.org/10.1111/j.1365-2869.2006.00487.x

Kim, M. S., Lee. E., Park, H. Y., Seo, E., An, S. K., & Park, K. M. (2021). Associations of self-consciousness with insomnia symptoms. *Chronobiology in Medicine, 3*(1), 25-30.

Kristensen, J. H., Pallesen, S., King, D. L., Hysing, M., & Erevik, E. K. (2021). Problematic gaming and sleep: A systematic review and meta-analysis. *Frontiers in Psychiatry, 12*, 675237. https://doi.org/10.3389/fpsyt.2021.675237

久保 智英・東郷 史治・津野 香奈美・高橋 正也・一水 卓・佐藤 悦子…小松 泰喜（2015）. 認知症専用棟で交代勤務に従事する介護労働者における表情認知　産業ストレス研究，*22*(2), 119-126.

倉重 乾・田中 恒彦（2018）. 注意バイアス修正の手続きと臨床効果の展望　新潟大学教育学部研究紀要 人文・社会科学編，*11*(1), 21-30.

Lam, L. T. (2014). Internet gaming addiction, problematic use of the internet, and sleep problems: A systematic review. *Current Psychiatry Reports, 16*(4), 444. https://doi.org/10.1007/s11920-014-0444-1

Lancee, J., Yasiney, S. L., Brendel, R. S., Boffo, M., Clarke, P., & Salemink, E. (2017). Attentional bias modification training for insomnia: A double-blind placebo controlled randomized trial. *PloS ONE, 12*(4), e0174531. https://doi.org/10.1371/journal.pone.0174531

Latané, B., Williams, K., & Harkins, S. (1979). Many hands make light the work: The causes and consequences of social loafing. *Journal of Personality and Social Psychology, 37*(6), 822-832. https://doi.org/10.1037/0022-3514.37.6.822

Latz, S., Wolf, A. W., & Lozoff, B. (1999). Sleep practices and problems in young children in Japan and the United States. *Archives of Pediatrics and Adolescent Medicine, 153*, 339-346.

Lemola, S., Räikkönen, K., Gomez, V., & Allemand, M. (2013). Optimism and self-esteem are related to sleep. Results from a large community-based sample. *International Journal Behavioral Medicine, 20*(4), 567-571. https://doi.org/10.1007/s12529-012-9272-z

Liddon, S. C. (1967). Sleep paralysis and hypnagogic hallucinations. *Archives of General Psychiatry, 17*, 88-96.

Loftus, E., & Ketcham, K. (1994). *The myth of repressed memory: False memories and allegations of sexual abuse.* New York: St. Martin's Press.
（ロフタス，E. 仲 真紀子（訳）(2000). 抑圧された記憶の神話——偽りの性的虐待の記憶をめぐって——　誠信書房）

Lozoff, B., Askcw, G. L., & Wolf, A. W. (1996). Cosleeping and early childhood sleep problems: Effects of ethnicity and socioeconomic status. *Journal of Developmental and Behavioral Pediatrics, 17*, 9-15.

Miller, P. M., & Commons, M. L. (2010). The benefits of attachment parenting for infants and children: A behavioral developmental view. *Behavioral Development Bulletin, 10*, 1-14.

Mindell, J., Sadeh, A., Kwon, R., & Goh, D. Y. T. (2013). Cross-cultural differences in the sleep of preschool children. *Sleep Medicine, 14*, 1283-1289.

Mindell, J., Sadeh, A., Wiegand, B., How, T. H., & Goh, D. Y. T. (2010). Cross-cultural differences in infant and toddler sleep. *Sleep Medicine, 11*, 274-280.

Motomura, Y., Kitamura, S., Oba, K., Terasawa, Y., Enomoto, M., Katayose, Y., ... Mishima, K. (2013). Sleep debt elicits negative emotional reaction through diminished amygdala-anterior cingulate functional connectivity. *PLoS ONE, 8*(2), e56578. https://doi.org/10.1371/journal.pone.0056578

Motomura, Y., Kitamura, S., Oba, K., Terasawa, Y., Enomoto, M., Katayose, Y., ... & Mishima, K. (2014). Sleepiness induced by sleep-debt enhanced amygdala activity for subliminal signals of fear. *BMC Neuroscience, 15*(1), 1-11.

Murphy, S. T., & Zajonc, R. B. (1993). Affect, cognition, and awareness: Affective priming with optimal and suboptimal stimulus exposures. *Journal of Personality and Social Psychology, 64*(5), 723-739. https://doi.org/10.1037/0022-3514.64.5.723

Myrowitz, E. H. (2012). Juvenile myopia progression, risk factors and interventions. *Saudi Journal of Ophthalmology, 26*, 293-297.

中岡 俊哉（1985).「金縛り」の謎を見た！　二見書房

西田 卓弘・中沢 洋一・小鳥 居湛・坂本 哲郎・合瀬 克明・宮原 靖…林田 隆晴（1989). 睡眠障害患者の睡眠薬に対する考え方の分析　九州神経精神医学, *35*, 111-115

西迫 成一郎（2010). 心理的要因が睡眠状況に及ぼす影響　相愛大学人間発達学研, *1*, 49-56. Retrieved from https://cir.nii.ac.jp/crid/1050845762566237568（2022年6月4日）

OECD Gender Data Portal (2021). Time use across the world. Retrieved from https://www.oecd.org/gender/data/OECD_1564_TUSupdatePortal.xlsx（February 18, 2022）

Oswald, F. L., Mitchell, G., Blanton, H., Jaccard, J., & Tetlock, P. E. (2015). Using the IAT to predict ethnic and racial discrimination: Small effect sizes of unknown societal significance. *Journal of Personality and Social Psychology, 108*(4), 562-571. https://doi.org/10.1037/pspa0000023

Owens, J. A. (2004). Sleep in children: Cross-cultural perspectives. *Sleep and Biological Rhythms, 2*, 165-173.

Owens, J. A., & Mindell, J. A. (2005). *Take charge of your child's sleep: The all-in-one resource for solving sleep problems in kids and teens.* New York: Marlowe & company.

Owens, J., Adolescent Sleep Working, G., & Committee on, A. (2014). Insufficient sleep in adolescents and young adults: An update on causes and consequences. *Pediatrics, 134*(3), e921-932. https://doi.org/10.1542/peds.2014-1696

Owens, J., Maxim, R., McGuinn, M., Nobile, C., Msall, M., & Alario, A. (1999). Television-viewing habits and sleep disturbance in school children. *Pediatrics, 104*(3), e27.

Paulus, F. W., Ohmann, S., von Gontard, A., & Popow, C. (2018). Internet gaming disorder in children and adolescents: A systematic review. *Developmental Medicine and Child Neurology, 60*(7), 645-659. https://doi.org/10.1111/dmcn.13754

Perrin, F., García-Larrea, L., Mauguière, F., & Bastuji, H. (1999). A differential brain response to the subject's own name persists during sleep. *Clinical Neurophysiology, 110*(12), 2153-2164. https://doi.org/10.1016/S1388-2457(99)00177-7

Pessoa, L., Japee, S., Sturman, D., & Ungerleider, L. G. (2006). Target visibility and visual awareness modulate amygdala responses to fearful faces. *Cerebral Cortex, 16*(3), 366-375.

Quinn, G. E., Shin, C. H., Maguire, M. G., & Stone, R. A. (1999). Myopia and ambient lighting at night. *Nature, 399*, 113.

Rath, F. H., & Okum, M. E. (1995). Parents and children sleeping together: Cosleeping prevalence and concerns. *American Journal of Orthopsychiatry, 65*, 411-418.

Roberts, R. E., Ramsay Roberts, C., & Ger Chen, I. (2002). Impact of insomnia on future functioning of adolescents. *Journal of Psychosomatic Research, 53*(1), 561-569. https://doi.org/10.1016/s0022-3999(02)00446-4

Rucas, S. L., & Miller, A. A. (2013). Locus of control and sleep in evolutionary perspective. *Journal of Social, Evolutionary, and Cultural Psychology, 7*(2), 79-96. https://doi.org/10.1037/h0099208

Salzarulo, P., & Chevalier, A. (1983). Sleep problems in children and teir relationship with early disturbances of the waking-sleeping rhythms. *Sleep, 6*, 47-51.

Schachter, F. F., Fuchs, M. L., Bijur, P. E., & Stone, R. K. (1989). Cosleeping and sleep problems in Hispanic-American urban young children. *Pediatrics, 84*, 522-530.

Scullin, M. K., Hebl, M. R., Corrington, A., & Nguyen, S. (2020). Experimental sleep loss, racial bias, and the decision criterion to shoot in the Police Officer's Dilemma task. *Scientific Reports, 10*, 20581. https://doi.org/10.1038/s41598-020-77522-z

Shochat, T., Cohen-Zion, M., & Tzischinsky, O. (2014). Functional consequences of inadequate sleep in adolescents: A systematic review. *Sleep Medicine Reviews, 18*(1), 75-87. https://doi.org/10.1016/j.smrv.2013.03.005

Shochat, T., Umphress, J., Israel, A. G., & Ancoli-Israel, S. (1999). Insomnia in primary care patients. *Sleep, 22 Suppl 2*, S359-S365.

照明学会（2014）. LED 照明の生体安全性に関する特別研究委員会 報告書 LED 照明の生体安全性について――補足資料――(JIER-122) Retrieved from https://www.ieij.or.jp/publish/files/IEIJ_JIER-112.pdf（2022 年月 2 日）

Smith, L., & Mason, C. (2001). Shiftwork locus of control effects in police officers. *Journal of Human Ergology, 30*(1-2), 217-222. https://doi.org/10.11183/jhe1972.30.217

Soldatos, C. R., Allaert, F. A., Ohta, T., & Dikeos, D. G. (2005). How do individuals sleep around the world? Results from a single-day survey in ten countries. *Sleep Medicine, 6*(1), 5-13. https://doi.org/10.1016/j.sleep.2004.10.006

Somerville, L. H., Kim, H., Johnstone, T., Alexander, A. L., Whalen, P. J. (2004). Human amygdala responses during presentation of happy and neutral faces: Correlations with state anxiety. *Biological Psychiatry*, *55*(9), 897-903. https://doi.org/10.1016/j.biopsych.2004.01.007.

Steptoe, A., Peacey, V., & Wardle, J. (2006). Sleep duration and health in young adults. *Archives of Internal Medicine, 166*, 1689-1692.

Sullivan, S. S. (2013). Early childhood pediatric sleep concerns for parents: Cosleeping. *Encyclopedia of Sleep*, 82-85.

Sundelin, T., Lekander, M., Sorjonen, K., & Axelsson, J. (2017). Negative effects of restricted sleep on facial appearance and social appeal. *Royal Society Open Science, 4*(5), 160918. https://doi.org/10.1098/rsos.160918

Takashima, T., Yokoyama, T., Futagami, S., Ono-Matsui, K., Tanaka, H., Tokoro, T., & Mochizuki, M. (2001). The quality of life in patients with pathologic myopia. *Japanese Journal of Ophthalmology, 45*, 84-92.

Tavernier, R., & Willoughby, T. (2015). A longitudinal examination of the bidirectional association between sleep problems and social ties at university: The mediating role of emotion regulation. *Journal of Youth and Adolescence, 44*(2), 317-330. https://doi.org/10.1007/s10964-014-0107-x

Tedlock, B. (2004). The poetics and spirituality of dreaming: A native American enactive theory. *Dreaming, 14*, 183-189.

Teikari, J. M., O'Donnell, J., Kaprio, J., & Koskenvuo, M. (1991). Impact of heredity in myopia. *Human Heredity, 41*, 151-156.

Tempesta, D., Couyoumdjian, A., Curcio, G., Moroni, F., Marzano, C., De Gennaro, L., & Ferrara, M. (2010). Lack of sleep affects the evaluation of emotional stimuli. *Brain Research Bulletin, 82*, 104-108.

Tempesta, D., Salfi, F., De Gennaro, L., & Ferrara, M. (2020). The impact of five nights of sleep restriction on emotional reactivity. *Journal of Sleep Research, 29*(5), e13022.

Teti, D. M., Shimizu, M., Crosby, B., & Kim, B. R. (2016). Sleep arrangements, parent-infant sleep during the first year, and family functioning. *Developmental Psychology, 52*, 1169-1181.

Thoman, E. B. (2006). Co-sleeping, an ancient practice: Issues of the past and present, and possibilities for the future. *Sleep Medicine Reviews, 10*, 407-417.

Thorleifsdottir, B., Bjornsson, J. K., Benediktsdottir, B., Gislason, T., & Kristbjarnarson, H. (2002). Sleep and sleep habits from childhood to young adulthood over a 10-year period. *Journal of Psychosomatic. Research, 53*, 529-537.

Tonetti, L., Adan, A., Caci, H., De Pascalis, V., Fabbri, M., & Natale, V. (2010). Morningness-eveningness preference and sensation seeking. *European Psychiatry, 25*(2), 111-115. https://doi.org/10.1016/j.eurpsy.2009.09.007

Tonetti, L., Fabbri, M., & Natale, V. (2009). Relationship between circadian typology and big five personality domains. *Chronobiology International, 26*(2), 337-347. https://doi.org/10.1080/07420520902750995

Torrens Darder, I., Argüelles-Vázquez, R., Lorente-Montalvo, P., Torrens-Darder, M., & Esteva, M. (2021). Primary care is the frontline for help-seeking insomnia patients. *The European journal of general practice, 27*(1), 286-293. https://doi.org/10.1080/13814788.2021.1960308

Van den Bulck, J. (2003). Text messaging as a cause of sleep interruption in adolescents, evidence from a cross-sectional study. *Journal of Sleep Research, 12*(3), 263. https://doi.org/10.1046/j.1365-2869.2003.00362.x

Van den Bulck, J. (2007). Adolescent use of mobile phones for calling and for sending text messages after lights out: Results from a prospective cohort study with a one-year follow-up. *Sleep, 30*(9), 1220-1223. https://doi.org/10.1093/sleep/30.9.1220

Venkatraman, V., Chuah, Y. M., Huettel, S. A., & Chee, M. W. (2007). Sleep deprivation elevates expectation of gains and attenuates response to losses following risky decisions. *Sleep, 30*(5), 603-609. https://doi.org/10.1093/sleep/30.5.603

Volkovich, E., Ben-Zion, H., Karny, D., Meiri, G., & Tikotzky, L. (2015). Sleep patterns of co-sleeping and solitary sleeping infants and mothers: A longitudinal study. *Sleep Medicine, 16*, 1305-1312.

Vreeman, R. C., & Carroll, A. E. (2007). Medical myths: Sometimes doctors are duped. *British Medical Journal, 335*, 1288-1289.

Vuilleumier, P., & Schwartz, S. (2001). Emotional facial expressions capture attention. *Neurology, 56*(2), 153-158.

和田 洋人 (2018). 不眠による受診を動機づける心理要因の検討　青山心理学研究, *18*, 29-45.

Watts, F. N., Coyle, K., & East, N. P. (1994). The contribution of worry to insomnia. *British Journal of Clinical Psychology, 33*, 211-220.

Wicklow, A. & Espie, C. A. (2000). Instructive thoughts and their relationship to actigraphic measurement of sleep: Towards a cognitive model of insomnia. *Behaviour Research and Therapy, 38*, 679-693.

Wing, Y. K., Lee, S. T., & Chen, C. N. (1994). Sleep paralysis in Chinese: Ghost oppression phenomenon in Hong Kong. *Sleep, 17*, 609-613.

Womack, S. D., Hook, J. N., Reyna, S. H., & Ramos, M. (2013). Sleep loss and risk-taking behavior: A review of the literature. *Behavioral Sleep Medicine, 11*(5), 343-359. https://doi.org/10.1080/15402002.2012.703628

World Health Organization (2018). International Statistical Classification of Diseases-11th revision. Retrieved from https://icd.who.int/en (May 20, 2022)

Yamamoto, R., Hirota, Y., Yamatsuta, K., Maki, I., Yamada, S., Hojo, R., & Nomura, S. (2012). Sleep problems and self-management of sleep among Japanese undergraduates. *International Journal of Behavioral Medicine, 19 suppl 1*, S59.

山本 隆一郎・宗澤 岳史・野村 忍・根建 金男 (2007). 入眠時選択的注意尺度 (PSAS)の開発　早稲田大学臨床心理学研究, *6*, 133-141.

Yang, T. T., Menon, V., Eliez, S., Blasey, C., White, C. D., Reid, A. J., Gotlib, I. H., & Reiss, A. L. (2002). Amygdalar activation associated with positive and negative facial expressions.

Neuro Report, 13(14), 1737-1741.

Yorgason, J. B., Godfrey, W. B., Call, V. R. A., Erickson, L. D., Gustafson, K. B., & Bond, A. H. (2018). Daily sleep predicting marital interactions as mediated through mood. *The Journals Gerontology. Series B, Psychological Sciences and Social Sciences, 73*(3), 421-431. https://doi.org/10.1093/geronb/gbw093

Zadnik, K., Satariano, W. A., Mutti, D. O., Sholtz, R. I., & Adams, A. J. (1994). The effect of parental history of myopia on children's eye size. *Journal of American Medical Association, 271*, 1323-1327.

第6章

Agnew, H. W. Jr., Webb, W. B., & Williams, R. L. (1966). The first night effect: An EEG study of sleep. *Psychophysiology, 2*, 263-266.

Åkerstedt, T., & Gillberg, M. (1990). Subjective and objective sleepiness in the active individual. *International Journal of Neuroscience, 52*, 29-37.

American Academy of Sleep Medicine (2018). *The AASM manual for the scoring of sleep and associated events: Rules, terminology and technical specifications. Version 2.5.* Darien, IL.
（米国睡眠医学会　日本睡眠学会（監訳）(2018). AASM による睡眠および随伴イベントの判定マニュアル――ルール，用語，技術仕様の詳細―― Version 2.5 ライフ・サイエンス）

Ancoli-Israel, S., Cole, R., Alessi, C., Chambers, M., Moorcroft, W., & Pollak, C. P. (2003). The role of actigraphy in the study of sleep and circadian rhythms. *Sleep, 26*(3), 342-392. https://doi.org/10.1093/sleep/26.3.342

Asaoka, S., Fukuda, K., & Yamazaki, K. (2004). Effects of sleep-wake pattern and residential status on psychological distress in university students. *Sleep and Biological Rhythms, 2*, 192-198.

Bastien, C. H., Vallières, A., & Morin, C. M. (2001). Validation of the Insomnia Severity Index as an outcome measure for insomnia research. *Sleep Medicine, 2*(4), 297-307. https://doi.org/10.1016/s1389-9457(00)00065-4

Behar, J., Roebuck, A., Domingos, J. S., Gederi, E., & Clifford, G. D. (2013). A review of current sleep screening applications for smartphones. *Physiological Measurement, 34*(7), R29-46. https://doi.org/10.1088/0967-3334/34/7/R29

Bennett, L. S., Stradling, J. R., & Davies, R. J. (1997). A behavioural test to assess daytime sleepiness in obstructive sleep apnoea. *Journal of Sleep Research, 6*, 142-145.

Berry, R. B., Brooks, R., Gamaldo, C. E., Harding, S. M., Lloyd, R. M., Marcus, C. L. & Vaughn, B. V. (2018). *The AASM manual for the scoring of sleep and associated events: Rules, terminology and technical specifications, Version 2.5.* Darien, Illinois: American Academy of Sleep Medicine.
（米国睡眠学会　日本睡眠学会（監訳）(2018). AASM による睡眠および随伴イベントの判定マニュアル――ルール，用語，技術仕様の詳細――Version2.5　ライフ・サイエンス）

Buysse, D. J., Reynolds, C. F., 3rd, Monk, T. H., Berman, S. R., & Kupfer, D. J. (1989). The

Pittsburgh Sleep Quality Index: A new instrument for psychiatric practice and research. *Psychiatry Research, 28*(2), 193-213. https://doi.org/10.1016/0165-1781(89)90047-4

Carskadon, M. A, Dement, W. C., Mitler, M. M., Roth, T., Westbrook, P. R., & Keenan, S. (1986). Guidelines for the Multiple Sleep Latency Test (MSLT): A standard measure of sleepiness. *Sleep, 9*, 519-524.

Chiu, H.-Y., Chang, L.-Y., Hsieh, Y.-J., & Tsai, P.-S. (2016). A meta-analysis of diagnostic accuracy of three screening tools for insomnia. *Journal of Psychosomatic Research, 87*, 85-92. https://doi.org/10.1016/j.jpsychores.2016.06.010

Czeisler, C. A., Borbély, A., Hume, K. I., Kobayashi, T., Kronauer, R. E., Schulz, H., ... Zulley, J. (1980). Glossary of standardized terminology for sleep-biological rhythm research. *Sleep, 2* (3), 287-288.

Dinges, D. F., & Powell, J. W. (1985). Microcomputer analyses of performance on a portable, simple visual RT task during sustained operations. *Behavior Research Methods, Instruments, & Computers, 17*, 652-655.

Doi, Y., Minowa, M., Uchiyama, M., Okawa, M., Kim, K., Shibui, K., & Kamei, Y. (2000). Psychometric assessment of subjective sleep quality using the Japanese version of the Pittsburgh Sleep Quality Index (PSQI-J) in psychiatric disordered and control subjects. *Psychiatry Research, 97*(2-3), 165-172. https://doi.org/10.1016/s0165-1781(00)00232-8

土井 由利子・簑輪 眞澄・大川 匡子・内山 真 (1998). ピッツバーグ睡眠質問票日本語版の作成　精神科治療学, *13*, 755-763. Retrieved from https://ci.nii.ac.jp/naid/50004917241/ (2022年5月20日)

土井 由利子・岡 靖哲・堀内 史枝 (2007). 子供の睡眠習慣質問票日本語版 the Japanese version of children's sleep habits questionnaire (CSHQ-J) の作成　睡眠医療, *2*(1), 83-88.

Drake, C. L., & Roth, T. (2006). Predisposition in the evolution of insomnia: Evidence, potential mechanisms, and future directions. *Sleep Medicine Clinics, 1*(3), 333-349. https://doi.org/10.1016/j.jsmc.2006.06.005

Ellis, B. W., Johns, M. W., Lancaster, R., Raptopoulos, P., Angelopoulos, N., & Priest, R. G. (1981). The St. Mary's Hospital sleep questionnaire: A study of reliability. *Sleep, 4*(1), 93-97. https://doi.org/10.1093/sleep/4.1.93

Fukuda, K., & Hozumi, N. (1987). A case of mild school refusal: Rest-activity cycle and filial violence. *Psychological Reports, 60*(3 Pt 1), 683-689. https://doi.org/10.2466/pr0.1987.60.3.683

Ghotbi, N., Pilz, L. K., Winnebeck, E. C., Vetter, C., Zerbini, G., Lenssen, D., ... Roenneberg, T. (2020). The microMCTQ: An ultra-short version of the Munich ChronoType Questionnaire. *Journal of Biological Rhythms, 35*(1), 98-110. https://doi.org/10.1177/0748730419886986

Hara, S., Nonaka, S., Ishii, M., Ogawa, Y., Yang, C.-M., & Okajima, I. (2021). Validation of the Japanese version of the Sleep Hygiene Practice Scale. *Sleep Medicine, 80*, 204-209. https://

doi.org/10.1016/j.sleep.2021.01.047

Hoddes, E., Zarcone, V., Smythe, H., Phillips, R., & Dement, W. C. (1973). Quantification of sleepiness: A new approach. *Psychophysiology, 10*, 431-436.

Horne, J. A., & Östberg, O. (1976). A self-assessment questionnaire to determine morningness-eveningness in human circadian rhythms. *International Journal of Chronobiology, 4*(2), 97-110.

Inoue, Y., Oka, Y., Kagimura, T., Kuroda, K., & Hirata, K. (2013). Reliability, validity, and responsiveness of the Japanese version of International Restless Legs Syndrome Study Group rating scale for restless legs syndrome in a clinical trial setting. *Psychiatry and Clinical Neurosciences, 67*(6), 412-419. https://doi.org/10.1111/pcn.12074

石原 金由・宮下 彰夫・犬上 牧・福田 一彦・山崎 勝男・宮田 洋（1986）．日本語版朝型－夜型（Morningness-Eveningness）質問紙による調査結果　心理学研究, *57*(2), 87-91. https://doi.org/10.4992/jjpsy.57.87

Johns, M. W. (1991). A new method for measuring daytime sleepiness: The Epworth sleepiness scale. *Sleep, 14*(6), 540-545. https://doi.org/10.1093/sleep/14.6.540

Johns, M. W. (2000). Sensitivity and specificity of the Multiple Sleep Latency Test (MSLT), the maintenance of wakefulness test and the epworth sleepiness scale: Failure of the MSLT as a gold standard. *Journal of Sleep Research, 9*(1), 5-11. https://doi.org/10.1046/j.1365-2869.2000.00177.x

Juda, M., Vetter, C., & Roenneberg, T. (2013). The Munich ChronoType Questionnaire for Shift-Workers (MCTQShift). *Journal of Biological Rhythms, 28*(2), 130-140. https://doi.org/10.1177/0748730412475041

Kaida, K., Takahashi, M., Akerstedt, T., Nakata, A., Otsuka, Y., Haratani, T., & Fukasawa, K. (2006). Validation of the Karolinska sleepiness scale against performance and EEG variables. *Clinical Neurophysiology, 117*, 1574-1581.

Kitamura, S., Hida, A., Aritake, S., Higuchi, S., Enomoto, M., Kato, M., ... Mishima, K. (2014). Validity of the Japanese version of the Munich ChronoType Questionnaire. *Chronobiology International, 31*(7), 845-850. https://doi.org/10.3109/07420528.2014.914035

Kogure, T., Shirakawa, S., Shimokawa, M., & Hosokawa, Y. (2011). Automatic sleep/wake scoring from body motion in bed: Validation of a newly developed sensor placed under a mattress. *Journal of Physiological Anthropology, 30*(3), 103-109. https://doi.org/10.2114/jpa2.30.103

Kryger, M. H., Roth, T., & Dement, W. C. (2017). *Principles and practice of sleep medicine.* Philadelphia, PA: Saunders/Elsevier.

松本 悠貴・内村 直尚・石田 哲也・豊増 功次・久篠 奈苗・森 美穂子…石竹 達也（2014）．睡眠の位相・質・量を測る3次元型睡眠尺度（3 Dimensional Sleep Scale; 3DSS）──日勤者版──の信頼性・妥当性の検討　産業衛生学雑誌, *56*(5), 128-140.

Miyamoto, T., Miyamoto, M., Iwanami, M., Kobayashi, M., Nakamura, M., Inoue, Y., Ando, C., & Hirata, K. (2009). The REM sleep behavior disorder screening questionnaire: Validation study of a Japanese version. *Sleep Medicine, 10*(10), 1151-1154. https://doi.org/10.1016/j.sleep.2009.05.007

宮下 彰夫（1994）．睡眠調査（生活習慣調査）　日本睡眠学会（編）　睡眠学ハンドブック（pp. 533-541）朝倉書店

Monk, T. H. (1989). A Visual Analogue Scale technique to measure global vigor and affect. *Psychiatry Research, 27*, 89-99.

Morin, C. M., Belleville, G., Bélanger, L., & Ivers, H. (2011). The Insomnia Severity Index: Psychometric indicators to detect insomnia cases and evaluate treatment response. *Sleep, 34*(5), 601-608. https://doi.org/10.1093/sleep/34.5.601

Morin, C. M., Stone, J., Trinkle, D., Mercer, J., & Remsberg, S. (1993). Dysfunctional beliefs and attitudes about sleep among older adults with and without insomnia complaints. *Psychology and Aging, 8*(3), 463-467. https://doi.org/10.1037//0882-7974.8.3.463

Morin, C. M., Vallières, A., & Ivers, H. (2007). Dysfunctional beliefs and attitudes about sleep (DBAS): Validation of a brief version (DBAS-16). *Sleep, 30*(11), 1547-1554. https://doi.org/10.1093/sleep/30.11.1547

宗澤 岳史・Morin, C. M.・井上 雄一・根建 金男（2009）．　日本語版「睡眠に対する非機能的な信念と態度質問票」の開発――不眠症者の認知と行動に関する問題の評価――　睡眠医療，*3*(3), 396-401.

Murata, H., Oono, Y., Sanui, M., Saito, K., Yamaguchi, Y., Takinami, M., Richards, K. C., & Henker, R. (2019). The Japanese version of the Richards-Campbell Sleep Questionnaire: Reliability and validity assessment. *Nursing Open, 6*(3), 808-814. https://doi.org/10.1002/nop2.252

Nakajima, S., Okajima, I., Sasai, T., Kobayashi, M., Furudate, N., Drake, C. L., Roth, T., & Inoue, Y. (2014). Validation of the Japanese version of the Ford Insomnia Response to Stress Test and the association of sleep reactivity with trait anxiety and insomnia. *Sleep Medicine, 15*(2), 196-202. https://doi.org/10.1016/j.sleep.2013.09.022

日本睡眠学会コンピュータ委員会（編）(1999). 学習用 PSG チャート――睡眠ポリグラフ記録の判読法と解説――　日本睡眠学会　Retrieved from http://jssr.jp/files/download/PSGchartJ.pdf（2020 年 5 月 20 日）

Okajima, I., Nakajima, S., Kobayashi, M., & Inoue, Y. (2013). Development and validation of the Japanese version of the Athens Insomnia Scale. *Psychiatry and Clinical Neurosciences, 67*(6), 420-425. https://doi.org/10.1111/pcn.12073

Owens, J. A., Spirito, A., & McGuinn, M. (2000). The Children's Sleep Habits Questionnaire (CSHQ): Psychometric properties of a survey instrument for school-aged children. *Sleep, 23*(8), 1043-1051.

Rechtschaffen, A., & Kales, A. (1968). *A manual of standardized terminology, techniques and scoring system for sleep stages of human subjects.* Washington DC: Public Health Service, U.S. Government Printing Office.

（Rechtschaffen, A. & Kales, A.（編）清野 茂博（訳）(1971, 2010). 睡眠脳波アトラス――

標準用語・手技・判定法―― 医歯薬出版）

Richards, K. C., O'Sullivan, P. S., & Phillips, R. L. (2000). Measurement of sleep in critically ill patients. *Journal of Nursing Measurement, 8*(2), 131-144.

Roenneberg, T., Wirz-Justice, A., & Merrow, M. (2003). Life between clocks: Daily temporal patterns of human chronotypes. *Journal of Biological Rhythms, 18*(1), 80-90. https://doi.org/10.1177/0748730402239679

笹井 妙子・井上 雄一（2011）. 客観的眠気評価法――反復睡眠潜時検査（Multiple Sleep Latency Test: MSLT）と覚醒維持検査（Maintenance of Wakefulness Test: MWT）―― 臨床神経生理学, *39*, 155-162.

Soldatos, C. R., Dikeos, D. G., & Paparrigopoulos, T. J. (2000). Athens Insomnia Scale: Validation of an instrument based on ICD-10 criteria. *Journal of Psychosomatic Research, 48*(6), 555-560. https://doi.org/10.1016/s0022-3999(00)00095-7

Soldatos, C. R., Dikeos, D. G., & Paparrigopoulos, T. J. (2003). The diagnostic validity of the Athens Insomnia Scale. *Journal of Psychosomatic Research, 55*(3), 263-267. https://doi.org/10.1016/s0022-3999(02)00604-9

Stampi, C., Stone, P., & Michimori, A. (1995). A new quantitative method for assessing sleepiness: The alpha attenuation test. *Work & Stress, 9*, 368-376.

Stiasny-Kolster, K., Mayer, G., Schäfer, S., Möller, J. C., Heinzel-Gutenbrunner, M., & Oertel, W. H. (2007). The REM sleep behavior disorder screening questionnaire—A new diagnostic instrument. *Movement Disorders: Official Journal of the Movement Disorder Society, 22*(16), 2386-2393. https://doi.org/10.1002/mds.21740

Stone, J. D., Rentz, L. E., Forsey, J., Ramadan, J., Markwald, R. R., Finomore, V. S. Jr., ... Hagen, J. A. (2020). Evaluations of commercial sleep technologies for objective monitoring during routine sleeping conditions. *Nature and Science of Sleep, 12*, 821-842.

Sullivan, S. S., & Kushida, C. A. (2008). Multiple sleep latency test and maintenance of wakefulness test. *Chest, 134*, 854-861.

Takegami, M., Suzukamo, Y., Wakita, T., Noguchi, H., Chin, K., Kadotani, H., ... Fukuhara, S. (2009). Development of a Japanese version of the Epworth Sleepiness Scale (JESS) based on item response theory. *Sleep Medicine, 10*(5), 556-565. https://doi.org/10.1016/j.sleep.2008.04.015

内山 真・太田 克也・大川 匡子（1999）. 睡眠および睡眠障害の評価尺度　太田 龍朗・大川 匡子（責任編集）臨床精神医学講座 13 睡眠障害（pp. 489-498）中山書店

Walters, A. S., LeBrocq, C., Dhar, A., Hening, W., Rosen, R., Allen, R. P., Trenkwalder, C., & International Restless Legs Syndrome Study Group. (2003). Validation of the International Restless Legs Syndrome Study Group rating scale for restless legs syndrome. *Sleep Medicine, 4*(2), 121-132. https://doi.org/10.1016/s1389-9457(02)00258-7

Yang, C.-M., Lin, S.-C., Hsu, S.-C., & Cheng, C.-P. (2010). Maladaptive sleep hygiene practices in good sleepers and patients with insomnia. *Journal of Health Psychology, 15*(1), 147-155. https://doi.org/10.1177/1359105309346342

索 引

座 談 会

　ここでは，本書の刊行に合わせて実施した筆者らの座談会を収録した。この座談会はインタビュアーによる質問形式で行われ，筆者らが睡眠研究に関わることになったきっかけや魅力について語っている。睡眠研究に興味を持たれた読者の参考になれば幸いである。

——睡眠研究に関わるようになったきっかけを教えてください。

福田：私が睡眠研究に関わるきっかけとなったのは，学部生時代に大学の先輩から東京都神経科学総合研究所で研究を手伝ってくれる学生を募集しているという話を聞き，同級生と一緒に徹夜の実験を手伝いに行ったことです。その帰りの電車の中で，「こんなのは心理学じゃない。絶対に睡眠なんかやるもんか」と思っていたのを思い出します。その当時，卒業論文では自閉症児（いわゆるカナー型）の認知科学的な研究を生理学的な指標（脳波）を使って行いたいと考えていました。実際に，自閉症児の研究を行っている研究所があり，そこで卒業論文の研究を行うことをあらかた決めるところまで進んでいました。ところが，その研究所に脳波計が納入されないことになってしまいました。悩んだ末，まずは脳波計を使って睡眠を研究している東京都神経科学総合研究所で卒論に関わる研究をすることにしました。睡眠研究にそれほど興味はなかったものの，道具の揃っているところで生理学的な手法を身につけよう，そう考えてのことでした。そのため，いずれ認知発達の研究に戻ってくるつもりでしたが，研究は，始めてみると面白くなってしまうんですよね。修士に進んだ時に，認知系に戻ろうかと悩んだりもしましたが，結局は睡眠研究を続けることになり今に至ります。今でも研究のキーワードに「発達」や「障害」が入っているのは，そのような経緯があったからでしょうね。

浅岡：福田先生のきっかけの話は何度聞いても興味深く感じます。その脳波計が研究所に予定通り入っていたら，福田先生も睡眠研究はやっていなかった

でしょうし，江戸川大学の睡眠研究所も無かったんだろうなと思うと，感慨深いものがありますね。私の場合，自分が学部から修士学生時代に所属していた研究室の二つ隣の研究室に睡眠研究者の先生がいたから，というのがきっかけですかね。ちなみにその睡眠研究者は福田先生です。当時私は環境移行後のヒトの適応に興味を持っていて，具体的には新入生の大学適応を規定する要因について研究をしていました。そんな中，大学院の1年時だったと思うのですが，福田先生の実験の参加者になった（謝金に目がくらんで（笑））ことが，睡眠研究に興味を持ったきっかけです。夜間の睡眠を分割してとるという実験だったのですが，実際に参加してみると，日中は眠いし，イライラするし。ああ，睡眠は心に影響するのだなぁ…と身をもって体感したわけです。その後，指導教員の先生とともに福田先生からのアドバイスもいただきながら，新入生の適応に関する自分の研究にも睡眠変数を「少し」取り入れてみることになりました。最初は，睡眠はあくまで自身の研究における「説明変数の1つ」という程度にしか考えていなかったのですが，数年後には睡眠が研究のメインテーマに。正直に言えば，学部生のときは自分が睡眠研究を行うことになるとは全く思っていませんでした。不思議なものですね。

山本：最初から睡眠という感じで目指していたわけではなく，何かの中で睡眠と出会ってのめり込んでいったというのが面白いですね！　私は，中学生の時から医療領域で働く臨床心理士を目指していて，学部3年生の時に心身医学のゼミに入りました。3年生の終わりの頃に自分の卒論のテーマを決める際，多くの方の支援に役立つテーマは何だろう…と調べていくうちに，かなり多くの精神疾患や心身症でその症状の一部として，また主訴や背景疾患の維持・増悪因子として，不眠をはじめとする睡眠問題が関わっていることに気がつきました。そこで，睡眠の相談や適切な治療につなげられる「武器」を持っていたら支援を必要とされる多くの方に寄与できるのでは？　と思ったのがきっかけです。そしていろいろと調べていく中，「不眠に対する認知行動療法（CBT-i）は，海外ではすでにかなりの有効性が確認されているのに日本ではまったく知られていないぞ！」と思い，当時盛んだった不眠の認知行動モデルからの理解と認知的アプローチの基礎研究を始めました。しかし，睡眠についてちゃんと学ぶ機会は身近には少なく，学外のいろいろな機会に参加してみたなと思います。そんな中，

Y-Sleep（若手睡眠の会）にとても影響を受けた記憶があります。臨床心理学領域で国際誌への投稿が今ほど当たり前ではなかった時代に，その研究会では国際誌にバンバン投稿されるちょうど浅岡先生の世代の若手研究者がたくさんいらっしゃいました。研究者として睡眠の臨床心理学的研究をすることは，CBT-i や睡眠問題の心理的支援を多くの専門家に伝えられて，ひいては多くの支援を必要とする方のお役に立つかなと考え，博士課程に進学しました。

西村： ご縁って素敵ですね。私にとって睡眠研究所のみなさんとの出会いは本当に大きなものでした。私は江戸川大学に赴任したことが睡眠研究と出会ったきっかけですね。それまでは違う大学に籍を置いており，認知心理学を専門として研究を行っていました。睡眠研究所にお誘いいただき，私も睡眠研究に関わるようになりました。そのおかげで，認知心理学が睡眠研究に入り込む余地が大いにあることを知り，自身の認知心理学の研究に睡眠の変数が加わったり，睡眠研究所の先生方と研究し共著で論文発表を行うようにもなりました。本書は，これまで睡眠研究に関わったことが無い研究者に向けた一冊ですが，私が睡眠研究所に誘われたことがきっかけであったように，今度は本書がその役割を果たしてくれたら嬉しいですね。

野添： 先生方が睡眠研究を始められるきっかけを伺えてとても貴重です。所々，ジ～ンとなりながら伺っていました。私の場合も，睡眠研究を行うきっかけになったのは睡眠研究所に採用していただいたことですが，睡眠研究との接点はもう少し前にありました。大学院生だった頃，NCNP（国立精神神経医療研究センター）で実験補助のアルバイトをしていたのですが，その時の実験が指示忘却と睡眠に関する実験で，これが睡眠研究との初めての出会いでした。その時に，電極の付け方や終夜実験での覚醒度の保ち方（アプリゲームを楽しんだり，夜食を食べながら雑談したり）などを教わりました。そこからしばらく経った後，ご縁があって江戸川大学睡眠研究所に迎えていただきましたが，まず，研究所が共同研究契約をしている外部企業との共同研究に携わりました。再び，終夜実験に携わることになり，NCNP での実験を懐かしく思い出しながら実験を行っていました。そこからは，もともと，学生の頃からヒトの記憶に関心を持っていたこともあって，自分の関心テーマにも睡眠を取り込んでみようと思うようになりました。記憶と睡眠との関係は切っても切れませんが，意外と，記憶研

究者で睡眠のことを知っている人は少ないのではないかと思います。そこからは，「のめり込み」の始まりです（笑）。私もきっかけは偶然ですが，開拓の余地がまだまだある魅力的な領域だと思っています。

原　：先生方のきっかけ，初めて聞いたかもしれません。いろいろな巡り合わせで睡眠に出会ったということに感動しています。私は，臨床心理学を学ぶために大学院修士課程に入学しました。そこで山本先生のゼミに入って，睡眠を研究してみようと思ったことがきっかけです。当時の私は，心配をメインに研究しようと考えていました。一方で，山本先生のゼミに入って，睡眠の面白さや睡眠が多くの人の支援に繋がるということを教えていただきました。そこで，睡眠を研究してみようと思い切ってみました。そこから博士論文までは心配と不眠との関連に関する研究を行ってきたのですが，学生時代から並行して睡眠のさまざまな研究にも参加させていただきました。修士課程入学直後と比較すると，いまではすっかり睡眠にのめり込んでいる感じですね！　いま思い返すと，あのとき思い切ってよかったです。睡眠研究所の先生方とこうして本を書けていることも大変ありがたく思うとともに，睡眠にはまだまだ面白いことがたくさん転がっているんだなと再認識しました。広くてやりこみ要素がある睡眠，とても面白いですね。

山本：よくよく考えると，原先生は，もともとは心配の制御困難感というところに興味がありましたよね。メタ認知療法的な視点と不眠の認知行動療法の研究が合致してきた感じでしたね。そういう意味では，自分のテーマと睡眠との関わりに気づいて，のめり込んでいった感じですよね。自分のテーマに睡眠が掛け合わさった，のめり込みの好例ですね！　この本を読んでくださった方がたまたま，睡眠の面白さや自分のテーマとの関わりに気づき，新しいわくわくに繋がってくれると嬉しいですね。

浅岡：いろいろな心理学の領域の研究者とコラボレーションしやすいというのも，やっぱり睡眠研究の魅力ですよね。

福田：野添先生も睡眠研究と記憶研究をうまく融合するような研究の方向性を見出しているのもよく似ていますよね。それから西村先生が本学に赴任して来てくれ，浅岡先生と認知研究でコラボレーションしているのは，私自身が過去に勤めていた大学に赴任された乳児の運動発達の研究をされている先生と共同研究をしたことを思い出します。研究は，もちろん，研究者本

人の研究分野への志向性を反映しますが，いろいろな形での「出会い」が研究内容を豊かにしていくという側面もあるのだと考えさせられます。

——睡眠研究の面白いところや惹かれた点を教えてください。

山本：私の場合は，きっかけでお話ししたことと重複しますが，これでもかというくらい，睡眠の問題がいろいろな問題に併存していることを実臨床でも感じたことが大きいです。また，睡眠の改善は他の主訴の改善に繋がるということも感じました。これは，単に睡眠が良くなることが臨床症状にも良い，という話にとどまりません。例えば，CBT-i の経験を通して，良かれと思ってやっていることがかえって問題をこじらせていることに気づくきっかけになり，日頃の自分や他者，世界に対する信念の反証の機会になって，環境との相互作用のあり方が変わることも少なくありません。睡眠のマネジメントから人生のマネジメントにつながる，と言うとわかりやすいかもしれませんね。CBT-i はとてもシンプルですが，認知行動療法の基本が詰まっています。そして，シンプルでかっちりしたマニュアルベースでもかなり効果的です。語弊を恐れずに言うと，CBT-i は様々な対象の認知行動療法の中でもっとも簡単な技法だと思います。ただし，課題もあります。睡眠専門の医療機関などであれば，専門医の診察を受けて心理的支援のリファーがあると思いますが，そうでない現場でゼロから要支援者の方をアセスメントして，「CBT-i がベストだろうか？」「他にプライマリな問題はないか？」「医師にリファーすべき問題か？」などを考えるには，睡眠や生体リズムのアセスメント，他の睡眠障害の併存の可能性を考えられる必要があります。ここでさらにもっと睡眠を勉強したい！，しなければ！，その意義を臨床家に伝えたい！と，さらにのめり込んでいきました。

浅岡：私にとっての睡眠研究の魅力ですが，1 つは変数としての解りやすさですかね。誰しもが体験している現象であり，実験的に操作するにしても，労力はかかるけど比較的単純というか理解してもらいやすい。もちろん，細かいことを言えばいろいろ複雑になりますけどね。そして，心理学の様々な研究の知見と組み合わせやすい所も魅力です。それは他分野の研究者とコラボレーションしやすいことにもつながりますね。この本の中でも度々

指摘されていますが，まだまだ知見の少ない分野も多く，素朴な疑問が研究アイデアにつながる可能性が残されている所も，これから研究を始めようという人には魅力的なところかもしません。あと，これは眠い時の認知機能について研究していて何となく感じていることで，科学的と言えるレベルの話ではないのですが，眠くなるとどうなるのかを見ていくことで，ヒトの本性というか，普段は表出されにくい心のクセをより分かりやすくとらえられるんじゃないか，言い換えると眠くて脳機能が万全じゃない時にだけ表に出て来ちゃうものがあるんじゃないかなぁなどと思って，最近はそこに睡眠研究の面白味を感じています。

西村：私の「のめり込み」は，まさに浅岡先生がおっしゃっていたところになります。まさにコラボレーションのしやすさ，そして未開拓なこと（可能性）が多いところです。認知心理学でこれまで，様々な課題によって検討されてきた多くの機能の全てについて，睡眠（眠気）のコラボレーションが可能で，その全てが新しい知見になりうるわけです！　これまで眠気や概日リズムの影響が，私も含め認知心理学で考慮されてこなかったことに改めて驚かされ，同時にもっと知られるべきだとも思いました。そして江戸川大学には睡眠研究を支える素晴らしい実験室もできましたし，ここでしかできない研究がまだまだ存在する！という可能性にのめり込んでいます。今は認知機能を眠気への脆弱性という軸から捉え直すことで，新たな側面が見えてくるのではないかと考えています。

福田：睡眠研究から浮気していたこともある私としては，認知研究的なことも途中にしていたし，のめり込んで出られなくなったかどうかは分かりません。ただ，レム睡眠の周期性という「こころ」とはほとんど関係ないテーマをしていたのに，面白くなってしまったのは，当初に考えていた「仮説」からは解釈できない結果が得られたということが大きかったと思います。「意外」な結果が得られた時ほど，研究者の心に火をつけることはないのではないかと思います。歴史上の重要な科学的発見や発明は偶然や失敗の結果であることが多いと思います。私が授業でよく話しているのは，HubelとWieselの「線」に対する第一次視覚野の細胞の反応の発見です。よくご存じのようにこの研究に基づいて彼らはノーベル医学・生理学賞を受賞しています。HubelとWieselは，○や△など基本的な図形に対応した脳細胞があるだろうという仮説のもとにネコの視野に基本図形を提

示していましたが，彼らが使っていた刺激提示用のスライドの縁の線にネコの第一次視覚野の細胞が反応するのを見出しました。ここから，彼らは，我々の脳が世界を線分に分解して理解しているという考えに至るのですが，たまたまスライドの縁の線が投影され，しかもそれが脳細胞が反応する傾きであったことからこの知見が得られたわけですが，こうした偶然や運が彼らの研究を進めたわけですし，また，彼らがもし，自分の仮説に固執していたら，この重要な発見は他の人のものとなっていたかもしれません。そしてもう 1 つ，これも睡眠に限らない話ですが，やはり物理的な指標への拘りはあります。構成概念だけで作られた仮説やそれを基にした研究には，いろいろな落とし穴があり，自分の仮説からの視点のみでものを見てしまうと，それ以外の解釈に目が行かないという危険性があると思います。しかし，物理的な指標であれば（もちろん完全ではありませんが）研究者の勝手な解釈ではどうしようもない反証を目の当たりにすることがあり，こうした危険性は少しは少なくなると思います。少し斜めからの回答になってしまいましたが…。

野添：「のめり込む」ポイントは，浅岡先生や西村先生がおっしゃっているようにコラボレーションのしやすさだと思います。それゆえに，睡眠という変数を 1 つ追加することで研究の幅がすごく広がるのではないかと思います。例えば，私の場合ですと，記憶の実験なので数日経ってから記憶テスト行うということもやっていたのですが，その場合の参加者さんの睡眠時間の統制なんてものは当時，全く気にしていませんでした。ですが，今ではとても大事なポイントだなと感じます。「睡眠」というキーワードを 1 つ加えることで，新しい視点にもなり得るし，統制すべき変数としての見方もできるし，いろいろ研究の幅が広がるのがのめり込むポイントかなと個人的には思います！

原：睡眠研究の魅力ですね。人の 1 日を目一杯みることができるということが，私にとっての睡眠研究の魅力です。人の 1 日をみる際に，起きている時に注目が集まりやすいのですが，1 日の中には眠っている時がもちろんあります。眠っている時と起きている時の両方をみるということは，人の生活をより理解できるため，研究と臨床にとって有用だと思います。眠っている時に対する理解が起きている時の理解につながることもありますし，その逆ももちろんあるかと思います。

福田：原先生の1日をみる，というお話ですが，私が修士の時だったと思いますが，先輩に連れられて睡眠学会に参加した際，スライド上に示された指標がまるでサインカーブのような美しいカーブだったときショックを受けました。睡眠だけ見ていてはダメだと，睡眠と言うのは24時間の周期性の中の1つの状態に過ぎず，覚醒と睡眠を別々に見ることが全体の現象の中の一部を切り取って見ているに過ぎないということに気がつかされました。ここらあたりから，睡眠を背景の24時間リズムを考えながら見るという研究姿勢につながって行ったと思います。

──それでは最後に，執筆者を代表して福田先生にひと言お願いいたします。

福田：筆者らにも様々な偶然の出会いがあり，睡眠研究に携わることとなりましたが，この本を手に取っていただいた貴方にとって，この本が素敵な出会いとなり，あなた自身が睡眠研究者の一員となっていただけることを祈念して座談会を閉じたいと思います。

──ありがとうございました。

あとがき

　本書は，江戸川大学睡眠研究所のメンバーにより執筆された。江戸川大学睡眠研究所は，2012 年に高澤則美教授を初代所長として発足し，早や 10 年が経過している。2019 年には，研究施設全体を学内移設し，1 部屋だった睡眠実験用の電磁シールド室を 2 部屋に，そして認知実験が行える実験室を 4 部屋，そのうちの 1 部屋は睡眠実験を行える広さの部屋となっており，つらい徹夜の実験でもこれまでの少なくとも 2 倍（2 名分）のデータがとれる施設となった。本書の執筆者でもある研究所メンバーは，認知心理学や臨床心理学などを研究テーマとする様々な領域の研究者でもある。このように，江戸川大学睡眠研究所のメンバーが様々な研究領域を背景としていることが，このような多くの心理学分野にわたる睡眠研究に関わる本を執筆することができたということでもあると思う。また，このことも睡眠研究が様々な心理学分野と関連していることの証左となっているのではないかと思う。（内輪で感謝を表すのもおかしいのかもしれないが，本書で頑張って原稿を書いてくれた，江戸川大学睡眠研究所のみんなにも大いにお礼を言いたい。）

　私，福田は 2015 年から江戸川大学睡眠研究所の所長を拝命しているが，次々と若い研究者を研究所のメンバーとして迎えることができ，彼ら全員が睡眠研究の面白さに目覚めていってくれているのは，非常に有難いことだと思っている。私自身，偶然に近いきっかけで睡眠研究を始めることとなり，数十年も経ったが，本研究所のメンバーも睡眠研究を継続してくれているということは，睡眠に関わる変数を導入することが自身の興味のある研究主題の研究に実際に役立っているからだと思う。本書が，皆さんに同様のきっかけを与えることができれば本望である。

　本書は江戸川大学の学術図書出版助成を受けている。本書の出版助成だけではなく，本学に睡眠研究所を開設することを許し，研究所をサポートしてくださった江戸川大学の皆さんに感謝したいと思う。また，本書の編集作業では，金子書房編集部の小野澤将氏に厚いサポートをいただいた。記して感謝申し上げる。この睡眠関連の図書を出版していただく出版社として金子書房を選んだ理由の 1 つとして，基礎心理学・実験心理学以外の分野に精通した出版社から出版したかったということがある。つまり，睡眠研究者以外の心理学研究者に手に取ってほし

258

かったのである。このような企画を取り上げてくださった金子書房にも感謝を申し上げたいと思う。

　最後に，どうしても触れておきたい人がいる。この出版構想の最初から編集に関わり，我々の遅い執筆速度にも耐えていただき，最後の最後までお世話してくれた木澤英紀氏である。ここでは，敢えて「木澤君」と呼ばせていただくが，木澤君は，江戸川大学の卒業生で，私が前職から江戸川大学に赴任して来た時に3年生だった。大学のオープンキャンパスに協力していた優秀な学生で，そうした行事などを通じて知り合うようになった。木澤君は，現在所属は違うが，この出版構想が生まれたときには，金子書房編集部の所属であった。そうした個人的な繋がりもあり，金子書房から，このようなちょっと変わり種の本を出版することになったわけである。彼がいなければ，金子書房から出版することは叶わなかったと思う。本当にありがとう。2010年に最初に会った時から考えるととても感慨深い。

　このように，本書は，多くの人たちの協力なしには出版できなかった。本書の出版に関わったすべての人たちに感謝する。本書が，読者の多くにインパクトを与え，睡眠研究のシンパを増やすことにつながることを祈念しつつあとがきを締めたいと思う。

2022 年 9 月　　　　　　　　　　　　　　　　江戸川大学睡眠研究所
　　　　　　　　　　　　　　　　　　　　　　　　所長　福田一彦

執筆者紹介

福田 一彦（ふくだ かずひこ）

江戸川大学社会学部人間心理学科教授。江戸川大学睡眠研究所所長。早稲田大学大学院博士後期課程満期退学。(医学博士(東邦大学))。

福島大学教育学部教授，福島大学共生システム理工学類教授などを経て現職。日本睡眠学会理事，日本生理心理学会理事，日本睡眠改善協議会理事ほか。

著書として，『「金縛り」の謎を解く』(PHP サイエンス・ワールド新書／ 2014 年)，『子どもの睡眠ガイドブック』(分担執筆)(朝倉書店／ 2019 年)，『睡眠学 第 2 版』(編集・分担執筆)(朝倉書店／ 2020 年)，『合格睡眠』(分担執筆)(学研プラス／ 2020 年)，『健康・医療・福祉のための睡眠検定ハンドブック up to date』(分担執筆)(全日本病院出版会／ 2022 年) など。

浅岡 章一（あさおか しょういち）

江戸川大学社会学部人間心理学科教授。江戸川大学睡眠研究所次長。早稲田大学大学院人間科学研究科博士後期課程修了。博士 (人間科学)。

早稲田大学スポーツ科学部助手，福島大学共生システム理工学類研究員，東京医科大学睡眠学講座助教等を経て現職。日本睡眠学会評議員，日本生理心理学会評議員，日本睡眠改善協議会学術系評議員。著書として，『基礎講座 睡眠改善学 第 2 版』(分担執筆)(ゆまに書房／ 2019 年)，『合格睡眠』(分担執筆)(学研プラス／ 2020 年)，『睡眠学 第 2 版』(分担執筆)(朝倉書店／ 2020 年) など。

山本 隆一郎（やまもと りゅういちろう）

江戸川大学社会学部人間心理学科教授。江戸川大学睡眠研究所併任教員。江戸川大学心理相談センターセンター長。早稲田大学大学院人間科学研究科博士後期課程修了。博士(人間科学)。公認心理師。臨床心理士。専門健康心理士。

日本大学医学部社会医学系公衆衛生学分野専修研究員，上越教育大学大学院学校教育研究科臨床・健康教育学系助教，講師，准教授などを経て現職。日本睡眠学会評議員。

著書として，『不眠の医療と心理援助』(分担執筆)(金剛出版／ 2012 年)，『睡眠公衆衛生学』(分担執筆)(日本公衆衛生協会／ 2013 年)，『睡眠学 第 2 版』(分担執筆)(朝倉書店／ 2020 年) など。

西村 律子（にしむら りつこ）

江戸川大学社会学部人間心理学科准教授。江戸川大学睡眠研究所併任教員。愛知淑徳大学大学院コミュニケーション研究科心理学専攻博士後期課程修了。博士（学術）。

科学技術振興機構 ERATO 岡ノ谷情動情報プロジェクト研究員，愛知淑徳大学心理学部心理学科専任教員などを経て現職。

著書として，『合格睡眠』（コラム執筆）（学研プラス／ 2020 年）。

野添 健太（のぞえ けんた）

江戸川大学社会学部人間心理学科講師。江戸川大学睡眠研究所併任教員。江戸川大学心理相談センター併任教員。学習院大学大学院人文科学研究科博士後期課程満期退学。修士（人間科学）。

理化学研究所脳科学総合研究センター・テクニカルスタッフ，江戸川大学睡眠研究所助教を経て，現職。公認心理師。著書として，『合格睡眠』（コラム執筆）（学研プラス／ 2020 年）。

原 真太郎（はら しんたろう）

京都橘大学健康科学部心理学科助教。江戸川大学睡眠研究所客員研究員。早稲田大学人間総合研究センター招聘研究員。早稲田大学大学院人間科学研究科博士後期課程修了。博士（人間科学）。公認心理師。臨床心理士。

著書として，『合格睡眠』（コラム執筆）（学研プラス／ 2020 年）など。

編　集

江戸川大学睡眠研究所

2012年4月設立。江戸川大学社会学部人間心理学科の「睡眠」を専門とする教員や学外の研究者から構成され，人文系大学としては国内初となる「睡眠研究所」として発足した。「眠りの不思議を解き明かし，眠りをとおして社会に貢献する」を基本方針とし，睡眠に関する諸問題と改善に向けた研究を行っている。

睡眠研究所は江戸川大学内にあり，睡眠実験や認知実験に使用される防音電磁シールドルームをはじめ，脳波計やその他の電気生理学的生体現象測定機器，実験室をつなぐ専用イントラネットとモニター環境，実験参加者に配慮したシャワーユニットなど一連の実験設備を備える。

学術研究のほか，民間企業との共同研究，学術フォーラムの開催，一般に向けた公開講座なども行う。研究所の刊行物として『合格睡眠』（学研プラス／2020年）がある。

＊本書は令和4年度江戸川大学学術図書出版助成を受けた。

心理学と睡眠
「睡眠研究」へのいざない

2022年12月20日　初版第1刷発行　　　　　　　　　　　　　　　　［検印省略］

編　集　　江戸川大学睡眠研究所
発行者　　金子紀子
発行所　株式会社 金子書房
　　　　〒112-0012 東京都文京区大塚 3-3-7
　　　　TEL 03-3941-0111(代)／FAX 03-3941-0163
　　　　振替 00180-9-103376
　　　　URL　https://www.kanekoshobo.co.jp
印刷／藤原印刷株式会社
製本／一色製本株式会社